여전히 ───────────
같은 사람입니다

치매,
그 사라지는
마음에 관하여

여전히 ─────
같은 사람입니다

린 캐스틸 하퍼 지음 | 신동숙 옮김

현대
지성

잭과 에드나에게

일러두기

흔히 사용되는 '치매 환자'라는 표현에는 일정한 편견이 들어 있다고 보았으므로, 저자의 취지에 따라 이 책에서는 '치매 환자' 대신 '치매인'이라는 단어를 주로 썼습니다.

목차

들어가며

●

내 삶을 내가
통제할 수 없다는 두려움

어느 늦가을 아침이었다. 머릿속
에는 '사라진다는 것'에 대한 생각으로 가득한 채 뉴욕 센트럴파
크를 가로질러 메트로폴리탄 미술관으로 가는 중이었다. 거기서
꼭 하고 싶은 일이 있었다. 이제 막 떨어진 은행잎들이 길 위에 빼
곡히 덮여 있었다. '사라짐vanishing'이라는 영어 단어의 어원을 탐
색하던 중에, 나는 17세기 초에 네덜란드에서 융성했던 어느 정물
화 화풍에 관심이 갔다.

바니타스Vanitas 화풍은, 구약성경 전도서에 나오는 반복구 "헛되
고 헛되니, 모든 것이 헛되도다Vanity of vanities! all is vanity"에서 유래
했다. 바니타스화는 삶의 허무함과 세속적인 성취의 덧없음을 상
징하는 물건들을 세심하게 골라 배치한다. 거울, 깨지거나 옆으로
기울어진 유리그릇, 책, 시들어가는 꽃, 해골 같은 물건 들은 언젠
가는 죽을 수밖에 없는 인간의 운명을 깊이 생각하게 한다. 최초

의 바니타스 정물화로 알려진 자크 드헤인Jacques de Gheyn의 〈바니타스 정물Vanitas Still Life〉이 있는 전시관은 메트로폴리탄 미술관에서 별로 인기가 없는 구역이다. 관람객들은 어둡고 음침한 이 전시관을 그냥 지나쳐서 밝고 활기찬 다른 작품들을 보러 간다. 하지만 그 가을날 아침에 내가 미술관을 찾았던 이유는 바로 이 〈바니타스 정물〉을 보기 위해서였다.

가로세로 길이가 61.6센티미터×82.5센티미터로 그다지 크지도 작지도 않은 이 작품에는 덧없음을 상징하는 물건이 가득하다. 그림 속 단지 두 개 중 하나는 옅은 연기를 위로 내뿜고 있고 다른 하나에는 바싹 마른 잎사귀가 달린 주황색 꽃 한 송이가 꽂혀 있다. 맨 앞쪽에는 번쩍거리는 네덜란드 메달과 스페인 동전들이 흩어져 있다. 그리고 위편에는 왼쪽과 오른쪽 구석에 각각 철학자 두 사람('웃는 철학자'로 불리는 데모크리토스와 '우는 철학자'로 불리는 헤라클레이토스)이 기대앉아서 아래에 있는 여러 물건을 손으로 가리키고 있다(데모크리토스가 웃는 철학자인 이유는 사람들이 공허한 것을 위해 애쓰고 있다고 웃었기 때문이다. 헤라클레이토스는 염세적이고 음울한 그의 철학 때문에 우는 철학자로 불린다―편집자).

그림 중앙에는 인간의 두개골이 있고 그 위로 커다랗고 투명한 거품 방울 하나가 맴돈다. 어느 각도에서 보든 삶의 덧없음을 상징하는 이미지가 눈에 들어오지만, 그중에서도 특히 두개골은 인간의 '사라짐'을 떠올리게 하는 가장 중요한 요소다. 나는 그림을 보다가 움푹 꺼진 눈구멍에 시선이 사로잡혀 공연히 내 미래에 대한 생각에 빠져들었다. 텅 빈 두개골은 몸을 구성하는 부위 어느 것과 비교해도 모자랄 만큼 죽음의 모든 면모를 가장 확실하게 드러낸다. 죽음은 생각하는 능력을 포함한 인간의 모든 것을 완전히 소멸시키는 가차 없는 힘이다. 셰익스피어의 『햄릿』에서, 햄릿이 죽은 요릭의 흉곽이나 골반이 아니라 두개골을 바라보며 한탄했던 데에도 아마 그런 이유가 있지 않을까 싶다.

세 명 중 한 명은 치매를 만난다

바니타스의 두개골과 마찬가지로, 뇌와 관련된 병인 치매도 우리에게 죽음을 면밀히 들여다보게 하고 언젠가는 죽을 수밖에 없는 인간의 숙명을 통렬히 인식하게 한다.

지난 10년 동안 다양한 관점에서 치매를 바라볼 기회가 있었다. 우선 가족 내에서 치매와 관련된 죽음을 경험했다. 그리고 요양원 담당 목사로 지내면서 날마다 치매인들을 만났다. 게다가 최근에는 부모님 두 분 모두가 아포지단백4형ApoE4 유전자를 하나씩 가지고 있다는 사실을 새롭게 알게 됐다. 이 유전자는 고령에 생기는 알츠하이머병과 밀접한 관련이 있다고 알려져 있다. 나 역시 하나를 보유하고 있을 확률이 50퍼센트인데, 그 유전자가 있으면 알츠하이머병에 걸릴 위험이 두세 배로 높아진다. 또 나에게 이 유전자가 두 개 있을 확률은 25퍼센트이다. 만일 그렇게 되면 발병 위험이 8~12배나 높아져서, 85세 무렵 알츠하이머에 걸릴 확률은 51~68퍼센트가 된다.

이런 개별 가족력을 군이 따지지 않더라도, 65세 이후의 노인 9명 중 1명, 85세 이후의 노인 3명 중 1명 정도는 알츠하이머병에 걸린다.♦ 미국에서만도 6백만 명 가까이 알츠하이머병을 앓고 있으며, 이 병은 미국인의 사망 원인 중 여섯 번째로 높은 비중이다. 상황은 이렇지만, 치매를 한층 깊이 있게 논의하려는 자리는 찾기 어렵다.

심장병이 혈액순환을 방해하고, 신장병이 여과기능을 손상시킨다면, 뇌질환은 의사소통 능력을 저해한다. 뇌질환은 사람들 사이에서 관계를 맺는 능력에 직접적이고 뚜렷한 영향을 끼친다. 그리하여 인간은 자신이 가장 소중히 아끼는 능력조차도 완전치 않다는 사실 앞에 선다. 다른 질병도 그렇지만 특히 치매가 오면 사람들은 삶에 대한 통제력을 잃기 쉽다. 사람들은 치매인을 몇 번 상대하며 사람의 성격 자체가 변한 것은 아닌지 궁금해한다.

어떤 노인병 전문의와 점심을 함께하는 자리에서 들은 이야기다. 치매인을 돌보는 보호자들을 대상으로 하는 워크숍을 진행할 때 그가 맨 먼저 꺼내는 메시지는 "병이 진행되는 동안에도 그분들은 여전히 같은 사람입니다"였다. 다시 말해 환자를 간병하는 보호자가 환자와 소통하는 일이 점점 더 어려워지더라도 그 환자

♦   중앙치매센터에 따르면 한국의 65세 이상 노인 치매 유병률 추정치는 2020년 기준 10퍼센트가 넘고, 85세 이상 노인 치매 유병률은 2016년 기준 40퍼센트다.

의 '핵심core'은 사라지지 않고 끝까지 남아 있음을 일깨우려고 했다. 나는 그가 환자 가족들에게 이런 좋은 교육을 제공한다는 사실에 기뻤지만, 한편으로는 그런 충고가 필요하다는 사실에 마음이 쓰였다. 심장병 말기 환자를 돌보는 가족에게도 이런 교육이 필요할까? 혹은 아기를 키우는 사람들에게도? 말을 못하고 대소변도 못 가리지만 그래도 그 아기는 여전히 사람이라고 주지시킬 필요가 있을까? 치매인도 '여전히 사람'임을 잊지 않도록 보호자들을 일깨워야 한다는 말을 들은 뒤로 이 병에 대한 궁금증이 부쩍 커졌다. 사람들은 치매를 그리 가깝게 생각하지 않는 것 같다. 마치 "모든 인간은 이토록 쉽게 사라져버릴 수 있다"라고 경고라도 하는 듯 멀리한다.

그러나 남을 도우려면 먼저 나 자신이 성장해야 한다고 페마 초드론은 말했다. 나는 치매 노인 담당 목사였다. 치매 노인들이 지내는 곳에서 시간을 보낸 것은 그 일이 쉽게 느껴졌거나 성자 행세를 하려는 게 아니었다. 세상이 어떤 가치도 제공할 필요가 없다고 쉽게 치부해버리는 사람들을 포용할 수 있어야만 비로소 내가 한 인간으로서 성숙할 수 있음을 느꼈기 때문이다. 그들을 알아가는 과정에서 어쩌면 스스로 무가치하게 느끼는 부분을 받아들이게 될지도 모른다. 만일 내가 힘과 용기를 주는 대화, 박식한 설교, 유창한 기도, 쉴 틈 없는 활동, 거창한 예배를 목표로 움직였더라면, 치매인들에게는 배울 점도 없고 내가 그들에게 해줄 부분은 더더욱 없었을 것이다. 하지만 나는 신앙과 내 역할을 예전과는 다른 관점에서 보기 시작했다. 치매인을 접하다 보니 인간의 정신에 대한 내 생각도 서서히 확장되기 시작했다. 치매에 대해 곰곰이 생각하고, 탐구하고 그리고 무엇보다도 그분들과 가까이 지내면서 침묵과 결핍을 가치 있게 여기고, 기이함과 즉흥성을 포용하고, 비언어적이고 비선형적인 특성들을 이해하고 존중할 수 있게 됐다.

치매는 생각보다
가까이 있다

내가 가든스에서 근무하기 시작할 무렵 나의 가족도 치매의 위력을 경험했다. 당시 우리 외할머니와 외할아버지는 일주일에 한 번씩 함께 장을 보러 나갔다. 어느 날 아침, 두 분을 차로 시내까지 모셔다 드리기 위해 엄마가 고용한 십 대 청소년이 할머니 집에 도착했을 때, 할아버지는 밖에서 잔디 깎는 기계를 돌리는 중이었고 외할머니는 미동도 없이 침대에 누워 있었다고 한다. 들자 하니 할아버지는 부인을 깨울 수가 없어서, 잔디를 깎으러 혼자 정원에 나가 있었던 것이었다.

할머니의 갑작스런 죽음으로, 지난 65년의 결혼 생활 동안 항상 옆에서 할아버지를 보필해온 할머니가 얼마나 애썼는지, 특히 최근에는 치매에 걸린 할아버지를 보살피느라 얼마나 백방으로 노력했는지가 드러났다. 그때까지 청력 저하, 우울증, 노화의 징후로 치부하고 대수롭지 않게 넘겼던 할아버지의 증세는 지속적으로 악화되는 심각한 치매 증상이었던 것이다. 엄마는 졸지에 할아

16

버지의 간병인이 됐다. 내가 매일 직업적으로 대면하는 상황을, 우리 부모님은 날마다 일상 속에서 겪으며 살게 됐다. 매일 저녁 5시가 되면 임무를 내려놓고 퇴근할 수 있었던 나와는 달리, 부모님은 24시간 계속되는 돌봄의 의무에서 벗어날 수가 없었다.

나는 그 일이 있었던 해에 이 책을 쓰기 시작했다. 외할아버지는 내가 가든스 일을 그만두고 몇 달이 지났을 때쯤 돌아가셨다. 이 책이 부분적으로는 할아버지의 부재로 드리워진 긴 그림자를 추적하면서 그분을 기리고 돌아보게 하겠지만, 감성적인 추억을 주제로 한 것은 아니다. 또 치매인들을 돌보는 데 도움이 되는 새로운 정보를 제공할 수 있기를 바라지만, 그렇다고 실용적인 방법이나 기술 제공이 주된 목적은 아니다.

이 책은 오히려 아직 치매를 염려하기는 이른 나이의 사람들, 앞으로도 치매에 걸리지 않을 수도 있는 사람들, 가족이나 친구들을 통해 삶에서 어떤 식으로든 치매의 영향을 받게 될 사람들이 읽으면 유익할 만한 내용이다. 우리가 느끼는 두려움의 근원을 살피고, 이런 문화에 의문을 제기하는 계기가 될 것이다.

1장

여전히 같은 사람입니다

치매에 대한 선입견

　　　　　　　　　문화비평가 수전 손택의 고전 『은유로서의 질병』(이후, 2002)은 암 진단을 받은 뒤에 "암에 대한 평판이 암환자들의 고통을 더 키운다"라는 사실을 직시하고는 분개하면서 쓴 글이다. 1978년에 손택은 암에 대한 부정적인 평판들, 예를 들면 암이 재앙, 침략자, 포식자, 악령의 침입, 악마 같은 적, 몸속 야만인이라는 의견들과 맞섰다. 그 당시에는 암의 근원이 최소한 부분적으로는 심리적인 데 있으며, 그런 심리적 요인은 환자에게서 표출된 감정에서 나온다고 상상했다. 암에 대한 이런 은유적인 개념은 환자들에게 수치심을 안겼으며, 많은 이들이 적절한 치료를 받지 못하거나 더 나아가서는 아예 제대로 된 진단조차 받지 못하는 상황을 낳았다.

　　그로부터 10년이 지난 뒤, 저서 『에이즈와 그 은유*AIDS and Its*

Metaphors』에서, 손택은 새 '재앙'인 에이즈를 둘러싼 은유에 대한 비판으로 화제를 돌렸다. 에이즈는 '접촉 감염'과 '오염'이라는 표현에 초점이 맞춰지면서 더 심한 오명을 얻었다. 손택은 에이즈가 "단순한 질병 수준을 넘어서서 몹시 심각한 중병으로 받아들여진다"라고 언급했다. 에이즈는 "단지 치명적인 것이 아니라 인간성을 파괴하는" 질병으로 여겨져서, 이 병에 걸린 사람은 품위를 잃고 완전히 와해된다. 손택은 이 병에 걸리더라도 "뜻을 품고 맞서 싸우면" 언젠가는 에이즈도 "그저 하나의 병에 불과하게" 될 날이 오기를 희망했다.

우리가 사는 이 시대에는, 알츠하이머병이 그렇게 '뜻을 품고 맞서 싸울' 병이 아닌가 싶다. 알츠하이머병도 환자의 품위를 손상하고 무너뜨린다. 이 병은 균의 침입과 감염에 따른 두려움보다는 자신이 곧 잊힌다는 두려움을 불러일으킨다. 사람들은 이 병을 '긴 작별' 혹은 '몸을 남겨두고 떠난 죽음'으로도 표현한다. 병을 앓는 사람은 눈에는 보이지만 이 세상에서는 사라진 '산 송장living dead'이 된다. 치매는 사람의 얼굴을 넋 나간 멍한 표정으로 바꿔놓고, 몸을 껍데기에 불과하도록 만든다. 그래서 가까운 사람이 치매에 걸리면 낯선 사람이 된다는 생각이 드는 것이다. 알츠하이머는 도둑, 유괴범, 행동이 느린 살인마가 되어, 사람의 기억과 정신, 성격을 강탈하고, 훔치고, 지워버리며, 심지어는 그 사람 자체를 사라지게 한다. 치매를 앓으면 서서히 진행되는 멈출 수 없는 고통의 소용돌이에 굴복해 세상에서 차츰 사라져간다고 묘사된다. 이는 죽음과 병에 대한 일반적인 두려움을 훌쩍 넘어서는 수준의 불안이다. 치매에 관한 은유는 이처럼 강력하게 부정적인 특징을 보이고 이런 부정성은 도처에 널려 있다. 이는 단지 뇌의 질병을 생생히 묘사하는 수준을 넘어 증폭된 두려움을 드러낸다. 이제 치매는 단순한 질병 이상이 되었다.

알츠하이머병의 악명 높은 평판은 이 병을 앓는 환자들, 가족들 그리고 치매에 걸릴 위험이 있는 사람들(즉, 앞으로 노년을 맞을 우리 모두)의 고통을 가중한다. 치매에 관한 이런 부정적인 이미지가 많아지면서 사람들은 치매인에게서 멀어지고, 적당한 거리를 두려고 한다. 불은 켜져 있지만 아무도 없는 집에(즉 정신을 딴 데 팔고 있는 사람에게—옮긴이) 누가 들어가고(다가가고) 싶겠는가?

나는 어떻게
치매와 만났는가

개인적으로 치매에 관심을 갖게 된 계기는 신학교에 다니던 시절로 거슬러 올라간다. 24번째 생일을 맞던 여름에, 나는 목회자가 되기 위한 첫 과정을 어느 병원에서 이수했다. 10주 동안 진행되는 그 프로그램에 지원하기 전에 주저하는 마음도 있었다. 이런 일이 내 체질에 맞지 않을지도 모른다는 두려움 때문이었다. 그 당시 병원에 갈 일은 5년 전 이후로 전혀 없었다. 5년 전 그때는 모터사이클을 타다가 교통사고를 당한 친구를 병문안할 때였다. 친구가 엉덩이뼈에 나사를 박아 고정하는 수술을 받았다는 이야기를 했는데, 그 말을 듣고 정신이 혼미해진 나는 입원실 타일 바닥에 그대로 쓰러졌다. 쓰러지면서 바닥에 머리를 부딪치는 바람에 그날 오후 내내 응급실에 머무르면서 경과를 지켜봐야 했다.

그런 일도 있어 병원 연수 프로그램 지원이 약간 꺼려졌지만 다른 기회가 없어, 결국 등록했다. 나는 뇌수술을 받고 난 뒤 회복 중인 환자들이 있는 신경과 병동에 배정됐다. 병동 환자들은 뇌종양, 뇌동맥류, 뇌졸중을 앓았던 사람들이었다. 단어가 잘 떠오르지 않아 애를 먹고, 일상의 기본적인 활동을 힘겹게 다시 배우고, 잠들지 않고 깨어 있는 것조차 버거운 환자들과 날마다 함께했다. 뇌사에 대해서도 처음 알게 됐다. 사륜 오토바이를 타다가 나무를 들이받은 십 대 환자의 병실에 불려갔을 때였다. 그 환자의 어머니는 아들의 사고 소식을 듣고는 바닥에 그대로 주저앉아 버렸다.

나는 이런 경험을 통해 인간의 뇌가 참으로 연약하다는 사실을 뼈저리게 느꼈다. 그러면서 그동안 나의 자아 정체성과 가치를 주로 지적 능력과 밀접하게 연결지어 판단해왔음을 인식하기 시작했다. 지금 와서 돌아보면 그야말로 보잘것없는 판단 기준이었다. 나는 마음을 불안하게 만드는 이런 생각에서 벗어나고 싶었지만, 어떻게 하면 뇌의 불안정성을 극복할 수 있는지 몰랐다. 병원에서의 목사 연수 프로그램을 끝내고 2주 뒤에는 1년간의 인턴 활동을 시작했다. 필수 코스였다. 내가 배정받은 곳은 어느 은퇴자주거복합단지 CCRC continuing care retirement community 였다. CCRC는 독립주거, 노인생활보조주거, 숙련된 요양보호사들이 상주하는 요양원 등 단계별 보호 체계를 갖춘 곳이다. 나는 그곳에서 지내면서,

병원에서 봤던 심각한 뇌손상이 아니라 나이 든 사람들에게 나타나는 일반적인 정신적 쇠퇴 현상을 접했다.

나는 주거단지 내의 교회 두 곳을 운영하는 목사들을 그림자처럼 따라다녔는데, 한 곳은 모리스 목사가, 다른 곳은 레이 목사가 담당했다. 모리스는 치매를 심하게 앓는 어느 할머니의 이야기를 주의 깊게 들어주던 모습이 인상적이었다. 나는 그 할머니의 말을 도통 알아들을 수 없었지만, 모리스는 몰두해서 듣는 것 같았다. 그에 따르면, 환자가 발화하는 단어 토막들에 귀 기울이고 그것을 라틴어 음소와 연계하는 것이 중요하다고 한다. 당시 나는 그의 조언을 따분하고 얼토당토않은 이야기로 여겼다. 하지만 그가 환자를 진지하게 받아들였으며, 실제로 환자와 의미 있는 대화를 나누었다는 사실을 이제는 안다. 그 환자는 소통이 완전히 불가능한 것이 아니었다. 그저 그녀의 말을 세심하게 듣고 창의적으로 해석할 대화 상대가 필요했을 뿐이다.

나는 매주 레이를 따라 기억력 향상의 집이라 불리는 치매인 거주지도 방문했다. 큰 건물의 한 구획에 자리한 이곳은 치매인 십여 명의 보금자리였다. 집처럼 편한 분위기로 꾸며져 있었으며, 거실과 부엌 식탁은 함께 사용했다. 레이는 보통 이곳에 와서 성경 한 구절을 읽고, 짧은 설명을 덧붙였다. 그러고 나서 델마라는 할머니에게 마무리 기도를 부탁하곤 했다. 델마는 젊은 시절에 목사 부인이었다. 기도의 어조와 열정에서 그녀가 수십 년 동안 해왔던 식사 기도, 교회 소모임, 주일 학교에서의 경험이 느껴졌다. 기도 내용이 논리정연하지 못할 때도 많았지만, 기도의 진정성과 차분하고도 확신에 찬 태도는 나에게까지 깊은 감동을 전했다.

신학 석사학위를 받은 뒤에는 뉴저지 병원 예배당에 상주하며 9개월간 실무 경험을 쌓았다. 내가 담당했던 병동은 세 곳이었는데, 그중 한 병동은 지하층 영안실 바로 옆에 있었다. 그 병동은 폐기종 같은 만성질환을 앓는 환자들이 지내는 곳이었다. 환자들은 중환자실에 입원할 만큼 위중하지는 않았지만 그렇다고 집으로 돌아가도 될 만큼 안정된 상태는 아니었으며, 대부분 고령이었다. 그리고 그해에는 응급실을 통해 병원에 들어와 정신병동 입원을 기다리는 환자들도 이 병동에 수용하기 시작했다. 그러면서 병원 한구석에 자리한 이 음산한 병동에는 몸이 쇠약한 노인들과 정신병을 앓는 다양한 연령대의 환자들이 모이게 되었다. 이 병원 공동체마저 이들을 소외하는 듯한 현실이 슬펐다.

그런데 이런 환자 조합을 경험했던 것이, 치매 노인에게 따라다니는 오명을 조금이나마 이해하는 데 바탕이 되었다. 나는 이 구역에서 특히 오랜 시간을 보내면서, 많은 환자가 병원 규칙상 정해진 임상적 대면 그 이상의 인간적인 만남을 간절히 바란다는 것을 알게 됐다. 의례적으로 주고받는 단편적인 대화는 말할 기력이 없거나 집중력이 부족한 환자들에게 위안이 되지 못했다.

병원 예배당 목사 실무 인턴 활동이 끝나고 몇 달 후, 나는 뉴저지 해안에 있는 CCRC의 전임목사로 채용됐다. 거주자가 1,400명에 이르는 이 단지에는 스카이브리지와 여러 개의 통로로 서로 연결된 독립주거용 아파트 여덟 동이 있었고, 그 외에 5층짜리 건물이 하나 있었다. '가든스the Gardens'라는 이름으로 불리는 이 건물에는 생활지원시설과 전문요양시설이 자리했다. 나는 이 건물의 주민들을 보살피는 일을 맡았다. 가든스 건물은 나머지 시설들과는 조금 떨어진, 한쪽 구석에 자리했다. 이곳에서의 근무 경험은 내가 치매인들에게 관심을 갖고, 그들의 심적 취약성을 둘러싼 철학적이고 정신적인 문제 해결에 열정적으로 마음을 쏟는 데 큰 영향을 주었다.

나는 그곳에서 7년 가까이 목사로 근무했다. 첫날에는 그곳 관리자와 함께 5층 건물 전체를 둘러봤다. 그날 둘러봤던 것 중에 4층을 돌아보면서 들어온 장면이 지금까지 기억에 남는다. 4층은 중증 치매를 앓는 사람들을 위한 시설로, 전문요양치료사들이 상주하며 이들을 돌봤다. 넓은 공간에 마련된 특별활동실에 막 들어서던 순간이었다. 하와이안 셔츠에 헐렁한 밀짚모자 차림인 젊은 직원은 엉기적거리며 걷는 노인을 옆에서 부축하고 있었다. 그날 특별활동실을 가득 메웠던 사람들 중에 휠체어에 앉은 이들과 아주 느리게 움직이는 분들을 또렷이 기억한다. 나를 안내했던 그곳 관리자는, 이곳에서는 그리 많은 시간을 보내진 않을 것이라고 옆에서 귀띔해주었다. 내가 돌봐야 할 입주민이 거의 200명 가까이 되기 때문에, 자리를 뜨자마자 나에 대한 기억이 송두리째 지워질 사람들을 만나는 것보다는, 내 시간을 다른 방식으로(더 생산적이고 나은) 쓰게 될 것이라는 의미였다.

기억은 교묘한 데가 있다. 그 관리자가 정말로 그런 편견을 내게 이야기했는지, 아니면 내가 간접적으로 그런 의미로 받아들였는지, 그것도 아니면 내가 은연중에 그렇게 생각했는지는 잘 모르겠다. 어찌 됐든 내가 들은 건 치매를 혐오하는 문화와 상통하는 명확한 메시지, 즉 4층 치매 요양소 입소자들을 일부러 찾아갈 필요는 없으며, 내가 그곳을 찾지 않더라도 사람들이 전혀 의식하지 않을 것이라는 메시지였다. '내게는 이들이 필요하지 않으며, 이들의 부재로 내가 영향받을 일도 없다. 이들은 기억에서 사라진 사람들이고, 나도 이들의 기억에서 곧 사라지게 될 것이다'라는 암묵적인 추론이 가능했던 것이다.

2014년에는 남편이 2년 동안 사우스캐롤라이나에 방문 학자로 가게 되면서 나도 가든스에서의 일을 그만두고 사우스캐롤라이나로 옮겨갔다. 그곳에서는 치매와 정신에 관한 책을 탐독하고 글을 쓰며 시간을 보냈다. 그리고 치매에 관한 워크숍도 이따금씩 진행했다. 종교 단체들이 치매에 걸린 신도들을 이해하려는 노력의 일환으로 내게 도움을 요청해왔기 때문이다. 워크숍 참가자들은 대부분 노인 전문 요양사와 환자 가족들이었다. 덕분에 치매인을 가까이에서 보살피는 사람들과 직접 대화를 하고 소통할 기회가 있었다. 2016년에 남편의 계약 연구 기간이 끝나면서 우리 가족은 뉴욕으로 이사했고, 이후에 나는 맨해튼 북부에 있는 리버사이드 교회의 목사로 부임했다. 리버사이드 교회는 다양한 인종과 교파가 모인 교회였다. 나는 교회에서 노년층을 주로 상대했고 때때로 치매 관련 워크숍도 진행했기 때문에, 뇌의 노화라는 주제와는 인연을 계속 이어갔다. 하지만 이 책이 만들어지는 데 가장 결정적이었던 것은 가든스에서 지냈던 시기의 경험과 치매를 앓다가 돌아가신 외할아버지의 말년에 대한 기억이었다.

좁혀지지 않는
치매인과의 거리

치매를 앓는 노인들과 가깝게 지
낼수록 선입견이 많이 사라졌다. 그분들을 장애 때문에 의식이 흐
려진 사람이 아니라 개성 있는 구성원으로 받아들이게 됐다. 가든
스의 치매 노인들에게서도 위축과 상실을 목격하고 수시로 경험
했지만, 늘 퇴보만 있는 건 아니었다. 때로 이들에게서 연민, 정직,
겸손 같은 더 높은 의식을 목격하기도 했다.

내가 만난 이곳 치매요양소 입소자 중 수학 교사로 일하다가 정
년퇴임한 에블린과 친해지게 되었다. 그녀는 종종 내게 "선생님이
맡은 학생들은 요즘 잘하고 있나요?"라고 물었다. 그런가 하면 메
리라는 할머니는 극심한 불안 증세가 있으면서도 특별활동 시간
이나 식사 시간이 되면 남의 휠체어를 밀어주면서 몸을 움직이기
힘든 이웃을 도왔다. 파티 준비에 도움을 준 적도 있었다. 버니스
라는 할머니를 통해서는 치매와 관련된 상실이 무조건 안타깝고
비극적인 것은 아님을 알았다. 그녀가 장기간 앓아 온 정신질환의
고통스러운 증상 일부가 말년에 해소되는 것을 봤기 때문이다. 극
심한 불안과 편집증적 망상은 없어지고 웃음과 기쁨이 그 자리를
대신했다. 하루는 그녀가 내 흰머리를 손가락으로 가리키며 방긋
웃었다. "이것 봐! 목사님도 늙는구나! 우리처럼!"이라며 큰소리
로 말했다.

이들을 포함해 그곳에서 지내는 많은 사람을 단지 알츠하이머
병 환자가 아니라, 복합적이고 역동적인 사람들로 느끼기 시작했

다. 그러면서 이런 의문이 들었다. 치매에 대한 의식 전환을 주장하는 사회운동가 모리스 프리델이 제시한 용어를 빌려서 '일시적으로 뇌가 건강한 사람들temporarily able-brained (뇌 건강은 일시적인 것이므로 치매 환자들을 차별하지 말자는 뜻에서 나온 용어로, 비장애인을 뜻하는 '일시적으로 몸이 건강한temporarily able-bodied'이라는 표현에서 파생됐다—옮긴이)'은 어째서 치매인이 '사라져야' 한다고 생각하는 걸까? 왜 우리는 그들이 사라져가거나 이미 사라져버렸다고 보는 걸까? 이렇게 치매인과 비치매인 사이의 거리를 벌린 결과로 우리가 놓친 가능성은 어떤 것일까? 우리가 못 본 체하는 영혼은 그 거리를 좁히려고 어떤 방식으로 애를 쓸까?

나는 양쪽 사이의 거리를 조사해보고 싶다. 또 치매의 지배적인 상징이 어떤 점에서 편파적인지, 그런 상징은 어떻게 치매에 오명을 씌우는지를 살피겠다. 어떤 가치 기준으로 인지 능력에 따라 사람들을 구분하는지도 알고 싶다. 나는 치매를 묘사하는 더 강력하고 새로운 표현을 탐색 중이다. 우리 시야를 점진적인 망각과 두려움 너머로 확장해줄 만한 표현 말이다.

치매인에게 다가가기

내가 맨 처음 생각의 범위를 확대할 수 있었던 데에는 베티의 공이 컸다. 베티는 내가 가든스에서 일을 시작하고 몇 달 지나지 않았을 때 4층에 거주하는 치매 노인들에게 있던 풍부한 잠재력에 눈뜨도록 도와준 인물이다. 베티는 다 낡고 닳아빠진 성경책을 늘 다리 위에 올려놓고 휠체어를 탄 채로 4층 복도를 왔다 갔다 했다. 나는 그런 베티에게 성경 공부를 해보자고 권했다. 베티는 흔쾌히 수락했다. 그래서 매주 목요일 오후에 휴게실 건너편에 있는 작은 식당에서, 베티와 그녀의 이웃 몇 명과 모여 앉아 성경을 공부했다.

처음에는 어떤 식으로 진행해야 할지 감을 잡을 수가 없었다. 그래서 우선은 창세기부터 읽어 내려갔다. 베티는 가만히 앉아 눈을 감은 채로 성경 공부 시간 대부분을 보냈다. 물론 나중에는 대화에도 참여해서 좋은 의견도 보태고 재담도 펼쳤지만, 처음에는 늘 조용히 앉아만 있었다. 요셉의 형제들이 요셉을 구덩이에 던지고 노예로 팔아버리는 대목을 읽어가던 어느 오후였다. 베티가 갑자기 "이런, 질투했구먼!" 하고 외쳤다. 다른 참가자들은 감사 기도를 끝내고 다들 흩어지던 참이었다. 이를 계기로 나는 베티가 오랫동안 침묵했던 것이 집중력 부족 때문이 아니었음을 알게 됐다. 그리고 그녀 덕분에, 성경 공부 시간에는 지문을 더 천천히 읽고, 다 읽은 뒤에는 말을 멈추고 가만히 앉아서 기다려 주어야 한다는 사실을 배웠다.

전도에 열의가 있는 신도들이 다들 그렇듯, 베티는 모임 규모가 작은 것을 안타까워하면서, 새 신자들이 더 들어오기를 기대했다. 사람을 더 데려오려는 그녀의 열정은 남들과 어울리고 싶어 하고 자기 밖의 세상에 영향을 끼치고 싶은, 사랑스럽고 순수한 욕구로 보였다. 베티의 지칠 줄 모르는 에너지는 그녀가 세상을 뜬 뒤에 모임이 한층 커지는 기반이 됐다. 모임에는 9~10명의 참석자가 모였고 다양한 종파의 신도들로 구성되었다. 이 모임은 매주 일과 중 가장 흥미로운 시간이었다. 나는 이 모임을 진행하고, 4층에서 지내는 노인들과 가족을 만나고, 과중한 업무에 지친 직원들과도 틈틈이 담소를 나누면서 다른 층에서보다 4층에서 더 많은 시간을 보냈다.

삶과 죽음, 그 역설의 공존

〈바니타스 정물〉의 두개골은 의심의 여지없이 음침한 분위기를 자아내지만, 그와 동시에 앞니 빠진 얼굴로 쓴웃음을 짓는 것 같기도 하다. 실제로 살 없이 뼈만 남은 인간의 두개골에서는 저절로 배어 나온 어렴풋한 미소가 느껴진다. 두개골의 삭막하고 벌거벗은 모습은 엄숙함을 암시하지만, 그 쾌활함에서 회복의 힘이 드러나기도 한다. 어쩌면 이 그림에서 두개골은 우는 철학자 헤라클레이토스와 웃는 철학자 데모크리토스 양쪽 모두를 담고 있어서, 그림을 보는 사람들에게 전도서의 "울 때가 있고 웃을 때가 있다"라는 구절을 떠올리게도 한다. 누가 봐도 명확히 상반된 두 가지를 연결해서, "태어날 때와 죽을 때 … 무너뜨릴 때와 쌓아올릴 때 … 돌을 버려야 할 때와 돌을 모아야 할 때…"처럼 병렬관계로 배치한다. 이런 지혜의 구절은 존재의 양극단이 강렬한 긴장을 만드는 세상을 돌아보게 한다. 삶과 죽음, 끌어모으기와 놓아 보내기, 포용하기와 멀리하기, 울기와 웃기의 관계는 서로 부정하기보다는 함께 균형을 이루면서 한층 강화된다. 상실과 죽음에서조차 통합이 일어나는 것이다.

치매도 이런 유형의 결합을 일어나게 하는데, 희석과 정제, 수축과 확장, 부조不調와 항상성이 함께 나타난다. 즉 개인적 특성과 관계의 어떤 측면은 희미해지고, 다른 측면은 확고해지면서 새로운 명료성이 자리 잡는다. 또 치매가 의사소통을 제한하면서, 인간관계는 존재와 사랑을 바탕으로 하는 새로운 관계로 확장된다. 그런가 하면 인지적 변화로 삶의 일상적인 패턴이 전체적으로 뒤바뀌지만, 일부 생활리듬은 변함없이 유지된다.

어느 여성이 치매에 걸린 자신의 배우자를 지칭하면서, '떠났지만 사라지지 않은gone but not gone 남편'이라고 표현하는 것을 들었다. 치매의 역설을 통렬하게 짚어냈다는 생각이 들었다. 그 사람의 부재를 절실히 느끼지만, 동시에 그와 비등한 정도로 강렬하고 뚜렷하게 그의 존재를 인식하게 되니 말이다. 비슷한 상태에 이른 나 자신의 모습을 머릿속에 그려보면서, 이것이 우리 모두와 관련 있는 문제임을 절감했다. 인간의 몸을 구성하는 세포는 주기적으로 분해되거나 소멸되고 새 세포로 대체되지만, 뉴런을 비롯한 일부 세포들은 대체되지 않고 사멸하기 때문이다. 존재와 부재가 맞물린 이런 상황은 치매가 있느냐 없느냐에 관계없이 우리 삶의 모든 부분에 스며들어 있는 것 같다.

만일 우리가 이런 갈등을 받아들이고 상반되는 것들 사이의 빈 공간을 수용하는 법을 배울 수만 있다면, 치매는 평범한 인간의 경험 범위 안으로 들어오게 될 것이다. 치매는 케케묵은 고정관념에서 나온 오명을 뒤집어쓰지 않을 것이고 환자들과 그들을 간병하는 가족들은 지나친 두려움에서 오는 부담을 떠안은 채 사라지지 않을 것이다. 치매가 있는 사람과 없는 사람을 가릴 것 없이 우리 모두가, 삶을 그저 평범함과 특이함, 작은 조각과 전체, 현재와 소멸하는 것의 결합으로 받아들이게 된다면 인생은 어떻게 달라질까?

2장

치매에 걸릴 바에야 차라리 죽음을?

라디오 걸의 장례식

나는 장례식 집전을 딱 한 번 해 봤다. 103세의 나이로 세상을 뜬 도로시라는 할머니의 장례였다. 장례식을 진행하는 동안, 그녀가 살아 돌아올지도 모른다는 생각이 들었다. 도로시는 기습적으로 다시 나타나서 사람들을 놀래는 것으로 워낙 유명했다.

그녀는 은퇴자 공동체마을에 있는 독립주거용 아파트에서 생활했다. 도로시가 병을 앓은 뒤 회복을 위해 잠시 가든스에 와서 지낼 때 내가 몇 차례 병상을 방문할 기회가 있었다. 그때 만나 이야기를 나누면서, 나는 그녀가 십 대 시절에 집을 나와 마술사 해리 후디니Harry Houdini의 공연 보조자로 일했다는 걸 알게 됐다. 물론 부모님의 반대를 무릅쓰고 말이다. 어째서 목사의 딸이자 교양 있는 감리교 신자였던 어린 소녀가, 한낱 공연 마술사에 불과하고 랍비의 아들이라는 소문까지 돌던 나이 많은 남자의 조수가 되었던 걸까? 도로시의 부모님은 후디니와 그의 아내 베스가 도로시의 집을 함께 찾아가 그녀를 딸처럼 고이 돌보겠다고 약속한 뒤에야 노여움을 풀었다.

후디니의 공연에서 도로시는 텅 빈 초대형 라디오에서 갑자기 모습을 드러내는 역할을 맡았다. 도로시는 한쪽 다리를 쭉 뻗고 다른 쪽 다리도 뻗으면서 로켓처럼 불쑥 나타난다. 그러면 후디니가 도로시의 허리를 잡고 들어 올려서 바닥에 내려놓고, 그녀는 곧바로 찰스턴charleston(1920년대에 유행한 빠른 춤—옮긴이) 댄스를 췄다. 다른 공연에서는 발부터 목까지 장대에 꽁꽁 묶이기도 했다. 커튼이 바닥까지 드리우면, 이럴 수가! 그녀는 순식간에 사라져버린다. 그리고 나비 날개를 단 발레리나로 변신해서, 날개를 퍼덕이며 무대에 다시 나타난다.

밤 공연이 끝날 때마다, 도로시는 무대 바로 밑에 베스와 나란히 서서 후디니 공연의 피날레인 물고문실 탈출 마술을 지켜봤다. 족쇄를 찬 후디니가 거꾸로 뒤집힌 채로 물이 가득 찬 수조에 갇히고, 2분 뒤에 탈출하는 묘기다. 도로시는 흔히 '가장 위대한 탈출' 스턴트로 불리는 이 묘기를 후디니가 어떻게 해냈는지 알고 있었지만, 비밀을 끝까지 지켰다.

그녀는 후디니의 마술쇼 공연 멤버들 중 마지막 생존자였다. 후디니가 세상을 뜨고 나서 한참 뒤에, 할로윈에 행하는 교령회交靈會(죽은 이의 혼령과 교류를 시도하는 모임—옮긴이)에 참석해 후디니와 대화할 수 있기를 열망하기도 했다.

도로시의 병실을 찾아갈 때마다, 나는 그녀의 죽음이 임박했음을 느꼈다. 본디부터 체구가 자그마했지만, 갈수록 점점 더 작아지는 듯했다. 나중에는 이제 정말로 떠날 날이 얼마 남지 않았다는 확신이 들었다. 그러나 그녀는 내가 그곳에 부임한 지 3년이 될 때까지 떠나지 않고 버텨냈다.

장례식 준비를 하면서, 유명 무대에 올라 공연을 펼치는 그녀의 모습을 머릿속에 그렸다. 이번에는 초대형 라디오가 아니라 꽉 닫힌 관 밖으로 그녀의 양다리가 한 발씩 불쑥 치고 나온다. 그리고 마지막으로 찰스턴 댄스를 추는 모습…. 혹은 죽음의 족쇄를 풀고 나와서, 나비 날개를 달고 피루엣(한쪽 발로 서서 제자리에서 빠르게 도는 발레 동작─옮긴이)을 추는 그녀를 상상했다. 하지만 실제 상황에서는, 은퇴자 마을에서 함께 지내던 80대인 그녀의 아들이 전통 장례식과 달리 시신이 담긴 관을 장례식장에 들이지 않기로 한 덕분에, 장례식에서 불쑥 관이 열릴까 봐 불안했던 마음은 조금 가라앉힐 수 있었다.

도로시는 후디니 마술의 비밀을 지키겠다는 17살 때의 맹세를 굳게 지킨 채 무덤에 묻혔다. 나는 환상적인 공연의 비밀을 손에 넣고, 묶여 있는 자기 몸을 푸는 법을 터득하고, 종적을 감추는 곡예를 배우는 등 마술에 관한 지식의 무게는 과연 어느 정도일지 궁금했다. 그녀가 자신의 맹세를 그토록 철저하게 지키지 않았더라면, 후디니가 감쪽같이 사라질 수 있었던 수수께끼는 어쩌면 풀렸을지도 모른다.

치매를 겪기보다
차라리 죽는다고?

나는 '죽을 권리', '지속적 식물인
간 상태', '사전의료지시서advance directive' 같은 용어들이 대중의 담
론에 스며들고, 안락사에 대한 격렬한 논쟁이 오가던 1990년대에
성인이 됐다. 초등학교 시절에는 낸시 크루전(호흡만 가능한 혼수상
태에서 영양 공급 튜브를 제거하는 방식으로 죽음을 맞이했다—편집자),
테리 샤이보 같은 사람들의 이름을 어렴풋이 들어 알고 있었다.
낸시 크루전은 내가 살던 미주리주 사람이었고, 식물인간 상태로
마지막 소망을 전할 기회도 없이 떠난 테리 샤이보는 격렬한 정치
적 논쟁을 일으킨 인물이었다.

의사인 잭 케보키언Jack Kevorkian 박사도 널리 이름을 알렸다. 그
는 법에 불응해, 수십 명의 중증 환자들이 스스로 삶을 마감할 수
있게 도운 사람이었다. 그의 얼굴은 언론에 도배되다시피 했으며,
심지어 1993년에는 『타임』지 표지에 "죽음의 의사: 자비의 천사인
가 아니면 살인자인가?"라는 제목과 함께 사진이 실리기도 했다.
내가 케보키언의 첫 의뢰인에 관한 이야기를 듣게 된 건 최근의
일이었다. 첫 의뢰인은 오리건주 포틀랜드의 재닛 애드킨스라는
54세 영어 교사였다. 그녀는 조기 알츠하이머 진단을 받았다. 자
신의 마지막 소망을 말할 기회가 있었던 그녀는 병이 더 심각해지
기 전에 세상에서 '사라지기로' 결심했다.

재닛의 남편 론 애드킨스는 부인이 사망한 직후에 기자회견을
열어 부인이 남긴 유서를 읽었다. "저는 다음과 같은 이유에서 제

목숨을 끊기로 결심했습니다. 정신상태가 정상일 때, 충분히 깊이 생각해서 내린 결정입니다. 저는 알츠하이머병에 걸렸고, 이 병이 더 이상 진행되는 것을 보고 싶지 않습니다. 이 끔찍한 질병의 구렁텅이에 저와 제 가족을 함께 빠뜨리고 싶지 않습니다." 언론 보도에 따르면, 그녀는 아들들과 테니스 시합을 해서 아들들을 보기 좋게 꺾은 날로부터 1주일 뒤에, 디트로이트 교외 주차장에 주차된 자신의 1968년식 폭스바겐 밴 차량 뒷자리에 반듯이 누운 채 숨졌다. 한쪽 팔에는 잭 케보키언의 발명품 타나트론 정맥주사가 꽂혀 있었다. 주사액이 심장을 중지시키는 염화칼륨을 혈류로 흘려보냈던 것이다.

재닛 애드킨스에게 동조하는 사람들은 병리학적으로 치매라는 질병이 끔찍하다는 점과, 그녀가 고심 끝에 용기를 냈다는 사실을 내세웠다. 유서에서 "정신상태가 정상일 때"라고 표현했던 것처럼 그녀는 자신의 주장을 온전히 스스로 책임지며 행동에 나서는 것이 아직 가능할 때, 자신과 가족에게 고통을 안겨줄 상황을 막았다고 본 것이다. 피아노를 연주했던 재닛은 음악적 능력을 잃는 것을 두려워했다. 그녀는 목사에게 "곡이 떠오르지 않아요. 음악을 연주할 수가 없어요. 뇌가 쇠퇴하는 게 느껴져요. 그런데 이렇게 나빠지는 과정을 끝까지 겪고 싶지 않아요"라고 털어놓았다고 한다. 아마도 악보가 한 줄로 늘어선 검은 얼룩들이 되어버리고, 음표가 꼬이고 얽혀서 멜로디를 만들어내지 못했을 것이다. 뇌가 쇠퇴하면서 모든 면에서 기능이 격감했을 것이다. 슬픔이 가득 차오르고, 불굴의 인내가 필요했을 터였다. 그녀의 가족은 감사하다는 말조차 하지 못하는 재닛을 돌보는 일에 한없이 매달려 기력을 소진했을 것이다. 나는 재닛이 서서히 진행되는 자기 소멸 과정 때문에 사랑하는 가족들이 고통받는 상황을 피하고 싶었을 것이라고 생각한다.

도로시의 장례식을 며칠 앞두고, 그녀에 관한 추모 기사를 주요 일간지에서 읽었다. 나는 그녀가 후디니의 공연 무대에 서려고 오디션을 봤던 여성들 200명 중 마지막 차례로 오디션을 봤으며, 단박에 후디니의 마음을 사로잡았다는 사실을 알게 됐다. 그녀는 후디니와의 계약이 종료된 뒤에도 '룸발레로rumbalero'라고 불리는 라틴 댄스를 만들고, 프레드 아스테어와 함께 출연한《플라잉 다운 투 리오Flying Down to Rio》를 비롯해 여러 영화를 찍었다. 노년에는 예술회관 건립에 1,250만 달러를 기부하기도 했다.

이 부음을 읽으니 불현듯 외할아버지 생각이 났다. 우리 할아버지는 후디니의 조수만큼 화려하지는 않아도 내가 보기에는 꽤나 범상치 않은 삶을 사셨다. 할아버지는 제2차 세계대전 참전용사로, 히말라야에서 작전 수행 중 상당히 힘든 상황에서 상부 승인 없이 항공기를 착륙해서 동료 조종사의 목숨을 구했다. 그리고 이 공훈으로 공군수훈 십자훈장DFC을 받았다. 전쟁을 마치고 본국에 귀환한 뒤로는 음악 밴드 강사를 해볼까도 생각했지만, 그러지 않고 의대에 진학했다. 의대 학비를 벌기 위해 작고 누추한 술집에서 재즈 트롬본을 연주하기도 했다. 그렇게 할아버지는 성실하고 똑똑한 시골 의사가 되었다. 그는 왕진을 다니며 환자들을 돌봤고, 환자들의 채무를 면제해 주기도 했다. 산모의 출산을 돕고, 환자의 임종을 지키기도 했다. 제세동기가 아직 나오지 않았던 시대에, 전등의 코드 피복을 벗긴 뒤 환자에게 전기 충격을 가해 목숨을 살린 적도 있었다. 은퇴한 뒤로는 약국을 개업하고, 운영을 직접 거들었다. 그는 취미활동에도 열심이었다. 악기 연습을 하고, 컴퓨터로 여러 작업을 하고, 가장 맛있는 오믈렛을 만들기 위해 노력했다. 또 국제 사교 단체인 로터리클럽 특사로 전 세계를 여행하기도 했다. 그는 음악에도 꾸준한 열정이 있어서 교회에서 독창을 하고, 손주들을 위해 전자오르간을 연주하고, 80대의 나이에도 로터리클럽 모임에서 선창을 했다.

이렇게 왕성한 활동을 해왔고, 그런 활동이 자신에게 어떤 중요한 의미가 있는지를 남에게 이야기하는 데도 아무 문제가 없었던 할아버지는, 말년에 접어들면서 그 능력을 차츰 상실했다. 돌아가시기 11년 반 전이던 80번째 생일에 가족들과 간단한 주사위 게임을 하면서 점수를 제대로 계산하지 못하는 모습을 보였다. 나는 이 기억을 토대로 할아버지에게 언제부터 치매 증상이 나타났으며 얼마나 오래 치매를 앓으셨는지 가늠할 수 있다. 도로시가 세상을 떴을 무렵, 할아버지는 치매인들에게 특화된 생활지원 시설을 갖춘 노인주거단지에서 지냈다. 그 뒤로는 요양원으로 옮겨 생의 마지막 2년을 보냈다. 하루 중 많은 시간을 침대에서 보냈고, 누워 있지 않을 때는 휠체어를 타고 다른 참전용사들과 함께 식탁에 앉아 있었다. 온종일 말을 거의 하지 않고 지냈다.

목사인 내 친구에게 외할아버지가 요양원으로 옮겼다고 말하니, 친구는 반사적으로 이렇게 대답했다. "아, 이젠 가셨구나." 그 말을 들으니 다른 친구가 했던 이야기도 떠올랐다. 그 친구는 자신의 아버지에게 혹시 나중에 치매에 걸려도 걱정하지 말라고 했고, "절벽 끝으로 기분 좋은 산책"을 하러 가기로 약속했다고 한다. 그러면서 재빨리 밀어붙이는 동작을 취해 보였다. 다른 진행성 질환을 잃는 사람들은 그런 경우가 드물지만 유독 치매인은 흔히 말하는 절벽에서 떠밀린 상태, 즉 가망 없는 상태로 선언되는 경우가 많다. 할아버지의 삶이 여러모로 위축되기는 했지만, 먼저 떠난 이들의 품으로 가실 준비가 된 것은 결코 아니었다. 그렇지만 어찌됐든 사라짐을 향해 할아버지를 밀어붙이는 어떤 힘이 느껴지는 건 분명했다. 나는 그 힘을 행사하는 것이 누구인지, 아니면 무엇인지 알고 싶었다.

치매를 매도하는 시선

도로시의 추도식이 있고 나서 한 두 주 지났을 때, 정신과 치매에 관한 워크숍에 참석할 기회가 있었다. 그 워크숍을 통해 1980~1990년대에 치매인을 돌보는 새로운 방식을 개발한 영국의 사회심리학자 톰 킷우드Tom Kitwood에 관해 처음으로 알게 됐다. 킷우드는 과거의 간병문화에 이의를 제기했다. 과거의 간병문화에서는 치매인을 사회가 관리해야 할 문제로 보았으며, 그저 신체적 돌봄만이 필요한 육체로 치부했다. 그는 과거의 관행에 맞서서, 치매인을 복잡한 사회 환경에서 살아가는 복합적인 주체로 대해야 한다고 주장했다. 나는 워크숍에서 이런 정보를 처음 접하면서, 치매인의 비가시성invisibility을 초래하는 요인을 이해하는 데 킷우드의 접근법이 도움이 되겠다는 생각을 했다.

그 이후 몇 달 동안 킷우드의 대표 저서를 읽었다. 『치매를 재고하다: 사람이 먼저다Dementia Reconsidered: The Person Comes First』라는 제목만 보고도 관심이 끌렸다. 사람을 중심에 두는(즉, 당사자를 그의 삶에서 우선시하는) 것처럼 너무 당연하게 느껴지는 조치들이 포함된 제목이었다. 그때까지 치매에 관한 연구 대부분은 치매의 진행 과정이나 사회 환경이 치매인들에게 끼치는 영향에 대해서는 전혀 고려하지 않았다. 킷우드는 이와 관련해 바로잡아야 할 점을 의미 있게 제시했다. 특히 그는 치매인에 대한 심리적 경향을 '악성 사회심리malignant social psychology'라고 이름 붙였고 이러한 경향이 만연한 세태를 주시했다. 그는 간병인과 치매인의 일상적 상호작용을 면밀히 관찰해, 치매인의 비인격화를 조장하는 17가지 악성 요인을 찾아냈다. 그 17가지는 배반, 권한 박탈, 어린애 취급, 협박, 낙인찍기, 오명 씌우기, 앞지르기, 무효화, 추방, 물건 취급, 무시, 강요, 보류, 비난, 분열, 조롱, 경멸이다.

킷우드는 이런 악성 사회심리가 밑바탕에 깔린 간병 환경이 신경의 퇴보를 실질적으로 가속화하기도 한다고 주장하면서, 치매에 관한 기존 패러다임을 향해 비판의 목소리를 높였다. 패러다임에서는 치매인이 겪는 퇴행 증상의 원인을 오로지 치매의 유기적 진행 탓으로만 돌리고, 치매에 대한 암묵적인 낙인, 즉 인지장애와 노인에 대한 문화적 편견에 대해서는 아무런 비판도 하지 않는다고 그는 지적한다. 킷우드의 설명에 따르면, 치매의 진행에는 "신경병리학적 증상과 본질적으로 관련이 있는 요인들과 사회심리학적 요인들 간의 지속적인 상호작용"이 관여한다. 치매인은 그저 자기 자신의 문제만으로 사라지는 것이 아니다. 다시 말해, 치매는 개인의 뇌 기능 부전의 문제만이 아니다. 치매는 우리 모두의 기능 부전, 즉 대중의 병든 사고와 관련이 있다.

킷우드의 책을 읽은 지 얼마 안 되었을 때 이런 일이 있었다. 어느 날 특별활동실에 들어섰는데 루스가 고래고래 소리를 지르고 두 주먹으로 테이블을 쾅쾅 내리치고 있었다. 루스는 최근에 치매 요양소로 옮겨온 할머니였다. 나와는 그 며칠 전에 정기 순회 날에 처음 인사를 나눴는데, 당시 그녀는 요양소로 옮긴 것이 못마땅해서 부루퉁해 있었지만 그렇다고 자제력을 잃은 사람처럼 행동하지는 않았다. 깜짝 놀라 굳은 내 표정을 보고 담당 직원이 정황을 설명했다. "할머니가 얼마나 심하게 구시는지, 세상에. 지나가는 사람들 전부한테 욕을 쏟아부으셨어요. 배가 고프니까 밥을 먹겠다고 떼를 쓰면서요. 그런데 점심은 방금 전에 드셨거든요. 그래서 대신 제가 간식으로 푸딩을 가져다 드렸어요. 그랬더니 그걸 저한테 던져서 푸딩이 온 바닥에 튀었지 뭐예요. 정말, 이젠 끝이에요. 더는 못 받아주겠어요." 직원은 루스에게 등을 획 돌리고 가버렸다.

킷우드가 설명했던 악성 사회심리의 개념이 그날 해프닝을 이해하는 데 도움이 됐다. 이 일에는 우선 '어린애 취급하기'가 작용되었다. 루스는 "바로 전에 점심을 먹었다"는 이유로, 본인이 원했던 음식을 먹을 수가 없었다. 덧붙여 '무시'와 '물건 취급'도 있었다. 직원들은 그녀에 관한 일을 마치 그녀가 그 자리에 없는 것처럼, 별 볼 일 없는 사람으로 취급하며 이야기했다. '강요'도 있었다. 루스가 원하는 것을 확실히 말했는데도 직원은 식사가 아니라 간식을 먹어야 한다고 고집했다. '경멸'도 있었다. 직원은 루스 때문에 화가 났고, 자신을 기분 나쁘게 한 루스를 원망했다. '보류'와 '추방'도 있었다. 그 직원은 루스를 남겨두고 자리를 뜨면서, "이제 더는 못 받아주겠다"라고 선언했다. 루스는 홀로 남겨졌고, 악성 심리는 그녀를 꼼짝 못하게 둘러쌌다. 그때 주방 직원이 루스에게 다가가는 것이 보였다. 직원은 루스에게 "무얼 드시고 싶으세요?"라고 물었다. "샌드위치 같은 거." 루스가 대답했다. 그 직원은 잠시 뒤에 땅콩버터와 잼을 바른 샌드위치를 식당에서 들고 나왔다. 루스는 샌드위치를 받아들고 곧바로 한입 베어 물었다. "고마워요. 내가 땅콩버터 잼 샌드위치 하나로 이렇게 행복해질 수 있을 거라고는 생각도 못했네." 그녀가 말했다.

주방 직원은 비교적 간단한 행동으로 악성 사회심리를 조금이나마 해소했다. 그런데 이 문제는 간병인에게만 의존해서는 해결되지 않는다. 킷우드에 따르면 이는 사회에 널리 퍼져 있는 문화적 유산에 속하기 때문이다. 따라서 간병인에게 책임을 묻거나 행동과 태도를 교정한다고 해결될 일이 아니다. 킷우드가 내놓은 분석에서, 치매에 대한 악성 반응은 개인의 가치를 보통 그 사람의 재정적, 물리적, 지적 능력에 비추어 규정하는 관습을 드러낸다.

문화와 경제, 의료 시스템 전반에 걸친 안타까운 결점이다.

누군가의 특정한 정신적 능력이 그 사람의 도덕적 지위를 결정하는 현상은 생명윤리학자 스티븐 포스트Stephen Post가 1995년 저서『알츠하이머병의 도덕적 과제The Moral Challenge of Alzheimer Disease』에서 처음 소개한 '문화의 초인지적hypercognitive 가치관'이라는 개념에도 나타난다. 포스트는 이 개념을 2011년에 다시 설명하면서, "여전히 삶을 영위하는 사람들이 도덕적 관심에서 배제되는" 초인지적 문화를 조명한다. 그에 따르면 '예리한 인지력'을 숭배하는 이런 경향은 '치매차별주의dementism'를 유발한다. 치매차별주의는 기억력이 크게 저하된 사람들에 대한 편견을 설명하려고 포스트가 사용한 용어다.

개인의 행동이나 의도의 수준을 뛰어넘어 사회 전체를 아우르는 치매차별주의는 치매인의 요구를 경시하거나, 축소하거나, 일부러 약화시키는 사회 구조에서 나타난다. 예를 들어, 거주자 10명 중 7명 정도가 어느 정도의 인지장애를 겪는 노인으로 구성된 생활지원시설은 적절한 규제 대상이 되지 못해서, 그런 곳에서 거주하는 치매 노인들은 특히 취약한 환경에 노출돼 있다. 한편 노인들에게 필요한 지속적인 의료적 지원 제공에 최적화된 노인병 전문의는 그 숫자가 턱없이 부족하다. 미국의 의료시스템이 편향되어 있는 것이다.

향정신성 의약품 과용도 치매차별주의를 암시하는 사례다. 향정신성 의약품은 원래부터 인지력과 퇴행 증상 치료를 위해 쓰이는 것이 아니라 치매와 관련된 '행동 조절'에 사용되며, 이 용도로 처방할 때는 FDA 승인을 받을 필요가 없다.

그렇지만 이들 의약품은 치매 노인에게 특히 위험해서, 뇌졸중 발병과 사망의 위험을 크게 높인다. 향정신성 의약품에는 노년에 치매 발생 빈도를 높이는 부작용이 잠재되어 있기 때문이다. 2016년에 학술지 『국제 노인정신의학International Psychogeriatrics』에 발표된 한 연구에서, 치매인에게 처방된 약물 중에 완전히 적합하게 사용된 경우는 전체의 10퍼센트에 불과한 것으로 나타났다. 그런데도 제약회사들은 치매인에게 이런 의약품을 계속 사용하도록 밀어붙이고 있다. 실제로 2013년에 존슨앤드존슨은 조현병과 조울증 치료제 리스페달Risperdal을 치매인에게 사용하도록 부적절하게 홍보했다는 이유로, 22억 달러의 합의금을 지급해야 했다(조현병과 조울증 치료제인 리스페달은 향정신성 의약품이 아닌 항정신병약이다—편집자).

개신교의 여러 교육기관에 대해 떠올리면서, 예비 목회자들에게 노화와 치매에 관해 교육하는 경우가 드물다는 사실에 주목하게 됐다. 치매 노인은 말할 것도 없고 일반적으로 노인 자체에 거의 관심이 없고, 주로 어린 자녀를 둔 가정에 막대한 자원을 투입한다. 그나마 좀 나아 보이는 진보 계파는 인종, 성별, 경제적 정의수호에 적극 나서지만, 노인 차별이나 인지장애를 겪는 사람들의 곤경에 대해서는 거의 관심을 기울이지 않는다. 악성 사회심리를 바로잡는 일은 땅콩버터 잼 샌드위치를 대접하는 것처럼 간단한 조치만으로 해결되는 문제가 아니다. 이를 해결하려면 모든 단계에서 교정 조치를 취해야 한다.

허약한 육체를
경멸하는 문화

도로시의 추도식을 준비하면서, 몸의 수수께끼에 대해 생각해봤다. 육체는 다루기가 힘들며, 때가 되면 죽는다. 우리는 몸에서 벗어날 수 없는 운명이면서도, 피할 수 없는 죽음을 떨치고 달아나려고 애쓴다. 우리는 마술쇼에서처럼 상자가 확 열리고 쭉 뻗은 다리가 다시 불쑥 나타나기를, 불가능의 족쇄를 벗어버릴 수 있기를 희망한다.

돌봄의 손길이 필요한 육체가 문화적 경멸의 대상이 되는 건, 육체의 허약성과 의존성에 대한 집단적 두려움이 그들을 통해 여실히 드러나기 때문이 아닐까 추측해본다. 그리고 그들을 직접 돌보는 사람들에게도 오명이 함께 뒤따르는 것 같다. 노인과 지적장애인을 무시하는 것과 똑같은 악의적인 힘이 간병인들도 무시한다. 그들은 대개 사회에서 경제적으로 취약하고 정치적으로 존재감이 없는 부류에 속한다.

철학자 에바 키테이Eva Kittay는, 간병이라는 일의 특성과, 간병을 여성이나 하인에게 전가해왔던 전통 때문에 "치매 간병 노동자들은 다른 대부분의 노동자보다 착취당하기가 쉽다"라고 지적한다. 비영리조직 PHIParaprofessional Healthcare Institute에서 2018년에 발표한 보고서에 따르면, 요양시설에서 근무하는 간호조무사 대다수는 유색인종이며, 이들이 직장에서 상해를 입는 사고는 전국 평균 보다 3.5배가 많다고 한다. 절반은 고등학교 졸업 이후 정규교육 을 이수하지 않았으며, 40퍼센트 가까이는 정부에서 지원하는 생 활보호자금에 의존하는 상태다. 미국 전체 노동자 중에서 연방 빈 곤선poverty line (최저한도의 생활을 유지하는 데 필요한 수입—옮긴이) 이하인 사람의 비율이 7퍼센트인데, 간호조무사들은 15퍼센트에 이른다.

간호조무사는 요양시설 입소자들과 보내는 시간이 다른 어떤 의료진보다도 훨씬 길어서, 입소자 한 명을 옆에서 직접 돌보는 시간은 하루 평균(중앙값) 2.2시간이다. 요양시설에 입소한 노인을 돌보는 과정에서 지극히 중요한 역할을 하는 이들이 위험에 노출 되어 있으며, 보수가 형편없다는 점에서 사람들이 이 직종 종사자 에게, 그리고 더 나아가 그들의 고객에게 얼마나 낮은 문화적 가 치를 두고 있는지를 엿볼 수 있다.

내가 가든스에 근무하던 시절, 그 시설을 운영하는 관리책임자 가 가든스 주민이나 직원과 대면해서 시간을 보낸 사례는 손꼽을 만큼 적었다. 교류의 부재는 이런 사람들을 소외시키는 문화를 더 욱 강화시켰다. 그러니 열악한 조건에서 일하는 직원(대체로 흑인 이주 여성)과 그들이 돌보는 환자(대체로 움직일 수 없고, 의견을 제시 할 능력이 없고, 남의 도움이 꼭 필요한 사람들)가 같은 처지, 같은 공 간으로 밀려나게 된 것은 별로 놀라운 일이 아닐지 모른다. 커튼 이 드리워진 상태로, 그들은 예고된 재등장 일정도 없이 무대 밖 으로 감춰진다.

과연 사라짐은
망각일까?

나는 외할아버지가 노년에 겪은 그 모든 상실에도, 잭이라는 이름으로 불리는 한 인간으로서 그 자신은 소멸되지 않았음을 느꼈다. 할아버지는 과거와 새로운 상황이 결합된 삶을 끝까지 이어갔다. 할아버지는 요양원 식당에서 좋은 음악이 흘러나오면 작은 원기둥 모양으로 생긴 소금통을 마이크 삼아 노래 부르는 흉내를 냈다. 악기를 연주하고, 세계 곳곳을 여행하고, 오믈렛을 만들고, 소금통을 들고 노래를 부르는 행동은 삶에 대한 그분만의 친밀감 표현이었다. 치매 증세가 깊어진 할아버지는 세상을 뜬 아내의 관 위로 몸을 굽힌 채로, "아직은 당신하고 같이 가고 싶지 않아, 여보!"라고 말했다. 외할아버지가 위험천만한 미얀마의 산악지대에서 화물을 실어 나르는 비행기를 조종하고, 야간에 술집 공연으로 돈을 벌어 가면서 간신히 의대를 졸업하고, 부인의 무덤 곁에서 삶의 의지를 명확히 밝힐 수 있었던 원동력이 생존의 의지가 아니면 무엇이었겠는가? 할아버지의 삶을 상징했던 활동은 이제 볼 수 없지만 그때까지 노력해왔던 삶의 본질은, 그와 시간을 보냈던 사람만 알아볼 수 있는 미묘한 방식으로 마지막까지 온전히 보존된 듯했다.

신비주의자들은 끝까지 남는 것이 더 진실하고 순수한 자아라고 말할지도 모른다. 모든 활동을 공식적으로 종료하고 '활동적인 삶vita activa'에서 탈피하면, 있는 그대로의 소중한 자아가 나타날 조건이 마련된다. 이처럼 자아의 해체는 존재의 새로운 자유를 촉

진하기도 한다.

　내가 가만히 선 채로 누군가가 나에게서 멀어지는 것을 보면, 그 사람은 점점 작아지다가 끝내 눈에 안 보이는 지점에 도달한다. 그렇다고 그 사람이 종적을 감췄거나 지구에서 완전히 사라진 것은 아니다. 단지 내 시야에서 사라진 것뿐이다.

　'소실점vanishing point'이라는 용어는, 명백하게 서로 반대되는 관계에 있는 것들을 통합하는 개념처럼 들린다. 여러 개의 평행한 직선들은 관찰자에게서 점점 멀어지면 나중에는 지평선에서 수렴하는데, 그 지점은 평행선들이 사라지는 곳이기도 하다. 소실점은 통합이자 해체이며, 수렴과 단절이 모두 이루어지는 지점이다.

　킷우드는 신경장애가 심화함에 따라 심리사회적 돌봄의 필요성이 증가한다고 주장했다. 그런데 일반적인 상황은 이와는 정반대다. 신경장애가 악화되면 장애를 앓는 그 사람은 점점 더 방치되고 고립되어, 신경장애가 더 가속화하는 악순환이 형성된다. 악성 사회심리는 소실점에 더 빨리 다가가게 한다.

　정체성을 인식하고 행복과 안녕을 도모하는 데 목표를 둔 인간 중심의 돌봄은 소실점을 저 멀리 뒤로 밀어내고, 치매인도 온전한 존재라는 견해를 변함없이 유지하려고 애쓴다. 인간 중심 접근법에는 장기요양시설에 입소한 노인들의 향정신성 의약품의 사용을 줄이는 것을 포함한 여러 장점이 있으며, 그런 장점은 널리 입증됐다. 알츠하이머협회에서 발표한 「2018년 치매 돌봄 실천 권고안」은 증거에 기초한 양질의 돌봄 실천 관행을 제시한 포괄적인 지침이다. 이 권고안은 개별화된 돌봄이 치매인이 겪는 우울, 불안, 외로움, 따분함, 무력감을 줄이고 요양 시설 직원들의 스트레스와 체력 고갈을 방지한다는 연구 결과를 제시하면서 인간 중심의 돌봄을 근본 철학으로 삼는다.

소실점에서의 '소실'은 환상이다. 길은 지평선에서 끝나지 않으며, 그저 관찰자의 시야 밖으로 사라질 뿐이다. 치매인은 관찰자의 시선이 닿는 범위를 벗어나 있다. 관찰자의 시야가 닿지 않을 뿐, 치매인은 여전히 한 인간으로 존재한다.

사라짐 그 후

재닛 애드킨스의 남편 론은 디트로이트 장례식장에 신청해서 유해를 안치할 준비를 미리 해두고, 재닛이 사망한 날 오후에 포틀랜드로 돌아가는 비행기를 타기 위해 곧장 공항으로 향했다. "그는 최대한 빨리 우리 관할권을 벗어나려고 했던 것 같습니다." 이 사건 관계자인 검사는 『로스앤젤레스 타임즈』와의 인터뷰에서 이렇게 밝혔다. "사람들 눈 밖으로 사라지기를 원했지요."

론 애드킨스는 아내의 결정을 공개적으로 지지했다. 하지만 나는 혹시 그가 아내에게 그렇게 하지 말라고 간청해보지는 않았을까 하는 생각을 해봤다. 아내를 돌보는 부담이 그의 명예가 될 수도 있었을 테니 말이다. 아니면 남편에게 해서는 안 될 부탁을 했던 아내가 원망스럽지는 않았을까. 아마도 론은 둘의 미래를 위해 기꺼이 위험을 무릅쓸 마음이 있었을 것이다. 그는 혹시라도 아내가 마음을 바꿔 오리건으로 함께 돌아오고 싶어 할 경우를 대비해서, 아내 몫을 포함해 편도가 아닌 왕복항공권을 구입했었다.

그동안 서로 사랑하는 부부들이 정작 어려운 상황에 직면해서 현명하게 대처하지 못하는 경우를 많이 봤다. 재닛 애드킨스는 그런 상황을 피하고 싶었을 것이다. 나는 부부 중 한 사람이, 배우자를 떠나보내고 홀몸이 되는 것을 도저히 견딜 수 없어서 온갖 수단을 동원하는 것을 본 적이 있다. 재닛 애드킨스는 사랑이 때로는 맹목이 되기도 한다는 사실을 알고 있었을지 모른다. 아마도 그녀가 신뢰하는 유일한 사람은 현재의 자신, 그리고 미시간주의 병리학자(앞서 언급된 잭 케보키언―편집자)뿐이었을 것이다.

나는 재닛 애드킨스가 자살을 원했다고는 생각하지 않는다. 그저 미래의 자기 자신, 그녀가 상상한 악화된 상태의 자신, 가족을 '이 끔찍한 질병의 고통으로' 몰아넣을 자신을 없애고자 했을 뿐이다. 테니스 코트를 주름잡고 피아노 연주를 즐기던 재닛 애드킨스가, 휠체어 신세에 악기 연주를 할 수 없고 자기 이름조차 기억 못하는 재닛 애드킨스를 죽였다. 자기 결정력이 강한 재닛이 의존적인 재닛을 죽였다. 강한 재닛은 약한 재닛이 도움닫기를 마련하기 전에 서둘러 죽였다. 어디서 많이 들어 본 이야기일 것이다. 강자가 약자를 지배하고, 강자가 약자를 축출함으로써 두려움을 근절하는 것. 이것은 파시스트적 충동, 제국주의적인 강박관념이 아닐까? 혹은 불필요한 고통에서 벗어나려는 갈망과 연민 어린 충동이 아닐까? 나약함을 없애는 것과 고통을 완화하는 것 사이의 구별은 이처럼 대단히 모호하다.

사라지는 것을 잘하려면

결국 당신도 사라지게 된다. 이런 운명을 무효화할 방법은 없다. 난데없이 사라지거나 눈 깜짝할 사이에 다시 나타나는 마술쇼의 단골 레퍼토리는 인생 최후에는 적용되지 않는다. 하지만 무대 보조자의 역할은 아직 남아 있을 수도 있다.

잘 사라지려면, 다른 사람들이 우리의 속박을 풀어줄 수 있게 허용하는 과정이 필요하다. 그들이 우리의 비밀을 지켜줄 것임을 신뢰하면서 말이다. 후디니가 불가능해 보이는 탈출 묘기를 선보이는 동안 무대 바로 밑에서 굳은 믿음으로 힘을 보탰던 도로시야말로 그런 사람이었다고 생각한다.

마찬가지로 우리도 소멸의 마지막 단계에 우리를 도와줄 연민 어린 간병인들이 필요하다. 나는 따뜻한 물이 담긴 통에 할아버지의 발을 담가 씻겨 드리던 엄마와, 숟가락을 할아버지의 열린 입으로 조심스럽게 가져다드리던 간호조무사, 재닛을 위해 끊어두었던 왕복항공권을 슬며시 자신의 셔츠 주머니에 다시 집어넣었을 론 애드킨스를 떠올렸다. 치매를 앓는 상태로 살고 죽는 것이 그리 두렵지 않은 세상을 그려 본다. 우리 각자의 소멸은 천천히 진행될 것이다. 우리는 아마도 소실점에서 소멸에 관한 착각을 일으키는 요인에 대해 깊이 이해하고 있는 적극적인 조력자들을 확보할 시간을 넉넉히 갖게 될 것이다.

현대판 고려장

3장
현대판 고려장

할아버지가
연고 없는 땅으로 간 이유

　　　　　2013년 초에, 우리 외할아버지는
미주리주의 도시 멕시코에 있는 재향군인 시설로 거처를 옮겼다.
이로써 할아버지도 요양원에서 지내는 미국 노인 140만 명 중 한
명이 된 것이다.

그 시설은 미주리 중북부 평야 지대에 있는 외딴 마을 끝에 자
리했다. 쉽게 찾아가기 힘든 곳이었다. 할아버지가 그 요양원으
로 옮겨가기 전에는 평생 그 지역 근처에도 가본 적이 없었다. 할
아버지도 그랬을 것이다. 처음에 엄마와 함께 그곳에 도착했을
때, 할아버지는 차에서 내리지 않으려고 했다. 간호조무사가 나와
할아버지를 모셔가려고 달래는 동안, 엄마는 4시간 동안 차를 타
고 오느라 고단해진 몸을 이끌고 차에서 먼저 내려 앞장서 걸었

다. 엄마는 슬픔과 죄책감 때문에 괴로운 마음이었다. 할아버지는 3년 동안 거주지를 세 번 옮겼는데, 이번이 아마도 그의 마지막 거주지가 될 터였다.

1953년에 레지던트 과정을 마친 뒤에, 할아버지는 미주리주 본테르로 이사했다. 본테르는 세인트루이스 남부에서 남쪽으로 96킬로미터 떨어진 오자크스 지역의 북단에 있는 광산 도시였다. 그곳은 납 원료인 방연석 매장량이 세계 최대 규모라고 알려진 지역이다. 납 생산량이 최고치를 기록했던 20세기 초 수십 년 동안에는 그 지역 광산에서 일하는 노동자가 수천 명에 달했다. 그들은 그물처럼 얽힌 지하 갱도 500여 킬로미터를 지나 채취한 광물을 지상으로 실어 날랐다. 시간이 흐르면서 방연석 자원이 고갈되자 이익에만 눈이 먼 사업가들이 그 지역을 떠나버리고, 본테르 광산은 1962년에 폐쇄됐다. 그로부터 10년 내에 세인트프랑수아 카운티와 그 주변 지역의 광산 채굴이 완전히 중단되고, 이른바 레드벨트Lead Belt라고 불렸던 방연석 광산은 미개발 지역인 세인트프랑수아 산 서쪽으로 옮겨가 그 지역에서 신新 레드벨트를 형성했다. 우리 엄마는 1970년대 중반에 대학을 졸업했는데, 그 후 침체되어 활기를 잃은 고향으로 돌아가지 않았다. 부모님은 본테르에서 남동쪽으로 약 145킬로미터 떨어진 케이프지라도에 정착했다. 부모님이 사는 지역에서 할아버지의 요양원이 있는 곳까지 가려면 바람이 많이 불고 전방이 잘 보이지 않는 커브가 이어진 이차선 고속도로를 타고 위험한 장거리 운전을 해야 했다.

고등학교 시절에 본테르에 있는 할아버지 댁에 종종 놀러갔는

데, 어느 날은 할머니가 손님방의 어둑한 벽에 걸린 그림을 보여
주셨다. 어느 농부의 아내가 자기 남편을 살려준 일에 감사하며
직접 그려 할아버지에게 선물한 그림이었다. 그림에는 본테르 큰
강의 목가적인 경관이 담겨 있었다. 할아버지가 생명을 구했다는
농부는 시력이 아주 나빠서 장님이나 다름없는 사람이었는데, 황
갈색 새끼 독사를 큰 지렁이라고 생각하고 집어 들었다가 변을 당
했다고 한다. 그림에는 봄날의 강가 절벽을 헤치며 흐르는 반짝이
는 강물과 그 옆에 자리한 울창한 버드나무 숲 그리고 들꽃이 펼
쳐진 들판이 있었다. 그림을 보니 프랑스 초기 정착민들이 이 지
역을 '좋은 땅'이라고 칭했던 사실이 떠올랐다(본테르Bonne Terre는
프랑스어로 '좋은 땅'이라는 뜻이다—편집자). 내가 아는 이 마을 풍경
의 특징은 어지러이 늘어선 고속도로, 황폐해진 트레일러 주차장,
반쯤 쓸려나간 광산 모래더미(납이 섞인 암반 파편과 광산 모래 등이
섞인 폐기물 덩어리)였다. 한번은 찌는 듯 더웠던 여름방학 중 사촌
들과 이 모래더미에 오르기도 했다. 엄마는 어린 시절 겨울에 그
위에서 썰매를 탄 적도 있다고 한다.

　1992년에 미국 환경보호국은 구 레드벨트Old Lead Belt를 전국에
서 가장 환경오염이 심한 지역 중 하나로 꼽고, 환경오염 방지를
위한 국가 예산 우선 투입 지역으로 지정했으며, 그 결정은 지금
까지도 유효하다. 2003년에는 본테르에 동부 교도소가 문을 열었
다. 이 시설은 미주리주 모든 사형수의 형을 집행하는 곳이다. 척
박한 땅 86만 제곱미터에 자리한 이 시설의 철제 지붕 건물 19개
동을 보고 있노라면 좋은 땅이라는 말은 전혀 떠오르지 않는다.

2009년에 외할머니가 갑작스럽게 돌아가신 뒤, 엄마는 외할아버지를 혼자 살게 둘 수 없었다. 당시에도 할아버지는 사고력이 온전치 못했기 때문에 할머니에게 의존해 집안 살림을 꾸려왔던 터였다. 그래서 엄마는 할머니가 돌아가신 뒤 바로 직장을 그만두고 본테르로 가서 할아버지 집에 머무르며 어떤 방법이 있을지 궁리했다. 그로부터 4개월 뒤에, 할아버지의 거처를 본테르 근처에 있는 요양 시설로 옮겼다. 할아버지는 세인트프랑수아 카운티에서 60년 가까운 세월을 보냈다. 그 지역은 할아버지가 다니던 교회, 그가 사랑하는 로터리클럽, 그가 운영하던 병원이 있는 곳이었다. 그러니 우선은 할아버지가 오랫동안 살았던 그 지역에서 계속 지낼 수 있을지 알아봐야 했다.

근처에 있는 요양시설로 옮기고 얼마 지나지 않아, 할아버지가 본테르에 남을 뚜렷한 이유가 없다는 사실을 확인했다. 엄마가 집에서 할아버지가 계신 곳까지 주기적으로 왕래하기에는 거리가 너무 멀었다. 그러다 보니 할아버지가 목욕을 거부하는 것을 비롯해 한층 다양해진 돌봄 문제에 관한 해결 방법을 원거리에서 찾아야 하는 어려움이 발생했다.

로터리클럽이나 교회 지인들이 딱히 할아버지를 만나러 찾아오지도 않았다. 할아버지를 만나고 왔다는 사실을 엄마에게 전했던 사람은 단 한 사람도 없었다. 그래서 엄마는 그해 말에 할아버지를 케이프지라도로 모셔 왔고, 그의 거처를 우리 집 근처에 있는 치매 노인 돌봄 시설로 정했다. 할아버지가 케이프지라도에서 사셨던 적은 없지만 딸과 네 명의 손주가 오랜 세월 살았던 도시니까, 어느 정도는 할아버지에게도 우리 느낌이 적용될 것이라고 우리는 추측했다. 할아버지가 케이프지라도로 오셨을 무렵 나는 그곳을 떠나 다른 도시로 옮겨갔지만, 그래도 할아버지가 거기에 계신 모습은 머릿속에 생생히 그릴 수 있었다. 나는 그 도시와 인연이 깊어서 변두리, 대표적인 장소와 건물, 그곳 사람들을 익히 알고 있었다.

할아버지가 케이프지라도로 옮기기 한참 전에, 우리 부모님은 세월이 더 흐르면 미주리주 컬럼비아로 이사할 계획이었다. 컬럼비아는 형제들 네 명 중에 가장 기반이 튼튼한 두 명이 사는 도시였는데 케이프지라도 북서쪽으로 차를 타고 가면 네 시간이 걸렸다. 애초에 부모님은 이사를 서두를 생각이 없었다. 외할아버지에게 또 한 번의 큰 변화가 생기는 것을 막고 싶었기 때문이다. 하지만 예기치 않은 일들이 연속적으로 벌어지면서, 부모님이 집을 내놓기도 전에 주택 매입 제의를 받게 됐다. 2008년 세계금융위기 여파로 부동산 경기가 좋지 못했던 터라, 부모님은 제의를 수락했다. 그래서 할아버지는 케이프지라도에 자리 잡은 지 2년 만에 다른 도시로 또 옮겨 가야 했다.

그런데 할아버지가 옮길 장소는 컬럼비아가 아니라, 컬럼비아에서 북동쪽으로 65킬로미터 떨어진 미주리주 멕시코에 있는 재향군인 시설이었다. 제2차 세계대전 참전용사인 할아버지 같은 재향군인들을 위해 마련된 그 시설은 가격이 무척 저렴했고 질 좋은 서비스를 제공한다고 알려진 곳이었다. 또한, 할아버지는 다른 조건들보다 싼 가격을 중요하게 생각하는 분이었고, 때마침 입소가능한 자리가 하나 나서, 조건이 맞아 떨어졌다. 이런 요인들이 하도 크게 작용하다 보니 멕시코가 우리 집과 얼마나 멀고, 할아버지가 한 번도 발을 들인 적 없는 생소한 곳인지는 크게 부각되지 않았다.

나는 미주리주 멕시코와는 아무런 인연이 없어서 추억도 없고, 정신적·감정적 바탕이 될 만한 사연이나 경험도 전무했다. 그래서 마음속에 멕시코를 담기가 힘들었다. 멕시코는 완전히 텅 빈 느낌으로 다가왔다. 어떻게 보면 미주리주 멕시코는 내가 아직 가보지 못한 중남미 국가 멕시코만큼이나 생소하고 동떨어진 느낌이었다. 남미 멕시코에 대해서는 최소한 매체를 접하든지 친구들이 보내준 사진을 보든 이야기를 듣든 그 이미지를 머릿속으로 떠올릴 수는 있었지만 미주리주 멕시코는 뭔가를 생각해보려고 해도 머릿속이 백지 상태가 됐다.

나는 할아버지가 그곳에 계신다는 사실을 자주 잊었다. 할아버지가 미주리주에서도 생소한 작은 도시의 좁디좁은 방에서 지내고 계신다는 사실을, 반복해서 상기해야 했다. 그곳까지 가는 길은 마지막까지도 외우지 못했다. 외할아버지에게 자주 카드를 써서 보냈지만, 주소가 기억나지 않아 번번이 메모를 찾아보아야 했다. 나는 편지를 보낼 수 있는 한, 할아버지가 내게서 완전히 잊힌 것은 아니라고 생각했다. 할아버지 서랍장 위의 삼각 액자 받침대에 내가 쓴 카드들이 줄지어 늘어서서 고립감으로부터 할아버지를 지켜주는 작은 울타리가 되어주는 상상을 했다. 나는 할아버지가 그곳에 애착을 가지기를 간절히 바랐다.

어색한 침묵 중에
깨달은 것들

멕시코에서 할아버지를 만나 뵌 적은 몇 번 안 된다. 나는 뉴저지에 살면서, 미주리에는 어쩌다 한 번씩만 찾아갔다. 할아버지를 마지막에서 두 번째로 뵀을 때, 나는 그때가 마지막 만남이 될 것으로 생각했다. 화창한 가을 오후였다. 그 층을 담당하는 간호사는 작은 개에 목줄을 달아 두고 의약품 카트에 연결해 데리고 다녔다. 내가 도착했을 때 할아버지가 아직 일어나지 않았다는 사실을 그 간호사가 알려주었다. 할아버지가 머무는 방에 들어갔는데, 할아버지는 누가 왔다는 사실을 알아채지 못한 기색이었다. 몇 주 전에 엄마가 찾아뵀을 때도, 할아버지는 정서적 반응이 별로 없고 정신이 부쩍 멍해져 있었다고 한다. 그렇더라도 내가 가면 뭔가 다른 반응을 보이시지 않을까 내심 기대했다. 할아버지가 제일 좋아했던 엠앤엠즈 초콜릿을 가져갔지만, 입에 대지 않았다. 침대 옆에 작은 CD 플레이어를 놓고 빅밴드(오케스트라 편성을 가진 재즈밴드—옮긴이) 음악을 틀어놓고 옛날 사진을 할아버지 앞에 꺼내 놓았지만 모두 허사였다. 그 전에 찾아뵀을 때만 해도 그 정도면 뭔가 마음에 동요가 있어 보였다. 하지만 할아버지는 두 눈을 감고 있거나 아니면 정면을 뚫어지게 쳐다보면서 꿈쩍도 하지 않았다. 삶이 지겨워져서 더 늦기 전에 이제 그만 세상을 뜰 준비를 하려는 게 아닌가 하는 생각까지 들었다. 음악을 끄고 사진도 집어넣었다. 그리고 숨죽여 흐느끼면서 할아버지 귓가에 대고 작별 인사를 하고 기도를 했다. 할아버지 머리에 입을 맞추고 나서, 떨어지지 않는 발걸음으로 문을 나섰다. 차로 50분을 달려서 컬럼비아로 돌아왔을 때쯤에야 발갛게 부어오른 얼굴이 가라앉았다.

할아버지를 마지막으로 만났던 때는 현충일 연휴였다. 모든 생각을 넘어 할아버지의 타고난 강인함이 그를 지탱해줄 것이라는 확신이 생겼기 때문에, 더 이상은 작별 인사를 하거나 눈물을 비치지 않았다. 할아버지는 옷을 갖춰 입고 텔레비전이 있는 방에 앉아 계셨다. 그날도 날씨가 쾌청하고 좋았다. 진입로에서 건물 입구까지 현충일을 기념한 깃발이 늘어서 있었다. 나는 할아버지의 휠체어를 밀면서 콘크리트가 깔린 산책로를 걸었다. 중간에 자그마한 차양이 달려 있는 벤치에서 잠시 쉬었다. 나는 할아버지께 오늘이 현충일이라고 말하고, 할아버지와 마주보고 앉아서 깃발을 향해 손짓했다.

하지만 할아버지는 내게 눈길도 주지 않고 너른 들판에 있는 아름다운 대왕참나무pin oak를 뚫어지게 쳐다봤다. 나는 본테르 집 정원에 큰 나무들이 있었고, 할아버지가 그 집의 이름을 나무에서 따와서 '오크 포인트Oak Pointe'라고 지었으며, 현관으로 이어지는 진입로 끝에 있는 나무에 오크 포인트라고 새긴 명패를 달아 두었던 기억이 난다고 할아버지에게 이야기했다. 또 장작을 쌓아두는 헛간에서 할아버지가 참나무, 체리나무, 호두나무로 온갖 진기한 물건을 만들었던 기억도 난다고 이야기했다. 할아버지는 내 이야기에 아무런 반응도 보이지 않았다. 그저 대왕참나무만 바라볼 뿐이었다. 나는 말을 멈췄다.

할아버지와 내가 그렇게 침묵을 지키며 앉아 있었던 적은 없었다. 내가 어릴 때, 할아버지는 내게 트롬본 연주를 들려주고, 새 컴퓨터 프로그램을 가르쳐주고, 마당에서 일하는 등 잠시도 쉬지 않고 움직였다. 나는 할아버지가 항상 분주히 움직이는 틈에 끼어들 기회를 찾아야 했다. 뭔가를 보여주고, 만들어주고, 가르쳐주는 것 말고 할아버지와 돈독한 유대를 형성할 방법을 찾았던 것이다. 그런데 이제 이렇게 둘이서 가만히 앉아 있으려니 어색함이 느껴졌다. 할아버지의 침묵이 무엇을 의미하는지 알 수가 없었다. 우울함이었을까? 아니면 무관심, 평온함, 공허함, 원망, 혹은 평화로움? 차양은 작아서 그늘을 만들지 못했다. 비스듬한 각도로 내리쬐는 강렬한 오후의 햇살이 우리를 완전히 감쌌다.

할아버지를 모시고 다시 건물 안으로 들어왔을 때, 개를 데리고 다니던 간호사가 할아버지에게 머리가 아프지는 않은지 물었다. 할아버지에게는 아무런 움직임이 없었다. "아, 네. 두통이 있으시다고요. 여기, 타이레놀 드세요." 할아버지는 간호사가 건네준 약을 삼켰다. 내가 놓친 무언가를 간호사가 보기라도 했을까 봐 궁금해졌다. 나는 테이블 가에서 할아버지 곁에 무릎을 꿇고, 할아버지의 두 눈을 바라봤다. 어떻게 해야 할지, 아니면 무슨 말을 해야 할지 종잡을 수 없으면서도, 뭔가 다정한 반응이 있기를 기대했다. 특별히 아픈 곳이 없다고 믿을 수 있게 짧은 미소나 말 한마디라도 있었다면, 이 소식으로 엄마를 위안하고 나도 기분이 좋아질 텐데 말이다.

하지만 할아버지는 눈을 가늘게 뜨고 얼굴을 찡그렸다. 그리고 코와 이마 언저리를 손으로 꽉 쥐었다 펴고 고개를 가로저으면서 내게 조롱하는 듯한 표정을 지어보였다. 히죽이는 이 표정이 그날 내게 보였던 최초의 반응이었다. 할아버지의 반응이 별 뜻 없는 장난일 수도 있겠지만, 냉소적인 태도로 '네 동정 따위는 필요 없다'라고 비꼬는 것일 가능성이 크다고 생각했다. 나는 할아버지의 비웃음을 이제 그만 가보라는 뜻으로 받아들였다. 할아버지 뺨에 입을 맞추며 사랑한다고 말하고, 이것을 끝으로 그의 시야에서 완전히 사라졌다.

마지막 방문은 이런 식으로도 해석할 수 있다. 할아버지는 사회적 관계를 만들고 발전시키기 위해 노력하는 데 지쳐서, 더 이상은 그런 노력을 기울이고 싶지 않았다. 그렇다고 할아버지가 세상에 무관심해지기로 의식적으로 결심했다는 뜻은 아니다. 그저 타인과 관계를 맺기가 대단히 힘들고 그 일을 시도할 때마다 실패로 끝날 가능성이 크다는 사실을 알아차렸던 것뿐이다. 아마도 유순하게 지낼수록 삶이 더 수월해지고, 자신이 덜 고통스럽고, 덜 지친다는 것을 체득했던 것으로 보인다. 언어병리학자인 로즈메리 루빈스키는, "치매가 있는 사람은 자신의 반응이 다른 사람에게 하찮게 받아들여진다는 생각이 들면, 더 이상 반응을 하지 않는다"라고 설명했다. 톰 킷우드도 비슷한 주장을 내놓으면서, "집단의 일원으로 받아들여지고 싶은 욕구가 충족되지 않으면, 그 사람은 쇠퇴하고 칩거해서 고립 속에서 거의 모든 시간을 보낸다"라고 경고한다. 이런 견해에서 볼 때, 할아버지가 자기 안으로 침잠한 것은 병 때문만은 아니었다. 그를 제대로 도와주지 못했던 사회 환경 전체에 대한 반응이었다.

할아버지의 간병인들이 특별히 태만하거나 할아버지에게 소홀했던 것은 아니었지만, 만일 할아버지 주위에 그를 세심하게 배려해주는 대화 상대가 많았다면 할아버지는 능숙하게 의사소통을 할 수 있었을 것이다. 하지만 중증 치매를 앓는 사람들에게 거의 아무것도 기대하지 않는 분위기에서는 치매인에게 제공되는 것도, 치매인에게서 받을 수 있는 것도 거의 없는 듯하다. 할아버지가 내게 지어보였던 조롱하는 표정은 말로 설명하기 어려운 분노의 표현이었다. 그 분노는 나에 대한 개인적인 것이라기보다는, 고립된 망명지 같은 이곳에 데려다 놓은 힘에 대한 분노라고 생각하고 싶다. 고향처럼 깊은 의미가 있는 사람들을 포함한 모든 이와 삶에서 중요하게 생각했던 것으로부터 단절되게 만든 힘 말이다.

할아버지에게서
세상이 사라지다

멕시코는 혼란의 장소였다. 할아버지는 그곳으로 옮기면서 예전 삶에 최종적으로 작별을 고했다. 멕시코에서의 할아버지는 피가 흐르는 상처를 꿰매고 뱀에 물린 곳을 치료하는 사람도 아니었고, 훈장을 받은 조종사도 아니었다. 퇴역 군인들에 둘러싸여 지냈지만, 예전처럼 전쟁 일화를 떠올리는 일은 없었다. 최소한 다른 사람들 앞에서 그런 이야기를 꺼내지 않았다. 그는 더 이상 재즈 뮤지션도, 로터리클럽 대사도, 자선금 기부자도 아니었다. 말수가 별로 없고, 모닝커피를 좋아하고, 가끔 노래를 부르는 것이 전부였다. 그는 빛나는 피부와 부드러운 흰 머릿결을 지니고 있었으며, 옷 입기부터 목욕하기까지 하루의 모든 활동에 '전적인 도움'이 필요한 사람이었다. 한때는 산모의 아기를 받았지만, 이제는 기저귀를 차야 했다. 한때는 전 세계를 누볐지만, 지금은 접이식 커튼으로 나뉜 2인실에서 수척하고 야윈 다른 노인과 방을 나눠 쓴다.

다소 비관적인 측면에서 보면, 할아버지가 연속적인 변화를 겪으면서 익숙한 환경과 사람들에게서 점점 더 멀어지고, 지금껏 살아왔던 삶의 이력과 터전을 모두 잃어버렸음을 지각했다는 생각도 든다. 삶을 박탈당하는 과정은 의식하지 못하는 사이에 서서히, 순차적으로 진행됐다. 할아버지는 자기 집에서 57년, 집 근처에 있는 노인생활지원 시설에서 9개월, 딸네 집 근처에 있는 노인생활보조 시설에서 2년, 낯선 도시인 미주리주 멕시코에 있는 요양원에서 2년을 보냈다. 할아버지는 평생 익히 알고 지내던 곳으로부터 멀리 떨어진 지역에서, 생판 모르는 사람들에게 도움을 받으며 생의 마지막 날들을 보냈다. 그러니 할아버지가 외부 세계와 감정적으로 거리를 두게 된 것도 이상한 일은 아니다. 그에게는 중심을 잡기 위해 움켜쥘 손잡이도, 흔들리는 배를 고정시킬 닻도 없었으니 말이다.

매번 할아버지가 지낼 곳을 결정할 때, 그 결정이 할아버지에게 해가 될 것이라고는 전혀 예상하지 못했다. 그저 상황에 따라 타성적으로 결정이 내려졌을 뿐이었다. 할아버지는 재정적으로 여유가 있었으니, 입주 간병인을 고용해 집에서 계속 지내는 방법도 있었다. 하지만 가까운 이웃도 없고 딸이 사는 집과도 차로 두 시간이나 떨어져 있는 상황에서, 외딴 동네에 있는 그 집에 낯선 사람을 불러들여 할아버지의 간병을 전적으로 맡기면 할아버지에게 취약한 환경을 형성할 수도 있었다. 할아버지가 딸네 부부(나의 부모님)와 함께 사는 방법도 있었다. 그렇게 되면 부모님은 자신들의 삶을 꾸려나가는 동시에 할아버지를 24시간 보살펴야 해서 무척 힘들게 지내야 했다. 어린 시절에도 할머니, 할아버지가 우리 집에 와서 주무시고 간 적이 거의 없었다는 사실은 차치하고라도, 단 하룻밤이라도 할아버지를 집에 모셔야 한다면 그 생각만으로도 부모님은 손사래를 쳤을 것이다. 어찌되었든 외할머니가 급작스럽게 돌아가시면서, 외할아버지의 문제를 해결할 책임은 엄마에게 돌아갔다. 플로리다에 사는 이모도 조금 도왔다. 부모님과 가족들은 마땅한 대안이 없는 상황에서 최선을 다했다.

나는 할아버지를 찾아갈 때마다 멀어서 부담을 느꼈다. 70번 주간고속도로를 타고 가다가 킹덤 시티에서 산언덕으로 난 길로 들어서면, 밭과 너른 평원이 하늘에 맞닿은 풍경이 펼쳐졌다. 길을 따라 북쪽으로 달리다가 익숙지 않은 출구를 따라 나왔다. 그 길에서 나는 제임스 테일러의 〈멕시코〉를 흥얼거렸다. 멕시코(국가)의 기분 좋은 태양과 밝은 달에 대한 애틋한 그리움이 나오는 태평한 줄거리의 가사였다. 노래 가사는 소통하기조차 힘든 사람을 만나기 위해 그 외진 곳을 형식적으로 방문하는 내 마음의 고통을 덜어주었다. 하지만 테일러의 노래에도 집에서 보낸 슬픈 편지, 재정적 파산, 궁핍한 시기처럼 암울한 현실을 암시하는 부분이 담겨 있었다. 멕시코의 뜨거운 햇살과 밝은 밤하늘조차 삶을 향한 현실의 공격을 막아주지는 못했다. 그리고 할아버지가 계시는 멕시코(미주리의 도시)는 모든 것을 괜찮게 만들어주는 유토피아 같은 휴양지가 아니었다. 그에게 있어 멕시코는 헤어짐을 의미했다.

외할아버지 이야기는 물론 내게는 의미 있는 사연이지만, 특별할 것은 없다. 정신적으로나 육체적으로 쇠약해져서, 넓은 사회에서 분리된 채 요양원에서 직원들의 돌봄에 의지해 말년을 보내는 노인들은 주위에서 흔히 볼 수 있다. 미국에만 해도 150만 명 가까이가 요양원에서 지낸다는 사실을 고려할 때, 노인보호시설에서 생활하는 노인의 문제는 신기하거나 단편적인 현상은 아니다. 미국에는 요양원이 16,000곳 가까이 있고, 노인 지원시설 주거도 30,000곳에 이른다. 노인 주거는 시장 규모가 큰 중요한 사업이다. 장기요양 비용은 2인실 기준, 월 평균 6,844달러, 노인 지원시설을 갖춘 독립주거 아파트는 매달 약 3,628달러가 든다. 그리고 이 비용에는 노인의료보험Medicare이 적용되지 않는다. 미국 질병관리본부CDC에 따르면, 요양원에 입소한 노인 중 50.4퍼센트는 알츠하이머를 비롯한 다양한 유형의 치매를 진단받은 사람들이다. 그런데 65세 이상 성인 인구 대비 65세 이하 인구 비율은 계속 낮아지고 있어서, 시설에서 일할 직원들을 구하기는 갈수록 어려워진다. 이런 견지에서 보면 할아버지가 멕시코에서 떨어져 지냈던 상황은 할아버지만의 문제도, 우리 가족만의 문제도 아닌, 사회 공동의 문제였다.

나는 할아버지가 거주지를 옮겼던 과정과 가든스에서 만났던 다른 많은 노인의 삶을 돌아보면서, 지금과 같은 방식이 과연 옳은지 의문을 품게 됐다. 이 방식이 굳어지면 평생 지내온 동네와 지역사회에 머무르는 것이 불가능한 노인들이 아주 많아진다. 이들은 어쩔 수 없이, 자기 집에서 지내던 삶의 리듬을 조직화된 의료 돌봄 서비스와 맞바꾼다. 이렇게 볼 때, 노인 요양시설이 어디에나 있다는 사실은 때로는 악성 사회심리(노인을 대상으로 하는 육체적이고 감정적인 추방과 배제)를 부추기는 상징으로 느껴지기도 한다.

요양원과 관련된 맥락에서 '추방'은 보통 좁은 의미로 해석된다. 가령 어떤 사람이 단체 활동에 참여하는 것을 불허하거나, 어떤 사람이 있는 방에 타인이 접근하지 못하게 하는 등의 방침 같은 것들이다. 미시적인 수준에서 생각할 때, 재향군인들을 위해 마련된 요양시설에서 할아버지가 추방을 경험했다고 믿을 이유는 없다. 하지만 그의 삶과 비슷한 처지에 있는 다른 사람의 삶을 한층 넓은 견지에서 본다면, 추방의 흔적이 명백히 드러난다.

우리 할아버지는, 57년간 살아온 자기 집에서 쫓겨났고, 익숙한 지역에서 쫓겨났으며, 심지어 딸의 가족이 새롭게 기틀을 잡은 지역인 컬럼비아에도 더 이상 발을 붙일 수가 없었다. 그리고 결국에는 육지로 둘러싸인 섬과 다름없는 곳에 정착해서, 가족에게서 물리적으로, 마음에서도 멀어졌다. 할아버지는 자신이 태어나 자란 고국의 한복판에서, 외국인과 다름없는 처지에 놓였다. 할아버지가 자신이 있는 곳의 좌표를 알거나 지도에서 미주리주 멕시코를 찾아낼 가능성은 거의 없었다. 하지만 나는 할아버지가 자신이 어느 정도 자유로이 활동할 수 있다는 사실과, 아무도 없는 땅에서 표류하고 있다는 사실을 얼마만큼은 인식하고 있었다고 본다. 할아버지가 심적으로 완전히 침체되어 있었던 것도 아마 그런 인식과 관계가 있었을 것이다.

그렇다고 요양원들이 아무 가치가 없다는 것은 아니다. 그런 시설들은 도움의 손길이 필요한데도 적절한 도움을 받지 못한 채로 자기 집이나 친척 집에서 지내면서, 신체적, 감정적, 정신적으로 점점 더 쇠약해져가는 노인들이 선택할 수 있는 유일한 대안이 될 때가 많다. 어쩌면 요양원이 있는 세상보다 더 나쁜 세상을 꼽으라면 요양원이 없는 세상일지 모른다.

내 마음이 편치 못했던 건 바로 이 부분 때문이었다. 노쇠한 노인들이 평범한 삶의 범위 밖으로 밀려나 주변부로 이동해서, 수전 손택의 표현을 빌리자면 "병자들의 왕국"으로 옮겨가는 상황 말이다. 이와 같은 노인 돌봄에 관한 사회적 해법이라고 해봐야 손쉽게 이용할 수 있고 의견 일치가 쉽게 이루어지는 수단으로, 재배치relocation, 더 정확히 말하면 혼란dislocation을 불러일으킨다. 나는 보살핌을 거부당할 처지에 있는 노인들에게 돌봄 공동체를 제공한다는 사실 자체가, 사회적 실패를 드러내는 것이 아닌가 하는 생각을 지울 수 없다. 인근 지역과 사회에서 곤경에 처한 노인들을 환영하지도, 차별 없이 수용하지도 못하며 제대로 지원하지도 못하는 사회적 실패 말이다.

현대의 고려장

미국에 노인들을 위한 별도의 시설이 존재한다는 사실은 19세기에 정신병원이 있었다는 사실과 마찬가지로 지배적인 문화의 편향을 드러내는 것은 아닐까? 이런 문화에서는 독립적인 생활이 불가능한 사람들을 보호시설로 보내는 조치를, 특정 인구집단과 관련된 문제를 해결할 실질적인 대책으로 생각한다.

자칭 요양원 폐지론자인 노인병 전문의 빌 토머스Bill Thomas 는, 전통적인 요양원이 노화의 '쇠퇴론'을 대변한다고 주장한다. 쇠퇴론은 노인을 젊은 시절에 비해 기능이 떨어지는 '쇠약한 인간'으로 보는 견해로, 우리 사회에 널리 퍼져 있다. 이 주장에서 노인들은 평생 지속해서 발전하는 전인적인 존재가 아니라, 보편적인 쇠퇴의 과정에 있는 사람들이다. 쇠퇴론자들의 논리에 따르면, 이런 쇠퇴로 노인의 주된 정체성은 '환자'가 되며, 노인은 정상 생활에서 갈수록 멀어지고 의료 체계의 지배 속으로 들어간다. 토머스는 쇠퇴론이 지향하는 방향을 거부하면서, 나이가 들수록 쇠퇴하는 요소들도 있지만 "보다 큰 관점에서 바라본 노화는 복잡하고, 다면적이고, 사람들이 잘 이해하지 못하는 요소로 이루어진 인간의 정상적인 발달의 한 요소다"라고 주장한다.

내가 전임 목사로 있었던 요양 시설은 운영이 잘 되는 편이었고, 직원들도 대부분 다정하고 친절했으며, 입소자 사이에 공동체 의식을 나누는 분위기도 자주 조성됐다. 그렇더라도 궁극적으로 병실 체제에서 벗어나지는 못했다. 그래서 식사 시간 전에 약을 받기 위해 웅성대며 줄을 서는(혹은 줄 세워지는) 모습을 볼 수 있었다. 어떤 활동을 하든지 간에, 약을 받는 시간이 되면 하던 활동이 모두 중단됐다. 낙상 예방을 위한 빈틈없는 관찰과 감독이 이루어져, 입소자들에게는 사생활이 거의 없었다. 시설에는 병원처럼 간호사 전용 구역이 있었고, 의료용 카트와 긴 복도, 시끄러운 공동 구역이 있었지만, 좁고 아늑한 공간은 거의 없었다. 각 방의 바닥재는 사무실에 흔히 쓰이는 세라믹 재질 바닥이고, 천장 조명은 눈에 거슬릴 정도로 밝았다. 입소자를 직접 돕는 현장 직원들은 수술복 스타일의 유니폼을 입었다. 식사와 샤워는 정해진 시간에 해야 했다. 치매인 거주 구역에 들어가려면 네 자리 숫자로 된 비밀번호를 눌러야 문이 열렸다.

수많은 노인이 집에서 쫓겨나는 현상이 집단적인 재앙과 같은 것은 아니다. 이 시대 미국에서 전쟁, 홍수, 기근 같은 재난 때문에 노인들이 쫓겨나는 일은 없다. 노인들이 집에서 쫓겨나는 과정은 다른 부류의 추방보다 속도가 더디고, 한층 은밀하게 진행되며, 겉으로는 폭력성이 잘 드러나지 않는다. 이 부당한 현상을 정확히 파악하고 지적하기까지 꽤 오랜 시간이 소요된 것도 그런 특성 때문이다. 미국의 고령층은 국가를 장악한 계층이 아니라, 그들이 사랑하는 보호자들에 의해 집에서 쫓겨나는 경우가 훨씬 더 많다. 포트 링컨 포로수용소Fort Lincoln Internment Camp(1895년에 군사기지로 지어졌으며, 세계대전을 거치며 포로수용소로 활용됐다―옮긴이)나 만성 정신병자들을 위한 윌러드 정신병원(1800년대에 설립된 뉴욕의 주립병원으로, 1975년에 역사유적지로 지정됐다—옮긴이) 같은 곳이 아니라 '양지바른 정원'이나 '해변의 저택' 같이 사랑스러운 이름이 달린 장소로 옮겼다.

자기 의지와 관계없이 거처를 옮겨야 했던 노인들은 나이에 대한 부정적인 느낌에 빠져 있으며, 차별적인 대우를 정당하게 여기고 겸허히 받아들이는 경우가 많다. 이들은 옆으로 물러나 짐이 되지 않는 것이 제 역할임을 잘 안다. 나는 주로 노인을 대상으로 목회 활동을 해왔기 때문에 그런 경향을 자주 목격했다. 수많은 노인, 그중에서도 특히 우리 외할아버지처럼 정신적으로 쇠약한 사람들은 합심해서 조직적으로 저항하고 싶은 마음이 있어도 그럴 처지가 못 된다. 노인들과 비슷한 입장에 있는 사회 계층으로는, 영어 실력과 경제력, 법적인 보호수단이 변변치 못해 자기 뜻을 주장할 힘이 부족한 사람을 꼽을 수 있겠다. 이들은 다른 누군가가 안전띠를 대신 채워주고, 원하지 않는 곳으로 자신을 데려가도록 하는 것이 어떤 기분인지를 아주 잘 안다. 그런 의미에서 자기 집에서 쫓겨나는 노인의 처지는 여타 취약계층이 흔히 겪는 쫓겨남의 경험과 동일선상에 있다고도 볼 수 있다. 정신이나 신체장애, 가난, 짙은 피부색, 인종이나 종교적 차원의 소수자들처럼 퇴거당할 처지에 놓인 사람들은 주도권과 특권을 발휘할 수 있는 경우가 아주 드물다.

그런데 최근 지배적인 방식에서 벗어난 여러 새로운 모델이 등장하면서, 일말의 희망을 품을 여지가 생겼다. 운 좋게도 얼마 전에 대안적인 방식을 적용한 곳에 방문할 좋은 기회를 얻었다. 버몬트주 윌리스턴의 앨런 브룩에 위치한 메모리 케어Memory Care라는 시설이었다. 내가 그곳을 찾았던 때는 2018년 4월로, 개원한지 몇 달 안 된 상태였다. 그곳에는 치매에 걸린 노인 14명이 각자의 아파트에 거주하고 있었다. 그 집은 자연 채광이 밝게 들어오는 아늑한 공용공간을 공유하는 목장식 주택이었다. 내가 도착했을 때 부엌에서 새어 나온 쿠키 굽는 냄새가 거실을 가득 채웠다. 거실에서는 주민 몇 명이 담소를 나누며 카드놀이를 하고, 또 몇 사람은 자연 경관을 주제로 한 다큐멘터리를 보고 있었다. 시설에는 그곳이 의료 시설임을 대번에 알아볼 수 있는 전형적인 광경은 전혀 눈에 띄지 않았다. 의료용 카트도 없고, 병원 특유의 바닥재와 길게 이어진 복도도 없었다. 수술복처럼 생긴 유니폼을 입은 직원이나 기관에서 발행한 명찰을 단 사람도 없어서, 가령 어떤 사람이 주민인지 직원인지, 그것도 아니면 방문객인지를 가늠하기가 힘들었다.

이것이 중요한 포인트였다. 시설 관리자인 앨런과 켄이 인솔자로 나섰는데, 그들은 시설을 함께 돌아보면서 내게 주민들을 일일이 소개했다. "이분은 제 친구 도로시입니다. 도로시, 이쪽은 이번에 새로 만난 친구 린이에요." "린, 여기 와서 제 친구 존과 인사 나누세요." 이곳에서 지내는 노인들은 모두 환자나 입소자라는 호칭이 아니라 '친구'라는 호칭으로 불렸다. 켄은 이렇게 설명했다. "저희는 '친구'라는 호칭으로 서로를 부릅니다. 거창한 이유보다는 정말로 친구 같은 관계라고 생각하기 때문이에요. 다른 표현을 사용하다 보면 '우리'와 '그들'로 자꾸 구분하게 되는데, 저희는 양쪽에 그런 장벽이 생기는 걸 원치 않아요. 진정한 공동체를 만드는 게 목표거든요." 그때 갑자기 어떤 할머니가 들고 있던 카드를 바닥에 휙 내팽개치고 옆에 앉은 할머니에게 고래고래 소리를 질렀다. 켄은 "갈등도 진정한 공동체의 일부"라고 내게 덧붙여 말했다. 그리고 그는 화를 낸 할머니에게 조용히 다가가서 잠시 함께 산책을 다녀오자며 그녀를 데리고 나갔다.

알고 보니 그곳 직원들과 자원봉사자들은 '베스트 프렌즈Best Friends 접근법'이라 불리는 치매인 돌봄 방식으로 교육받는다고 했다. 이 접근법에서는 바람직하고 진실한 관계를 발전시키고, 어른으로 대접받을 권리를 포함한 치매인들의 기본권을 존중하는 데 중점을 둔다. 요양보호사들은 시설에서 정한 행동 규약을 기계적으로 따르기보다는, 진정한 인간 중심적인 사고와 태도를 지니면서 서로의 행복과 안녕을 위해 노력했다. 그래서인지 엘렌은, "일이라고 느껴지지 않는 직업을 갖게 된 건 이번이 처음"이라면서, "얼마 전에 휴가를 다녀왔는데, 여기 사람들이 너무 보고 싶어서 빨리 출근하고 싶다는 생각까지 들었다"라고 말했다.

대안적인 치매인 돌봄 모델 중에는 빌 토머스가 설립한 그린하우스 프로젝트도 있다. 이 모델은 규모가 작고, 비용이 저렴하며, 모든 구성원이 평등하게 대우받는 시설에서 노인들을 돌보는 방식이다. 정신적으로나 육체적으로 위태로울 정도로 많이 쇠약해진 노인들도 수용해 돌볼 수 있다. 수용 인원이 10~12명 정도인 이런 소규모 요양원은 24시간 돌봄 서비스를 제공하면서 노인들이 자존감과 통제력을 되찾을 수 있도록 돕는다.

그 밖의 선구적인 접근법들은 치매인들을 차별 없이 포용하는 지역 환경을 만드는 데 치중한다. 가령 일본의 노인학자 에미 키요타가 창안한 이바쇼 카페Ibasho Café는 노인이 지역사회에 다시 참여하도록 하는 데 중점을 둔다. 일본어로 이바쇼いばしょ는 집에 있는 것처럼 편하게 본래 모습으로 있을 수 있는 곳을 뜻하는 말이다. 노인들이 운영하는 이바쇼 카페는 이름에서 유추할 수 있듯이, 세대 간의 존중과 의견 공유를 바탕으로 하는 유기적이며 비공식적인 모임의 장소다. 노인병 전문의인 앨런 파워는 저서 『질병을 넘어선 치매Dementia Beyond Disease』에서, 치매인에게 특화된 대부분의 주거시설을 비롯해 치매인을 특별 취급하는 모든 차별적인 모델을 버리고, "보다 큰 공동체 구조 안으로 노인을 재통합하는" 목표에 주력하는 '포용적 사회inclusive society'를 구상한다. 그러려면 개인의 가치관을 바꾸고, 지역사회를 다시금 설계하고, 세대 간의 구분이 없는 호혜적인 네트워크를 만들고, 치매 이웃을 돕는 방법을 일반 대중에게도 교육하는 노력이 필요할 것이다.

새로운 돌봄 모델을 접하면서, 나는 앞으로 가능하게 될 변화의 방향을 엿볼 수 있었다. 새로운 방식들이 서서히 퍼져나가는 것 같지만(이 글을 쓰는 시점을 기준으로 실험적인 접근방식을 적용한 시설은 32개 주에 걸쳐 총 263곳이 있다), 아직까지는 수요보다 공급이 확실히 부족하다. 가령 내가 방문했던 시설 중에 저소득층 노인을 대상으로 하는 버몬트주의 한 시설은 대기자 명단에 있는 인원이 53명이나 됐다. 나는 답이 하나뿐이라고는 생각하지 않는다. 완벽한 '해결책'을 찾으려는 건 아니지만, 지금보다 한층 인간다운 방식은 분명 존재한다. 그리고 해결책을 찾으려면 부당함의 뿌리를 찾아 없애고, 노인이 현대판 유배를 당하는 현실의 배후에 어떤 힘이 작용하는지를 밝혀낼 필요가 있다.

노인들을 노인 주거지로 내모는 이런 메커니즘은 미국 문화 특유의 죄악을 드러낸다고 나는 본다. 그 죄악이란 젊음을 우상화하며 열광하고, 그러다 보니 젊음을 해치는 것을 근절하려고 강박적으로 매달리는 집단 경향을 의미한다. 노화방지 상품과 프로그램이 급증하면서, 사람들이 부당성에 노출되고, '개인적으로나 집단적으로 노화 흔적을 없애는' 노인 차별ageism의 강력한 의무가 부여된다. 2016년에 미국인들은 성형수술과 최소 침습minimally invasive(기존 수술법과 동일한 효과를 내면서도 환자에게 미치는 영향은 최소화한 수술법―옮긴이) 수술에 약 160억 달러를 썼다. 게다가 이런 강박관념을 해외에 수출까지 한다. 전 세계적으로 노화방지 상품과 시술은 지속적인 성장세에 있다. 시장조사업체 오르비스 리서치에 따르면 이 시장은 2018년에 425억1000만 달러 규모에서 2023년경에는 550억3000만 달러 규모로 성장할 것으로 추산된다. 대중매체를 힐끔 보기만 해도 젊음의 이미지는 어디에서든 눈에 띄지만 노년의 이미지는 좀처럼 찾아보기가 힘들다는 것을 금세 알 수 있다. 나이가 많은 사람은 직장에서도 밀려난다. 샌프란시스코 연방준비은행이 2017년에 발표한 연구에 따르면 고령 구직자들은 자격 조건이 비슷한 젊은 연령대 구직자들보다 면접을 보러 오라는 전화를 받는 비율이 한결같이 낮았다. 특히 행정 보조직의 경우 64~66세 여성은 면접 기회를 얻는 비율이 29~31세 여성보다 47퍼센트나 낮았다.

나는 노인 차별의 이면에 경제와 연결된 뿌리 깊은 가치관이 포진해 있다고 확신한다. 이에 관한 논의를 위해 요양원이 있었던 멕시코에서 할아버지의 보금자리가 있었던 본테르로 잠시 이야기 무대를 옮기려고 한다. 잠시 뒤 살펴보겠지만 레드벨트가 처했던 운명은, 노인들이 집 밖으로 내몰리는 시스템을 암시하는 듯하다.

버려진 광산처럼
버려진 노인

뉴욕에 본사를 둔 세인트조셉레드컴퍼니St. Joseph Lead Company는 1864년 세인트프랑수아 카운티의 본테르에서 납 채굴 사업을 처음 시작했다. 이 회사가 설립되기 전에도 수십 년 동안 이 지역에서 소규모로 채굴이 진행됐다. 회사(지역 주민 사이에서는 '세인트조St. Joe'라는 이름으로 통했다)는 깊은 땅속에서도 사용할 수 있는 다이아몬드 시추기를 도입했다. 덕분에 지하 수백 피트 깊이에 있는 풍부한 매장 지대에서 광물을 채굴할 수 있어서 수익성이 훨씬 높았다. 본테르는 원래 인구가 얼마 안 되는 작은 마을이었으나, 다이아몬드 시추기가 도입되고, 주철 공장이 설립되고, 광물 채취 공정을 진행하고 운반하기 위해 철도가 건설되면서, 20세기 초에는 수천 명이 모여 사는 도시로 발전했다. 그곳은 땅이 좋고 수익성도 좋았다(아마도 보통의 미국인이라면 그런 두 가지 표현을 동의어처럼 받아들일 것이다).

1930년대에는 세인트조가 그 지역의 소규모 광산 사업장을 전부 장악하면서 독점 업체가 됐다. 1972년에 그 지역의 납 매장량이 고갈되었을 때, 회사는 구 레드벨트의 마지막 광산을 폐쇄했다. 이 지역은 지역 경제를 지탱해나갈 방법을 찾지 못해 1970년대에 산업이 위축된 다른 지역들, 예컨대 미국 북부의 러스트벨트Rust Belt와 함께 쇠퇴의 길을 겪었다.

세인트조 회사가 구 레드벨트에서의 운영을 중단한 때로부터 43년 뒤인 2015년에는, 세인트프랑수아 카운티 주민의 5분의 1이 가난에 허덕였다. 본테르 주민 중 학사 이상의 학위를 소지한 사람은 7퍼센트에 불과했으며(전국 평균은 33퍼센트), 건강보험에 가입하지 않은 65세 이하 주민도 16퍼센트에 가까워서, 전국 평균의 거의 2배였다. 2018년 미국환경보호국EPA의 조사에서는 구 레드벨트를 에워싼 지역(우편번호 구획을 기준으로 3개 구획)에 거주하는 아동의 9.3~16.7퍼센트가 기준보다 높은 혈중 납수치를 나타냈다. 전국 평균은 2.5퍼센트였다.

세인트조는 지역 주민들이 회사에게 일자리를 의존하게 만들어놓고, 아니나 다를까 지역과 주민들에 대한 신의를 끝까지 지키지 않았다. 당장의 사용 가치로만 대했을 뿐이었다. 기업은 이윤을 극대화할 기회가 생기면 노동자와 토지를 순식간에 착취한다. 그리고 다 쓴 뒤에는 곧바로 버린다. 구 레드벨트의 작은 역사는 엘리트 계층이 개인과 집단의 장기적인 행복보다 자신들의 경제적 이익을 더 중시해온 거대한 역사를 보여주는 사례다.

자세히 들여다보면 이와 동일한 메커니즘과 가치관이 노인을 요양원으로 보내는 결정의 바탕을 이루는 노인 차별에도 반영된다. 산업주의 구조에서 사람의 몸은 기계처럼 다뤄진다. 몸은 기계와 마찬가지로 무언가를 생산해내는 능력만큼만 유용하다. 그러나 기계는 시간이 갈수록 성숙해지지는 않는다. 그저 정상적으로 작동을 하든지 그게 아니면 다른 기계로 대체될 뿐이다. 이런 관점에서 늙은 몸은 부품 상태가 그다지 좋지 못한 낡아빠진 기계일 뿐이다. 그들은 전성기를 지나 쇠락의 길로 접어들어 이제는 쓸모없는 존재로 전락해간다. 노인들은 시장 가치에 의해 밀려난 다른 부류, 예컨대 빈곤층이나 발달 장애인 같은 대열에 이미 합류했거나, 머지않아 합류하게 될 것이다. 그렇게 되면 그들은 조립 라인 밖으로 내던져지고, 버려지고, 교체된다. 좋은 것을 더 이상 생산하지 않는 사람들, 즉 가치 있는 재화를 더 이상 생산하지 못하는 사람들은 버려질 위험에 처한다.

그리고 기계와 마찬가지로, 나이 든 육체가 쓸모없어지면, 폐기의 문제가 발생한다. 오래된 기계는 너무 많은데 쓰레기 매립지는 턱없이 부족한 것과 마찬가지로, 나이 든 사람들은 너무 많은데, 그들이 마음 놓고 살아갈 공간은 제한되어 있다. 2030년이 되면 미국 역사상 처음으로 노인 인구가 아동 인구보다 많아진다. 국민 5명 중 1명은 은퇴 연령이 되는 것이다. 나이 든 사람들이 현대적인 생활의 역동성과 더 이상 관계가 없어지면, 이런 질문이 제기된다. "그들을 어디에 머물게 해야 할까?"

농부이자 작가인 웬델 베리Wendell Berry는 무언가에 관해서 즉각적이고 명백한 용도에만 관심을 집중하며 그 가치 기준을 화폐로

두고 평가하는 경제는 "사회적 효용성이 있는 시기 이전이나 이후를 보내고 있는 사람들"인 청소년과 노인을 소외시킨다고 경고했다. 그는 "직접적이며 확실한 방식으로 경제활동에 기여하지 않는 모든 유기체는 위기에 처해 있다"라고 설명한다. 나는 웬델 베리의 이런 논점을 우리 외할아버지가 지낼 곳을 여러 차례 옮겨야 했던 배경과 관련지어 생각해보았다. 이제는 쇠퇴론, 노인 차별, 노인 추방, 우리 경제와의 관련성을 예전보다 더 깊이 이해하게 됐기 때문에, 베리의 비판이 깊이 와닿았다. 허약해진 몸은 천연자원이 고갈된 마을 주민들과 마찬가지로, 방치되고, 버려지고, 강제로 이주해야 할 위기에 처해 있다.

이런 견지에서 돌봄의 수요 증가와 노화는 사회가 관리하고 해결해야 할 문제가 되며, 65세 이상 인구의 증가는 국가를 위태롭게 하는 자연재해('노령자 쓰나미')처럼 우리 눈앞에 나타났다. 이보다 덜 숙명적인 방식에서 접근할 수도 있다. 우리가 생각을 바꿔서 경제 시스템을 약간 조정하면, 노년을 일반적이고 다면적인 삶의 한 측면으로 받아들이고 적극 지지해 나갈 수 있다.

같지만 다른 박수소리

2013년 4월 19일, 우리 외할아버지 잭 퓰렌 박사는 미주리주 멕시코의 요양시설에 입소한 지 몇 주 만에 90번째 생일을 맞았다. 할아버지가 배정된 방은 접이식 커튼으로 된 가림막이 있었는데 할아버지의 침대는 커튼 오른

쪽이었다. 방문에 내가 할아버지께 보낸 생일 카드를 붙여두었다고 전해 들었다. 내가 쓴 카드를 누군가가 할아버지께 읽어드렸는지, 아니면 어차피 이해하지 못할 것이라고 여겨서 그냥 넘어갔는지는 알 수 없다. 엄마가 그날의 모습을 담은 동영상을 보내주었는데, 가족들이 모여 생일 축하 노래를 부르는 가운데 할아버지가 휠체어에 앉아 박수를 치고 계셨고, 막내 증손녀는 빨간 방울을 흔들고 있었다. 이 영상을 찍은 사람은 첫째 딸인 우리 엄마였다. 사위들은 조금 부자연스럽게 박수치며 생일 축하 노래를 불렀다. 할아버지 옆에 있는 테이블 위에는 선물 가방, 작은 케이크, 1.8리터짜리 저지방 우유가 놓여 있었다.

같은 날, 나는 멕시코에서 1,650킬로미터 떨어진 뉴저지주에 있었다. 프린스턴에 있는 1879홀에서, 남편이 그 분야 최고 학자들 앞에서 470페이지짜리 박사학위논문을 심사받는 과정을 지켜보기 위해서였다. 1879홀은 우드로 윌슨 전 대통령이 프린스턴대학교 총장으로 재직할 때 집무실로 사용했던 곳이다. 심사가 마무리되고, 논문 심사위원장이 "라이언 하퍼 박사"라고 발표하자, 지켜보던 사람들은 박수를 보냈다. 참석자들은 이후 1879홀 라운지에 모여 치즈와 크래커, 미니 페이스트리와 과일을 집어먹으며 샴페인 잔을 높이 들어 남편을 위해 건배했다. 그 자리에는 쾌활한 웃음과 포옹이 오가고, 중요한 행사를 무사히 치른 안도감이 확연히 감돌았다. 나는 그날 저녁에 친구들에게 이메일로 자랑스러운 소식을 알렸다. "오늘 아침에 라이언이 성공적으로(이렇게 말해도 좋을지 모르겠지만, 멋지게) 논문 심사를 통과했어!"

나는 그날 세계 최고의 지성으로 불리는 사람들 사이에서, 지적인 위업에 박수를 보냈다. 힘과 권력의 중심인 뉴욕과 필라델피아의 중간쯤에 위치한 그곳은, 전직 대통령과 장래 대통령의 그늘 아래 있는 목가적인 분위기를 풍기는 대학가였다. 반면에 할아버지는 어떤 것의 중심에서도 멀리 벗어나 있었으며, 단일 곡물을 경작하는 농장과 에탄올 정제소와 가까운 시설에 있었다. 그는 자식들 이름을 더 이상 댈 수 없고, 악기를 연주할 수 없고, 대소변도 제대로 가리지 못하는 상태로 박수를 받았다. 나는 학업 성취에 박수를 보냈지만, 할아버지와 가족들은 생존해 있다는 사실과 오랜 세월 뇌질환을 앓으면서도 끈질기게 버텨낸 불가해한 집요함에 박수를 보냈다. 두 가지 박수 중에서 전자의 박수가 언제 다른 종류의 박수로 바뀔지, 마호가니 원목으로 된 강의실이 언제 리놀륨 장판이 깔린 다기능실로 바뀔지는 모르는 일이다. 멕시코에서 보내온 동영상을 보면서, 나는 우리를 둘러싼 상황이 언제 바뀔지 절대 알 수 없다는 사실을 다시금 떠올렸다.

어쩌면 멕시코는 할아버지에게 그저 혼란의 장소였을 뿐만 아니라, 제임스 테일러의 노래 가사처럼 짊어졌던 짐은 버리고 복잡한 마음은 내려놓아 결과적으로 기꺼운 안도감을 얻게 된 장소였을지도 모른다.

멕시코에서 지내는 동안 할아버지는 린다와 친분을 맺었다. 린다는 할아버지를 돌보기 위해 엄마가 고용한 퇴직 간호사였다. 린다는 일주일에 몇 차례씩 할아버지를 만나러 갔다. 멕시코 주민인 린다는 나와 가족들에게는 외지인이었다. 할아버지가 시설에 들어가기 전에는 할아버지와 안면이 없었기 때문에, 린다는 아무 편견 없이 지금 모습 그대로의 할아버지를 대면했다. 할아버지는 과거의 정체성을 유지하거나, 예전에 했던 역할을 지속하거나, 이야기 줄거리를 온전하게 기억하기 위해 노력할 필요가 없었다. 아내가 세상을 뜬 뒤 처음으로 그의 곁을 꾸준히 지켜주는 말벗이 생긴 것이다. 10년 만에 처음으로, 몸을 깨끗이 닦고 옷을 갈아입혀주고, 식사를 거들고, 약을 챙겨주는 사람 이외의 간호인을 말벗으로 두게 됐다. 그러니 할아버지가 린다를 만날 때마다 유독 생기 있어 보였던 것도 어찌 보면 당연했다. 할아버지와 린다는 나란히 앉아 맥도날드 커피를 마시며 느긋하게 새로운 하루를 시작하곤 했다.

외진 도시가
할아버지의 장소가 되다

유배 중에 삶을 건설하려면, 외면보다는 내면 상태에 관심을 더 쏟아야 한다. 추방당한 고대 이스라엘 사람들 대다수는 신앙의 계율이 특정한 도시와 성전에 있는 것이 아니라, 각자의 마음속에 기록된, 내면의 것이라고 이해했다. 신비주의적인 믿음을 가졌던 사람들은 이런 지혜에 동의한다. 14세기의 묵상 안내서인 『무지의 구름』(강같은평화, 2011)에서, 익명의 저자는 이렇게 말한다. "육체적으로는 어디에도 없고, 정신적으로는 모든 곳에 있다. 이것을 분명히 이해해야 한다. 그대의 정신 활동은 어느 특정한 장소에만 있는 게 아니다."

이런 견지에서 멕시코는 자유의 장소가 될 수도 있다. 즉, 할아버지가 인생의 각기 다른 시기와 상황에 자신과 관계를 맺은 많은 사람의 평가에 신경 쓸 필요 없는 수도원, 휴양지, 은신처가 되는 것이다. 물리적으로 중요한 의미가 없는 장소에 있다는 생각은 정신이 어디에나 존재할 수 있게 하고, 그리하여 결국에는 자유로움에 이르는 길을 연다. 할아버지는 백인이고 중년층이며 남성이라는 신분의 여러 가면을 더 이상 쓰고 있어야 할 필요가 없기 때문에, 마침내 있는 그대로의 자신을 이해해주는 새로운 말벗과 함께 시간을 보내며 긴장을 풀고 느긋한 마음을 갖게 됐다. 그리하여 이름 없는 외진 도시인 멕시코는 할아버지의 장소가 됐다. 그곳은 할아버지를 통해 찾게 된 장소였고, 그곳을 통해야만 할아버지를 찾을 수 있었다. 할아버지는 자신의 과거의 긴 그림자 속에서 시들지도 않았고 컬럼비아에서 새로 터전을 잡고 사는 딸의 삶에 부속되지도 않았다. 그는 새로운 땅, 자신만의 영역, 일종의 정토淨土에서 살아갈 수 있었다.

나는 추방이 성스러운 행동이라거나, 집에서 쫓겨난 사람들이 그 추방을 정신적 자유를 찾을 기회로 기꺼이 받아들여야 한다고는 생각하지 않는다. 하지만 최근 들어 사랑, 의미, 목적을 열망하고 그것이 불가사의하게 발현되는 과정이 요양원에서 지내는 동안에도 지속될 수 있다는 희망을 품게 됐다. 할아버지는 평생 정신력이 약하거나 기백이 없는 사람처럼 보인 적이 없었다. 나는 할아버지에게서 자기 회의의 기색을 털끝만큼이라도 느낀 적이 없으며, 사람들의 관심이 집중되는 자리에 섰을 때 움츠러드는 것을 한 번도 보지 못했다. 심지어 치매 증상이 나타나기 시작할 무렵에도 그랬다. 그는 삶의 묘미를 즐겼고 인생의 다양한 경험에 깊이 심취했지만, 탐닉의 시기가 끝나면서 그의 길은 빈약하고 무미건조하게 바뀌었다. 그리고 말년에는 겸손 쪽으로 더 가까이 기운 듯했다. 나는 정서적 반응이 거의 없는 그의 심중을 이런 식으로도 해석해봤다. 자기주장이 강하고, 강한 성격과는 별개인 내면의 온유한 성격이 발현됐다고, 신성한 입장에서 바라본 것이다. 나는 할아버지가 행복에 이르는 비밀을 은밀히 마음속에 품고 있었을 것이라는 희망을 품는다.

단 하나의 이야기로 모든 조각들을 꿰어 맞출 수는 없듯이, 오로지 하나의 경계를 만들고 지켜 할아버지의 인생 전체에서 뻗어나간 폭넓은 영역을 모두 담을 수는 없다. 사람은 영역의 경계를 넘기 마련이고, 경계선은 이동하고 수정된다. 우리는 그런 경계를 계속해서 찾고, 만들고, 이동시킨다. 그리고 앞으로 한 발씩 나아가면서, 전에는 발견하거나 인식하거나 이름 붙인 적이 없는 등고선, 평원, 계곡, 언덕을 발견해낸다.

할아버지의 시신은 장례식을 이틀 앞두고 멕시코를 출발해 본테르에 도착했다. 할아버지는 크리스마스를 사흘 앞두고 매서운 추위가 감돌던 잿빛 오후에, 광산 폐기물 모래 더미 건너편에 있는 공동묘지에 묻혔다. 묘소에서 예배 주도는 내가 맡았다. 나는 욥기의 구절을 우선 읽었다. "내가 알기에는 나의 대속자가 살아 계시니 마침내 그가 땅 위에 서실 것이라"(욥기 19:25). 참전 용사인 한 노인이 불편한 다리를 질질 끌면서 관으로 다가가 참전 용사의 기도를 읊었다. 나이가 어려 보이는 훈련병 두 명이 국기를 접어서 고인의 자녀들에게 전달했다.

감정이 북받치고 목이 메었다. 잠시 말을 멈추고 숨을 골랐다. 그러고 나서 매장 기도를 시작했다. "재에서 재로, 흙에서 흙으로…." 나는 매서운 추위와 슬픔으로 뻣뻣하게 굳었다. 그는 대지로 돌아갔다. 그 어느 곳도 아니지만 어디로든 말이다.

4장

치매라는 경험 속으로 들어가다

우리 집에 갑자기
쳐들어온 아이

　　　　　치매의 다양한 측면을 조사하고
치매에 대한 두려움의 근원을 파헤치는 과정에서, 정신장애를 처
음 접했던 때의 기억이 저변에서 서서히 되살아났다. 어릴 때 우
리 집 근처에 사는 다이애나라는 여자아이와 관련된 기억이었다.
다이애나는 난데없이 차고에 나타나곤 했다. 어떤 때는 차고를 지
나 부엌까지 들어오는 경우도 있었다. 그 아이의 인상적인 골격이
눈에 비치기 전에 보통은 지독한 신음 소리와 애걸하며 울부짖는
소리가 들리면서 그 아이가 찾아왔음을 알 수 있었다. 사춘기에
접어들면서 체구는 커졌지만, 가늘고 밝은 색을 띤 곧은 금발머리
는 변함이 없었다. 성인 여성과 같은 체형이면서도 머리카락과 지
적인 능력은 어린아이 같은 이중성 때문에 나는 혼란스러웠다. 급

격히 성장하는 바람에 다리에 찼던 교정기가 맞지 않았는지 교정기를 떼고 절뚝거리며 걸었지만 마음만 먹으면 꽤 빠른 속도로 걸을 수 있었다. 그 아이는 집 입구 쪽으로 성큼성큼 걸어 들어와서, 차고에서 허리를 굽힌 상태로 기계 부품을 만지는 아빠 눈에 띄지 않고 그 옆을 휙 지나쳐 집 안으로 들어오곤 했다. 엄마와 내 형제들은 거실이나 2층 침실에서 부엌으로부터 들려오는 육중한 발걸음과 쉰 목소리로 울부짖는 소리를 들었다. 다이애나가 우리 집에 들이닥쳤다는 건, 그 애가 자기 집에서 또다시 도망쳐 나왔다는 의미임을 우리는 다들 알고 있었다.

나는 다이애나의 언니 트레이시와 한때 친하게 지냈다. 초등학생들끼리는 으레 쉽게 친해지듯이, 같은 학년이고 집이 근처였기 때문이다. 우리는 트레이시네 집 앞에서 롤러스케이트를 타면서 우리가 제일 좋아하던 폴라 압둘의 노래 〈스트레이트 업Straight up〉에 맞춰 춤을 췄다. 가끔씩은 집 안에 들어가서 놀기도 했는데, 트레이시네 집이 아주 어두웠던 기억이 난다. 창문마다 두꺼운 커튼이 드리워져 있었다. 바깥으로 통하는 창이 있는 반지하 형태의 지하실에서는 고양이 오줌 냄새가 났다. 트레이시가 우리 집에 놀러왔던 기억은 거의 나지 않는다. 이제 와서 돌이켜보면 트레이시는 집에 있으면서 다이애나를 돌보거나, 엄마가 다이애나를 돌보는 동안 아직 아기인 남동생을 봐주어야 했기 때문이었을 것이다.

다이애나의 얼굴은 완만한 이목구비가 유난히 멀리 퍼져 있는 모양새였다. 다른 아이들에 비해 이목구비가 각각 몇 밀리미터 정도, 겨자씨 한두 개 길이만큼 분산되어 있었다. 우리는 다이애나를

'정신지체아retarded'라고 불렀는데, 악의는 없었다. 그때 나와 형제들은 다이애나가 우리와는 다르다는 것을 알았고, 그녀를 조롱해서는 안 된다는 것도 알고 있었다(부모님이 그렇게 신신당부했다). 그렇더라도 지금 돌아보면 조심성 없이 그런 표현을 사용했다. 그 표현은 그녀를 우리와 다른 존재로 강등시켰다. 트레이시는 앨범을 꺼내 여동생이 아기였던 시절의 사진을 보여준 적이 있다. 발갛게 달아오른 다이애나의 얼굴에는 테이프가 덕지덕지 붙어 있었고 얇은 관이 연결되어 있었다. 다이애나는 아기 때에도 눈코입이 보통 사람보다 멀리 배치된 모습이었다. 트레이시는 여동생이 얼굴에 왜 그런 관을 달고 있는지, 어째서 갓 태어났을 때의 사진을 보여주고 싶었는지, 힘겨운 가족 문제를 왜 내가 알아야 하는지에 대해서는 아무 말도 하지 않았다. 트레이시는 그 사진을 내게 보여주는 것을 폴라 압둘의 노래에 맞춰 롤러스케이트를 타는 것만큼 자연스러운 일로 생각하는 듯했다.

지금까지도 다이애나가 도망칠 때마다 왜 다른 곳이 아닌 우리 집으로만 왔는지는 잘 모르겠다. 우리 집과 다이애나의 집이 같은 길이기는 하지만, 두 집 사이의 거리가 400미터는 족히 됐다. 다이애나가 우리 집까지 오려면, 거의 똑같은 집터에 지어진 비슷한 모양의 집을 여러 채 지나쳐야 했다. 다이애나가 오고난 뒤 보통 몇 분이 지나면 체구가 크고 눈 밑에 짙은 다크서클이 있는 다이애나의 엄마가 헉헉거리며 뒤쫓아왔다. 사춘기를 보내면서 키가 불쑥 커져서 다이애나는 자기 엄마보다도 머리 하나만큼은 더 컸다. 다이애나의 엄마는 키가 작은 편이 아니었는데도 말이다. 딸보다 신체 조건이 뒤처지는 다이애나의 엄마는 전보다 더 지쳐 있었고, 두 눈은 더 피곤해보였다. 다이애나의 엄마가 딸을 찾으러 오면, 우리는 2층에서 내려오지 않고, 사과하는 다이애나의 엄마에게 괜찮다며 조심히 가라고 손을 흔들어 인사했다. 이런 처신은 다이애나의 엄마가 딸을 끌고 나가면서 느낄 창피(그리고 우리가 느낄 당황스러움)를 면하게 해주는 중서부식 대처법이었다.

다이애나가 무엇 때문에 우리 집에 매번 찾아왔는지는 모른다. 그 아이에게 물어보아야겠다는 생각은 한 번도 해보지 않았다. 나는 다이애나가 머리를 격렬하게 흔드는 것과 그녀의 새빨개진 얼굴이 눈물 콧물로 범벅이 되는 것은 봤어도, 아이가 폭력을 휘두르는 것을 본 적은 없었다. 내가 알기로 아이는 누군가를 해코지한 적은 없었다. 사람들은 다이애나가 차에 치일까 봐, 길을 잃을까 봐, 무서워할까 봐 두렵다고 말했다. "불쌍해라. 그 아이는 어디가 어딘지를 전혀 몰라. 그 아이는 걸핏하면 화를 내. 이제는 덩치가 너무 커졌어. 돌보기가 너무 힘들어." 다이애나는 고통스러워 보일 때가 많았다. 지금 생각하면, 사람들은 아이가 나타내는 표현의 본질을 제대로 이해하지 못하고 아이의 감정 표현을 어찌할 수 없는 흥분 상태처럼 비이성적인 반응으로 치부하면서 그녀를 무시하고 방치한 것은 아니었을까 싶다.

다이애나가 집에 나타날 때마다 우리 가족은 긴장했다. 우리 자신도 명확히 규정할 수 없는 이유가 있었다. 광기 어린 어떤 것이 집에 침입해 집으로 들어가는 입구, 차고, 부엌에 나타나 울부짖으며 우리를 스토킹하는 느낌이었다. 다이애나가 예기치 않은 순간에 불쑥 삶에 끼어드는 상황은 불안하고, 혼란스럽고, 심지어 위협적이기까지 했다. 이 느낌은 어린 시절에 내면화되는, 정신적으로 자신과 다른 사람들에 대한 마음 깊은 곳의 복합적인 불편함을 설명해준다. 그 이후로 나는 치매인과의 상호작용에도 이와 비슷한 불편함이 스며들어 있다는 데 주목하고, 둘 사이의 관련성에 흥미를 느꼈다.

알츠하이머 박사의 환자

1901년, 아우구스테 데테르Auguste Deter는 독일 프랑크푸르트에 있는 정신병 및 간질병병원에 입원했다. 이곳은 사람들 사이에서 '미치광이들의 성Irrenschloss'이라는 이름으로 널리 알려져 있었다. 아우구스테의 남편은 제정신이 아닌 것이 분명한 쉰한 살의 아내를 어떻게 하면 좋을지 알 수 없었다. 정신과 의사인 알로이스 알츠하이머 박사Dr. Alois Alzheimer는 그녀를 관찰하고 그 내용을 상세하게 기록했다. 환자가 도착한 지 나흘 뒤인 1901년 11월 29일, 알츠하이머가 기록한 의료 차트에는 이런 내용이 있다.

진료할 때 협조적이었으며, 불안 증세를 나타내지 않았다. 그러다 갑자기 이렇게 말했다. "방금 전에 어떤 아이가 부르던데, 그 아이가 거기 있어?" 그녀는 그 아이가 …라고 부른다고 한다. 그녀를 격리실에서 침대로 데려다 놓자, 흥분하고, 괴성을 지르고, 비협조적으로 변했다. 그리고 심한 두려움에 사로잡혀 이런 말을 반복했다. "나는 베이지 않을 거야. 나는 자해하지 않아."

처음에 검진할 때, 그녀는 알츠하이머가 제시한 글쓰기 과제를 제대로 해내지 못하고, "내가 정신이 나갔나 봐"라고 여러 번 반복해서 말했다. 알츠하이머는 아우구스테가 사망하고 1년이 지난 1907년에 발표한 논문 「특이한 대뇌피질 질병에 관하여」에서 이렇게 진술했다.

> 51세 여성 환자에게 가장 먼저 나타난 증상은 자신이 남편을 질투하고 있다는 생각이었다. 뒤이어 기억력이 빠른 속도로 감퇴했다. 그녀는 집 안을 어지럽히고 물건을 이리저리 옮기고 숨겨 놓기도 했으며, 때로는 누군가가 자신을 죽이려 한다고 생각하고 큰 소리로 울기 시작했다.

아우구스테가 사망할 무렵 알츠하이머는 뮌헨에 있는 왕립정신병원의 연구원으로 있었다. 그는 그녀의 사망 소식을 듣고 곧바로 관련 자료를 요청했고, 얼마 뒤 사망자의 진료기록과 뇌가 그의 연구실로 이송됐다. 뇌세포 조직의 슬라이드를 관찰한 결과, 그는 비정상적인 단백질이 뭉쳐서 생긴 특이한 덩어리와 함께 피질에 밀집된 신경섬유다발을 발견했다. 베타아밀로이드beta-amyloid 라고 불리는 단백질 덩어리와 신경섬유다발이 이 질병에서 정확히 어떤 역할을 하는지는 명확하지 않지만, 신경세포의 의사소통을 방해하고 신경세포의 사멸에 영향을 끼치는 것으로 알려져 있다. 알츠하이머 박사가 '아우구스테 D'라는 이름으로 소개한 이 환자는 새로운 뇌질환의 첫 사례로 분류됐다. 그리고 최초로 병을 진단한 학자의 이름을 따서 이 병을 알츠하이머병이라고 불렀다. 이로써 가장 흔한 치매 관련 질병이 정신적 광기의 전당에 이름을 올렸다. 아우구스테 데테르는 정신병원에 입원한 환자 신분으로는 알츠하이머병의 첫 희생자로 널리 알려졌다.

여전히 모르는 게 많은
알츠하이머병

알츠하이머병은 원래는 초로기初老期 치매라는 이름으로 불렸으며, 이 병이 발견되고 처음 수십 년 동안은 진단받는 환자가 드물었다. 아우구스테처럼 65세 이전에 발병한 경우에만 진단할 수 있었기 때문이다. 동일한 증상을 보이는 노인들의 경우, 인지력 저하가 고령에 나타나는 노화의 일반적인 현상이라는 이유로 알츠하이머병으로 진단하지 않았다. 이런 구별 방식은 1970년대 후반에 사라졌다. 역사학자 제시 발렝거는 2017년에 쓴 글 「혼동의 틀을 잡기: 치매, 사회, 역사Framing Confusion: Dementia, Society, and History」에서 진단 방식의 변화에 대해 설명한다. 간병인, 가족, 연구자, 공무원들이 협력해서 논의한 끝에, 노인성 치매와 초로기 치매인 알츠하이머를 단일 질병인 '알츠하이머병'으로 묶어 분류하기로 결정했다. 알츠하이머병은 정부의 자금 지원을 놓고 다투는 중요한 공중 보건 이슈가 됐다. 발랭거 박사는 "치매의 정의를 재정립하기 위한 활동은 성공적이었다"라고 언급했다. 그녀는 이렇게 덧붙였다. "1980년 무렵에 이르면 알츠하이머는 누구나 아는 용어가 되고, 연방정부의 자금 지원으로 진행되는 대규모 연구 주제가 된다." 그런데 40년이 넘는 세월 동안 이런 본격적인 연구가 진행됐음에도, 알츠하이머병은 여전히 우리에게 알려진 바가 별로 없다. 현재 FDA의 승인을 받은 알츠하이머병 관련 약은 인지적 증상 치료에 쓰이는 콜린에스테라아제 억제제cholinesterase inhibitors 와 메만틴memantine , 두 가지뿐이다. 게다가 이 약들은 알츠하이머병의 진행을 멈추지는 못한다.

미국 국립보건원은 치매를 "인지기능(생각, 기억, 추론)과 행동 능력이 사람의 일상생활과 활동에 지장을 줄 정도로 상실된 상태"로 정의한다. 이러한 증상을 동반하는 치매는 퇴행성 신경질환(알츠하이머병, 파킨슨병 등), 뇌의 혈류를 방해하는 혈관질환, 외상성 뇌손상, 특정 유형의 감염 등 다양한 질환에 의해 발생한다. 치매의 대표적인 유형인 알츠하이머병은 전체 치매인의 60~80퍼센트를 차지한다. 물론, 치매가 항상 그렇게 명확하게, 구체적으로 정의되어 왔던 것은 아니다. 치매가 20세기에 질병의 산물로 여겨지기 전에는 정신 이상과 연관되어 더 넓은 개념으로 받아들여졌고, 정신적으로 무능하거나 체계적이지 못한 행동을 보이거나 추론 능력이 떨어지는 사람들에게 다수 적용됐다. 알츠하이머 박사의 발견 이후 수십 년을 거치면서, 우리가 현재 알고 있는 노화와 관련된 치매는 단일 항목에서 차츰 분리됐다. 그럼에도 20세기 전반까지는 지역 사회 내에서 정상적인 생활이 불가능할 정도로 치매가 심한 노인들이 정신이상자로 몰려 국립정신병원에 구금되는 경우가 상당히 많았다. 그들은 정신병원 입원 환자 중 가장 높은 비중을 차지했다.

　치매라는 단어 'dementia'를 어원적으로 보더라도, "de(잃다,~에서 벗어나다)+mentia(정신)"으로, 정신 이상이라는 의미에 뿌리를 둔다. 광기의 오명이 얼마나 컸는지는, 정신 나간 것으로 여겨지던 사람들에게 사용된 치료법에 생생하게(어떻게 보면 기괴하게) 반영되어 있다. 미셸 푸코의 고전『광기의 역사』(나남출판, 2003)와 사회학자 앤드루 스컬의 글은 그 길고 불미스러운 역사를 명확히 제시한다. 가령 근대 이전의 유럽에서는 미치광이들을 쇠사슬에 묶어 차갑고 눅눅한 지하실에 구금하고, 온갖 잔혹한 행위를 했다. 그때는 수많은 영혼이 악의 세력에 사로잡힌 정신이상자에게 침입해 넘쳐흐른다고 여겼기에, 그렇게 하면 광기의 근원을 없앨 수 있다고 보았다. 시간이 흐르면서 종교적인 해석이 담긴 치료법은 외면당했고, 이후 정신병자를 교화하는 관행은 의료 절차와 도덕적 견책을 중심으로 이루어졌다. 17~18세기의 일반적인 치료법으로는 그들을 얼음물에 빠뜨리고, 우울증 치료를 위해 수혈을 하고, 정신착란자에게 비누와 타르를 먹이고, 환자를 식초에 담그는 등의 방법이 있었다. 당대의 일부 개혁자들은 도덕적인 접근법 쪽으로 관심을 돌리기도 했다. 이들은 일명 '침묵 요법'을 사용했는데, 대표적으로 독방에 감금하거나, 자기 상태를 반성하고 스스로 고치도록 유도하는 방법이었다. 19세기에는 새로운 기술을 도입한 치유법이 등장했다. 예를 들어 심신의 균형을 회복시키기 위해, 공중에 매달린 의자에 환자를 꽁꽁 묶은 뒤 구토하고 오줌을 지릴 지경에 이를 때까지 빠른 속도로 회전시키는 기기가 개발되기도 했다. 벤자민 러시는 미국 독립선언서에 서명한 인물 중 한 명인데, 미국 정신의학의 아버지로 불리기도 한다. 그는 감각상실증을 앓는 사람들을 위해 특별히 '안정 의자'를 고안했다. 그리고 환자들에게 상처를 내 피를 흘리고, 마음을 정화하고, 수은을 섭취할 것을 권하기도 했다.

20세기에는 제약 회사들이 본격적으로 여기에 뛰어들기 시작했다. 2013년 무렵에는 이미 미국인 6명 중 1명, 노인으로만 따지면 4명 중 1명이 정신과 약을 복용하고 있다는 사실이 보고됐다. 피를 내거나 얼음물로 목욕시키는 치료법과는 차원이 다르지만, 약 복용도 심각한 부작용을 동반할 수 있어 위험하다. 실제로 정서적인 무감각, 자살 충동, 발기부전에서 대사장애까지 다양한 부작용이 생길 수 있다. 앞서 언급했듯 불안, 동요, 우울 등 치매인에게 나타나는 행동 심리적 증상BPSD 치료를 위해 본래 인증받은 향정신성 의약품의 용도 이외의 효능을 기대하여 처방하는 경우가 흔하다. 앨런 파워Allen Power 처럼 인간 중심의 돌봄을 주장하는 활동가들은 BPSD 범주를 아예 받아들이지 않는다. 파워는 BPSD라는 틀로 사람들을 바라보면, "치매를 앓는 사람들의 감정 표현을 병적으로 보고 치료하려 들게 된다"라고 말한다. 치매인 중 일부에게는 우울증 등의 정신질환 치료를 위해 약 처방이 필요할 수도 있지만, 파워는 고통을 진정하기 위해 향정신성 의약품을 써야 한다는 잘못된 생각에서 이런 약이 처방될 때가 너무 많다고 설명한다(우울증 치료에 쓰이는 항우울제는 향정신성 의약품이 아니라 항정신병약이다―편집자). 우리는 심적인 고통의 원인을 다루고 환자의 건강과 행복에 총체적인 도움을 주기보다는 화학적 개입이라는 위험한 방법에 의존하고 있다.

인지력의 수준이 차이 나는 사람들을 별도로 분리하고 억압하려는 문화적 충동은 오랜 세월 이어져 내려왔다. 오늘날 치매가 안고 있는 오명을 이것이 부분적으로나마 설명해줄지도 모른다. 물론 이제는 다들 치매를 정신이상이 아니라 질병의 산물로 이해하며, 다행스럽게도 회전의자나 감각 상실 요법 같은 무자비한 치료법은 사라졌다. 그럼에도 치매에는 광기라는 오명이 여전히 남아있으며, 이것이 치매에 대한 공포를 어느 정도 설명해준다. 킷우드는 이 치매가 우리도 '정신병자'가 될지 모른다는 마음 깊숙한 곳의 두려움을 부추긴다고 보았다. 치매는 자아의식이 온데간데 없는 '비非존재unbeing'가 될지도 모른다는 끔찍한 가능성을 우리 앞에 제시하기 때문이다. 이런 두려움은 대개 무의식적으로 작용한다. 우리가 치매인에게 방어적으로 대응하는 이유는 최소한 부분적으로라도 치매에 대한 두려움에서 비롯되었을 것이다. 두려움이 해소되지 않은 채로, 치매인을 부정적으로 이해하는 패턴, 즉 킷우드가 말했던 '악성 사회심리'가 조성된다. 킷우드는 악성 사회심리가 치매인을 세상에서 배제하는 방향으로 작용해, 치매인의 인지력 감퇴를 가속화하기도 한다고 경고한다.

우리 정신에 '오는' 병

그런데 '정신병자'의 특히 어떤 점이 두려움과 악의적인 감정을 불러일으키는 걸까? "광기의 개념이 정신병자라는 낙인에 어떻게 기여하는가"라는 질문에서 그 실마리를 찾을 수 있다. 사회학자 어빙 고프먼은, 일단 어떤 낙인이 찍히면 그 사람은 "온전하고 평범한 사람에서, 오점을 지니고 있으며 가치가 떨어진 사람으로" 전락하고, 세상에서 제외되기 쉽다고 설명한다. 푸코는, "미치광이들은 부르주아 질서의 경계를 넘나들고, 그 윤리의 신성한 범위에서 멀어진다"라고 말한다. 그런 사람들에게는 부르주아의 질서, 즉 상승 지향적인 사회규범과는 양립할 수 없는, 더럽혀지고 무가치한 사람이라는 오명이 뒤따른다. 그들은 구제 불가능할 정도로 비효율적이며 시장성이 전혀 없는 사람으로 치부된다.

광기는 그 근원에 관계없이 어떤 것이든 무단침입이다. 신중한 생산성의 구역을 벗어나 무모한 나태의 구역에 불법 진입했다고 보는 것이다. 다이애나처럼 태어날 때부터 정신적으로 문제가 있는 사람들과, 아우구스테처럼 나이 들어서 정신이상이 된 사람들은 산업 질서의 신성한 규범을 위반한 것으로 받아들여진다. 이들에게는 힘도, 능력도 없어서, 사회체계 구성원으로 충실한 역할을 해내지 못한다. 이들은 자신도 모르는 사이에 사회적 질서를 거역하고, 그에 대한 벌을 받는다.

나는 장애를 가진 내 친구들을 보며, 치매인은 인지장애를 얻은 acquired 것이라는 사실을 되새긴다. 치매인에게는 선천적인 뇌 장애가 있는 사람들이 태어날 때부터 평생 안고 살아온 것과 똑같은 낙인이 찍힌다. 뇌가 손상된 사람이나 비정상으로 분류되는 사람들 모두가 버림을 받는 비슷한 과정을 견뎌내는 것 같다. 이런 사회적 반응에 대해서는 정밀한 조사가 필요하다.

치매는 특히 살아 있는 '광기'의 화신처럼 무력감, 돌이킬 수 없는 사회적 강등, 지울 수 없는 오명이라는 망령이 되어 우리를 괴롭힌다. 치매는 개인이 노력과 창의력으로 모든 장애를 극복할 수 있다는 사회적 통념을 위협한다. 중증으로 분류되는 심각한 질병 중에는 환자가 용감하게 싸우거나 인내하고 받아들이면서 환자의 체면에 손상이 덜 가는 병도 있다. 더 나아가 때로는 체면을 더 세울 수도 있다. 반면 알츠하이머병을 비롯한 치매 관련 질환은 흔히 생각하는 철저한 비극에 가깝다. 뇌질환에 대한 병리학적 지식의 수준이 높아졌으며, 뇌질환과 관련 장애에 도덕적 의미를 부여할 수 없다고 주장하는 상황에서도, 유독 치매만은 병에 대한 모독이 여전히 남아 있다. 그래서 치매는 몸과 정신을 쇠약하게 할 뿐 아니라, 사회적 관계에도 파괴적인 영향을 끼친다.

치매 노인들은 사회학자들이 말하는 소위 '사회적 사망social death'이라는 위험에 처해 있다. 사회적 사망이란 온갖 현실적인 이유에서, 마치 존재하지 않는 사람인 양 취급받는 것을 뜻한다. 심리학자 메리 길홀리와 헬렌 스위팅은 1997년 발표한 치매와 사회적 사망에 관한 획기적인 연구에서, 사회적 사망의 결정 요인이 치매 노인들의 특성과 겹치는 경우가 많다는 사실을 발견했다. 고령화, 치명적인 질환 발병과 장기적인 투병 생활 그리고 타인을 인식하는 능력의 상실 등이 결정적 요인이었다. 연구진이 인터뷰한 가족 간병인의 3분의 1은 치매에 걸린 가족과 친척이 계속 살아 있는 것은 무의미하다고 생각했으며, 치매인인 가족을 사회적으로 존재하지 않는 사람처럼 대했다. 어떤 여성은 추운 겨울에 남편을 뒤쪽 베란다에 혼자 내버려두었고, 어떤 남성은 외출하면서 아내를 화장실에 묶어 놓고 나간 적이 있었다. 이들은 자신이 돌보는 사랑하는 가족이 엄밀한 의미에서는 '이미 떠나버렸다'고 생각했다.

이러한 극단적인 사례들은 치매인이 쉽게 비인격화될 위험에 처해 있음을 보여준다. 실제로 치매를 앓는 노인들은 일반적인 노인에 비해 학대당할 가능성이 훨씬 높다. 미국 고령화위원회의 보고에 따르면, 치매 노인의 절반 가까이는 어떤 형태로든 학대를 당한 적이 있다. 사회에 만연한 학대와 방치의 원인은 치매 노인이 '이미 가버린' 사람이라는 생각 때문이다. 사회적 사망의 한층 미묘하고 일반적인 측면은 우리가 치매인을 회피하는 갖가지 자잘한 상황과 태도에 있으며, 여기에도 동일한 오명이 존재한다.

편견에서
벗어나는 과정

　　　　　　어떤 교회의 부탁으로, 치매인을 대상으로 했던 목회활동 경험을 사람들 앞에서 이야기했던 적이 있다. 강연이 끝난 뒤에 교회 심방 목회자들을 이끄는 대표 목사는 내게 강연 내용이 심방 목회자들에게 유용할 것 같다는 이야기를 했다. 그러면서도 자신은 치매가 심한 신도의 집에는 목회자들을 절대 보내지 않는다고 덧붙였다. 그런가 하면 나와 친구인 어떤 목사는 오랜 세월 교회에 출석해 온 어느 여성 신도의 집에 이제는 심방을 가지 않게 됐다고 했다. 신도의 아들이 자기 엄마가 "어차피 기억도 못할 테니" 굳이 찾아올 필요가 없다고 했기 때문이었다.

예전에 은퇴자주거복합단지CCRC에서 근무할 때 나는 거주자들 사이에 서열이 생기는 현상과 중증 치매가 있는 사람들이 서열의 맨 밑바닥으로 떨어지는 것을 목격했다. 시설 내에서 자원봉사에 지원한 사람들마저 치매인 거주층에는 가고 싶지 않으니 그곳에는 배정하지 말아달라고 내게 종종 부탁해왔다. 봉사자들은 '방문의 가치'를 인식할 정도는 아는 사람들과 시간을 보내고 싶어 했다. 가치를 인식한다라는 것은 대개 "찾아와 준 것을 이후에도 기억한다"라는 의미였다. 남을 도우려는 마음에서 적극 시간과 에너지를 낸 그런 사람들에게조차 치매인에 대한 편견이 깊이 배어 있었다. 나 역시 거북한 마음이 종종 어떻게 나타나는지 알 수 있었고, 떨어지지 않는 발걸음을 억지로 끌고 가는 자신을 자각한 적도 있다.

요즘에는 치매에 걸린 사람을 '광기 어린 사람insane'이나 '미친 사람crazy'이라고 부르지 않으며, 심지어 치매와 어원이 같은 '정신이상자demented'라는 말을 쓰는 사람도 거의 없다. 어쩌면 우리는 치매에 대한 오해를 어느 정도 극복한 것인지도 모른다. 최소한 예전보다는 조금은 더 알게 된 것 같다. 뇌 스캔, 실험실 검사, 심리검사, 유전자 검사, 환자 기록 등은 의사가 진단을 내리는 데 도움을 준다. 세기가 바뀔 무렵인 100여 년 전에 살았다면 어땠을지 한번 생각해보자. 아내가 집안 곳곳에 물건들을 숨겨놓고, 누군가가 자기를 죽이려 한다면서 소리를 지르면, 당신은 아내가 미친 것이 아닌지 의심했을 것이다. 겁을 먹고 집에서 가장 가까운 정신병원을 찾아 아내를 입원시켰을 것이다.

그러나 이제는 대체로 '정신이상(미친 상태)'을 일반적인 정신질환이나 치매와는 연결 짓지 않으며, 다행히도 도덕주의적인 접근법과 구시대적 치료법은 모두 폐기했다. 우리는 심리적 고통을 그 형태와 근원에 따라 여러 가지로 구별한다. 그리고 다양한 질병에 관한 생리학과 각 질병의 독특한 특징을 파악하고 있다. 우리는 인지력에 문제가 있는 사람들에게 모두 똑같은 치료와 돌봄 서비스가 필요하지는 않다는 사실도 안다. 또 어떤 사람이 치매와 정신질환을 동시에 앓는 경우도 있으며, 치매와 정신질환은 동의어가 아니라는 것도 이해한다. 사람은 정신병에 걸려 있든 그렇지 않든 치매에 걸릴 수 있다. 우리는 이제 사람들의 정신 상태가 어떻든 간에 '미친 사람', '정신 나간 사람', '정신이상자'라고 이름 붙이지는 않는다. 더 나은 정보를 갖추게 되면서, 뇌의 기능에 문제가 생긴 사람들에 대한 전근대적인 편견에서 조금은 자유로워진 듯하다. 우리는 그 사람들이 미치지 않았다는 것을 안다. 그들은 그저 병든 것이다.

만약 우리가 수전 손택의 주장을 믿는다면, 다시 말해 어떤 질병에 대한 과학적 지식이 증가할 경우 두려움의 이미지와 병을 앓는 사람들에 대한 부정적인 도덕적 가치 판단이 사라질 것이라고 믿는다면, 뇌질환과 관련된 부정적인 은유도 당연히 사라질 것이다. 광기와 온갖 도덕적·정신적 인습에서 나온 은유는 인류 문명의 발전 이면의 폐해로 볼 수도 있지 않을까? 만약 그렇다면, 치매인에 대한 편견이 앞으로도 계속 사라져 갈 것이라고 예상할 수 있지 않을까?

아마도 그럴 것이다. 하지만 편견에서 벗어나는 과정은 단순하고 합리적으로 이루어지지 않는다. 내 생각에 우리의 두려움이 다른 이미지들, 특히 부재의 이미지와 연계되면서 두려움 자체는 크게 줄어들지 않은 것 같다. 치매인은 점진적으로 자기 존재를 '잃어버린다'라는 암시가 치매에 관한 담론에서 빠짐없이 등장한다.

2010년에 『타임』 표지로 절반은 희미하게 처리된 여성의 얼굴 위에 '알츠하이머'라는 단어가 크고 굵은 글씨로 적혀 있는 사진이 실린 적이 있다. 얼굴의 정수리에서 목까지 나오는 사진 속 여성은 절반만 또렷이 보인다. 또 2008년 알츠하이머 협회에서 내보낸 한 광고에는 유령 할아버지가 턱시도를 차려입고 웨딩드레스를 입은 딸의 팔을 붙잡고 있는 장면이 등장한다. 이 시리즈의 다른 광고는 갓난아이를 품에 안은 손녀와 함께 식탁에 앉아 있는 유령 할머니를 보여주었다. 어떤 저명한 기자는 노스캐롤라이나 대학의 전설적인 남자 농구 코치 딘 스미스가 치매 관련 질환으로 사망하기 1년 전이었던 2014년에 그를 인터뷰했다. 그 기자는 스미스를 "멍한 눈으로 나를 쳐다보는, 옷 입은 유령"으로 묘사했다. 또 다른 기자는 그를 "살아있지만 그 자리에 없었다"라고 표현했다. 같은 맥락에서 내 친구가 우리 외할아버지 이야기를 듣고 했던 말도 떠오른다. "아, 이젠 가셨구나."

치매,
정신의 부재 VS. 혼란

뇌질환은 다른 진행성 질환에서는 찾아볼 수 없는 방식으로 그 사람의 소멸을 떠올리게 만든다. 반쯤 사라졌거나 희미해진 사람 사진은 심장병이나 간질환 같은 병을 묘사할 때는 보통 사용하지 않는다. 폐암으로 죽어가는 사람에게 옷 입은 유령이라는 표현을 쓰는 경우는 없다. 이런 묘사는 치매라는 병이 어떤 사람의 인간 됨을 이루는 무언가를 늘리거나 그대로 남겨두지 않고, 오로지 제거하고 없애기만 한다는 사실을 보여준다.

오늘날에는 치매를 정신이상으로 설명하기보다 정신이 멍해져서 얼빠져 있는 상태로 설명하는 편이다. 우리는 치매에 걸렸다in dementia는 표현보다는 정신의 부재in absentia라는 표현을 선호한다. 이에 따르면 치매에 걸린 사람은 미치지 않았다. 그저 정신이 멍해져 있는 것일 뿐이다. 누군가가 장애를 얻는 것보다 소멸하는 것이 더 낫다는 생각은 겉으로 보기에는 인간적으로 느껴질지 모른다. "우리 엄마의 정신이 희미해져 가고 있어"라고 말하는 것은

"우리 엄마가 약간 제정신이 아니야"라고 말하는 것보다 덜 거북하다. 이것만 보더라도 치매를 비롯한 뇌질환과 광기라는 개념 사이의 연관성을 끊어야 할 이유가 분명히 확인된다.

하지만 치매 담론이 '사라짐'에 초점을 맞추면, 치매의 오명을 약화하기보다 오히려 더 강화하지는 않을지 걱정된다. 치매 초기인 사람들로서는 정신의 사라짐, 즉 망각에 관한 은유가 실제 경험과 일치하지 않는 것처럼 느껴질 수도 있다. 차라리 몰랐으면 얼마나 좋을까 싶지만, 나는 정신의 부재, 다시 말해 실제 뇌사 상태가 어떤 것인지 잘 알고 있다. 나는 사람이 떠나고 아무것도 없는 공허한 망각의 상태가 어떤 것인지 직접 목격했다.

내가 지금껏 해봤던 일 중에 가장 힘들고 끔찍했던 일은 장기기증 네트워크의 상시 대기 목사 임무였다. 밤낮으로 호출기를 몸에 지니고 다니면서, 항상 마음을 졸였다. 장기 기증 조건을 충족하는 대표적인 경우는 기증자가 뇌에 심각한 부상을 입어 사망 후 뇌사 판정을 받았을 때다. 예를 들어 내가 관여했던 사건에서는 어떤 남자가 자전거에서 넘어지면서 땅에 머리를 부딪쳤다. 또 다른 사례에서는 목숨을 끊으려고 차고에서 목을 맨 남자를, 얼마 뒤 그의 여자 친구가 발견했다. 이 두 사례 모두 뇌로 들어가는 혈액 공급이 차단된 경우다. 이들의 동공은 움직이지 않았고 팽창해 있었다. 몸의 모든 반사 작용이 사라졌으며, 심지어 호흡 작용도 멈췄다. 오롯이 기계의 도움으로 폐가 계속 오르락내리락하고 심장은 계속해서 펌프질하기는 했지만, 이 환자들은 시체와 다름없이 축

늘어져 있었다.

업무는 참기 힘들 정도로 섬뜩하고 슬펐다. 그래서 몇 건 안 되는 사건을 처리한 뒤에 결국 사표를 제출했다. 물론 장기를 기증받는 입장에서는 희망을 얻고, 큰 충격과 상심에 빠진 가족도 언젠가는 다시 안정을 찾는다는 것은 나도 잘 알고 있었다. 그래서 처음에 그 일을 맡기로 했고, 감사하는 마음이 배어 있는 따뜻한 증언들을 가슴에 새겨뒀었다. 하지만 나는 그 쪽 입장이 아니었다. 내 입장과 가까웠던 쪽은 움직이지 않는 동공, 흐느낌, 스스로 목을 맨 연인을 발견한 충격과 슬픔 쪽이었다.

물론 내 경험상 치매는 뇌사와는 다르다. 심각한 상태까지 진전된 치매라 하더라도 뇌사와는 거리가 멀다. 치매에 걸린 사람들에게는 뚜렷한 생명력이 깃들어 있다. 심신이 불편한 가운데 살아가는 경우도 가끔 있지만, 그렇더라도 어쨌든 치매인의 삶은 사람들을 접하고, 그들 속에 참여하고, 타인을 인식한다. 치매인들은 움직이고 감정을 표현하며, 행동하거나 최소한 행동하려고 노력한다. 자기 의견 표현도 미미하게나마 지속된다. 그들은 매우 상징적인 언어를 사용하기 때문에 그들과 소통하려면 일종의 통역사가 필요하며, 통역사는 창의적으로 대응해야 한다. 치매인은 뇌가 작동을 멈춘 가운데 숨만 쉬는 뇌사자들과는 달랐다. 아무리 심각한 상태까지 치매가 진행되었더라도 사실상 뇌사자와 다름없는 상태에 이른 경우는 지금껏 본 적이 없다. 치매인은 각자의 독특한 존재 방식을 갖춘 개인들로 받아들여져야 한다. 실은 가든스에서 근무할 때, 멍한 상태라기보다는 혼란스러운 상태라고 설명하는 편이 더 어울릴 법한 주민도 있었다.

가든스 치매요양소에서 지내던 펄은 건물이 떠나가게 비명을 질렀으며, 레나는 히틀러유겐트Hitler Youth(1920년대에 독일 나치당이 나치즘을 교육하고 전파하기 위해 만든 청소년 조직—옮긴이)에서 배운 노래를 부르면서, 누군가가 이 노래 후렴구를 방송으로 틀어 자기 방으로 자꾸 보낸다고 주장했다. 바버라는 구둣발을 식당 벽에 쾅 부딪치고, 발끈 화를 내다가 옆에 있던 나를 보고 "날 위해서 하나님 아버지께 기도해줘요"라고 애걸했다. 은퇴한 유치원 교사인 프레다는 한밤중에 자기 방에 나타난 학생들을 앞에 두고 수업을 했다. 조는 반주가 없는 데도 목청껏 노래를 불렀다. 이런 사람들을 죽은 것과 다름없다고 보기는 힘들다. 이들의 정신은 텅 비었다기보다는 혼란스러워진 것에 더 가까워 보인다. 이들에게는 정신의 부재보다는 정신의 혼란이 더 많이 보인다. 비록 때로는 괴로워하는 모습을 보이지만, 정신이 존재하지 않는 상태가 아니라 꾸준히 머물러 있는 상태임을 확인할 수 있다.

영국 알츠하이머협회의 2013년 보고서에 따르면, 치매인의 3분의 1 이상이 치매 진단을 받은 뒤에 친구를 잃었다고 답했다. 이런 결과는 치매를 둘러싼 불안을 보여주는데, 치매에 대한 이러한 불안감은 치매를 앓는 사람들을 피하는 결과를 낳는다.

치매를 도덕주의에 무게를 두고 '정신이상'으로 보는 방식과 허무주의에 무게를 두고 '정신이 멍한 상태'로 보는 방식이 있다. 둘다 문제가 될 수 있다. 전자는 치매와 그 환자들을 정신적으로 올바른지의 잣대로 판단내린다. 후자는 치매라는 병과 그 병을 앓는 환자들이 의미 있는 존재가 될 가능성을 없애버린다. 환자들에게 미신적으로 악마를 채워 넣는 것이 그들을 비워내는 것으로 바뀐 듯하다. 하지만 그들의 말과 행동에는 의도가 있고 그들의 존재는 의미가 있다.

지적, 감정적, 육체적, 정신적 지식의 집합체인 앎은 나와 타인의 제한된 인식만으로는 단순화할 수 없다. 치매를 앓는 사람들은 인지능력에 국한된 영역만을 조사하는 검사를 받고 그렇게 하면 그들의 쇠퇴한 능력만을 보여주는 결과를 얻을 뿐이다. 그런 결과는 정신의 부재에 관한 잘못된 믿음을 부추긴다.

치매 진단이
파악하지 못한 것

신경심리학자 스티븐 사바트의 2001년 저서 『알츠하이머병의 경험: 헝클어진 베일을 통한 삶*The Experience of Alzheimer's Disease: Life Through a Tangled Veil*』은 사람 중심의 돌봄 방식을 옹호하는 사람들 사이에서 대단히 중요한 책으로 통한다. 이 책은 치매를 앓으며 사는 사람들의 주관적인 경험을 집중 조명한다. 사바트는 주간노인돌봄센터에 다니는 사람들과의 인터뷰를 통해서, 지적 능력 검사가 제대로 해석하지 못한 인터뷰 대상자들의 경험에 담긴 정서적 복잡성에 주목한다.

인터뷰 대상자 중에 은퇴한 과학자가 있었다. 그는 지능 검사에서 낮은 점수를 받았으며, '보통에서 심각' 수준의 알츠하이머병을 진단받았다. 표준 지표를 기준으로 보면 그는 인지능력이 거의 없거나 아예 없었지만, 그래도 사바트의 연구에 열심히 참여했다. 그는 사바트의 연구를 '진정한 위업', '프로젝트', '일종의 과학적인 활동'이라고 칭했다. 사바트는 그 인터뷰 대상자의 인지능력을 평가하는 데 사용됐던 검사들이 "자아존중감을 유지하고자 하는 그의 욕구와 능력은 다루지 못했다"라는 사실을 발견했다. 그 욕구와 능력은 손상되지 않고 남아 있었다. 진단평가는 그를 '죽은 것과 다름없는' 상태로 선고했지만, 기존 평가 도구는 수준 높은 교육을 받은 사람으로 인정받고 싶고 가치 있는 프로젝트에 참여하기를 원했던 그의 전체적인 모습을 파악할 수는 없었다.

이와 관련해서 내가 가든스에 근무할 때 만났던 베라가 떠오른다. 그곳 직원들에게 들은 바에 따르면, 베라는 다른 사람들과 대화를 나누거나 함께 어울리지 않는다고 했다. 심각한 인지장애가 있어서 사회적 환경과 '분리된' 상태로 지낸다는 것이었다. 그런데 베라는 생을 마감하기 직전 마지막 몇 달 동안, 가든스에서 매주 한 번씩 열렸던 종교 모임에 참석했다. 그 모임은 앞에서 소개했듯 베티의 도움으로 그 범위를 넓혀 성경공부 모임으로 시작했다가, 그녀가 세상을 뜬 후 다양한 종파가 참여하는 모임으로 확대된 것이었다. 모임에서 베라는 사회적으로 분리되기는커녕, 또렷한 정신을 지녔고 명확한 의도를 품었으며, 진행자인 나와 그 자리에 모인 다른 사람들과 눈을 맞췄다. 우리가 시간을 충분히 주고 천천히 기다려주기만 하면 베라도 한두 단어를 말하며 대화에 참여했다. 베라가 고양이를 좋아한다는 것을 알게 되면서 우리는 고양이를 주제로 한 사진과 시를 다루기 시작했고, 그녀가 미소 짓는 모습도 볼 수 있었다. 먼 곳에 사는 베라의 아들이 어머니를 보러 찾아왔다가 그녀가 모임에 참석한 모습을 보고 깜짝 놀라던 기억이 난다.

알츠하이머 박사의 환자 아우구스테 데테르는 당시 치매를 정의하는 증상 중 하나였던 '심리사회적 부전psychosocial incompetence'을 보였던 것으로 추정된다. 하지만 내가 알츠하이머 박사와 그녀가 이야기를 나눈 인터뷰 기록을 직접 읽었을 때, 아우구스테의 '무능함'은 찾아볼 수가 없었다. 나는 오히려 심리사회적 갈망과 욕구가 가득한 한 사람을 느꼈다. 그녀가 자신의 인격에 대한 감수성을 갖고 있다는 사실과, 그런 그녀의 인간성이 위협받고 있음을 느꼈다. 의사가 질문을 던지자, 그녀는 "너무 불안해, 너무 불안해"라고 반복하는데, 나는 이 지점에서 그녀가 자신의 정서를 자각하고 있음을 느꼈다. 무엇인가 잘못되었음은 아는 것이다.

알츠하이머 박사가 그녀에게 지금 살고 있는 거리의 이름이 무엇이냐고 묻자 아우구스테는 "글쎄, 여기는 프랑크푸르트 암마인이야"라고 대답해서, 위치에 관한 일반적인 인식이 있음을 드러낸다. 그녀가 검사에서 제대로 된 대답을 내놓지 못하고 괴로워하며 "내가 정신이 나갔나 봐"라고 말한 것에서는 변함없이 존재하는 자아에 대한 자각과 검사를 받으면서 느꼈던 슬픈 감정이 나타난다. 격리실에서 침대로 옮겨놓았을 때 그녀는 흥분하고, 괴성을 지르고, 비협조적으로 행동하면서 격한 두려움을 표출했다. 그러면서 "나는 베지 않을 거야. 나는 자해하지 않아"라는 말을 반복했다. '격리실'에 머무르다가 낯선 장소로 옮겨져서 처음 보는 남자에게 취조당했으니, 이 상황에서 육체적·심리적 폭력에 대한 엄청난 공포를 표출하는 것은 당연한 반응이었다.

아우구스테에게는 정신적 결함이 있었지만, 그녀의 말과 행동 그리고 그 바탕이 되는 감정은 정서적·심리사회적으로 이치에 맞는다. 알츠하이머 박사는 그녀의 표현과 감정에 대해 결함이 있다는 증거로 보고, 병의 또 다른 징후로만 생각했을 뿐이었다. 아우구스테 데테르의 치료는 임상적이고 비인격적이며 핵심에서 벗어난 접근법을 보여주는 사례다. 이런 치료에서는 지능검사가 중심이 되는데, 지능검사는 상징적인 언어, 몸의 움직임, 욕구 암시에 대한 해석은 거의 내놓지 못하며, 검사자가 검사 대상의 반응에 끼치는 영향은 전혀 고려하지 않는다. 아우구스테는 빈 껍데기와 마찬가지이고, 그저 환자일 뿐이며, 심리사회적 능력이 결여된 뇌 질환자로만 간주되었던 것이다.

알츠하이머는 아우구스테가 1906년 4월 8일에 55세의 나이에 "딱하게도 대소변도 못 가리는 지경에 이르러 옆으로 쪼그리고 누워" 욕창 감염에 따른 패혈증으로 사망했다고 1907년 글에서 보고했다.

치매인을 정신이 멍해진 사람으로 보는 '부재' 개념에는 일종의 위안이 깃들어 있다. 나는 그것을 연민의 표출이라고 이해한다. 개인적으로 외할아버지든 가든스에서 지내던 노인들이든 어느 누구도 병이 더 깊어지면서 고통받는 것을 바라지 않았다. 중증 치매인이 겪는 주관적인 경험을 체험할 방법이 없다는 점을 고려하면, 그들이 멍한 상태로 있다고 상상하는 것이 위안이 될 수도 있다. 게다가 달리 선택 가능한 대안이 고통밖에 없다면 더더욱 그렇다. 치매인이 텅 빈 백지 상태를 향해 나아가는 장면과 고통을 향해 나아가는 장면을 각각 머릿속에 그려보자. 그 둘이 경쟁한다면, 정신의 부재라는 첫 번째 관점이 더 인간적인 것으로 받아들여지고, 경쟁할 때마다 매번 승리할 것이다. 사람들은 치매인을 이해하는 관점을 두 가지로 제한하고, 틀에 끼워 맞추기 위해 그들의 모든 복잡한 특성을 축소시킨다. 내면세계의 지형은 질서정연한 도표로 묘사할 수가 없다. 따라서 오로지 양극단의 두 개념만 고집하면, 영혼의 굴곡진 윤곽을 인위적으로 평평하게 만들어버리는 셈이 된다.

치매를 정신의 부재, 즉 죽음에 앞선 죽음이라고 정의하는 견해는 간병인에게는 개인적으로 위안을 줄지 모른다. 그러나 결국 이 견해는 치매 경험을 지나치게 단순화하고, 사람들을 도덕적인 전모에서 배제하는 결과를 낳는다. 이런 현상은 역사 속 지난날의 부당한 관습과 비슷하다. 미국에 사는 흑인 레라 녹스 생크스는 남편 휴스를 돌봤던 경험을 1996년에 회고록으로 출판했다. 그녀는 치매를 앓는 사람은 결코 완전한 인간이 될 수 없다는 생각에 반박한다. 그녀는 "미국에서 노예제도가 오랫동안 버텨온 이유 중 하나는 몇몇 노예제도 지지자가 아프리카인은 영혼이 없다는 믿음을 퍼뜨렸기 때문"이라고 지적하면서 "특정 인구 집단의 비인간화에 관여하는 사회는 모두 위험하고 타락한 사회"라고 말한다. 그런데 정신이 떠난 것이 아니라 예전과 달라져서 불안하고 예측 불가능하게 됐다면, 그에 맞게 대응해야 한다. 우리는 길들여지지 않은 현재 시점에서 이들을 대해야 한다.

바보광대는 바보가 아니다

『리어왕』에 나오는 바보광대the Fool는 광기를 재정립한 대표적인 사례다. 바보광대는 부와 권력의 가식을 깨뜨려서, 인간성 뒤편의 허약함을 드러내 보인다. 리어는 옹졸하게 표출되는 분노와 서툰 판단력 때문에 세 딸들 중 가장 충정심이 깊은 코딜리아와 의절한다. 나머지 두 딸 리간Regan과 고너릴Goneril은 아버지에게서 유산을 물려받은 뒤 아버지를 내쫓는다. 리어는 왕국, 정치 권력과 가계 권력, 체력과 용맹한 정신을 서서히 잃어간다. 지위와 정체성을 모두 잃고 비통함에 잠긴 리어는 탄식한다. "여기 누구 나를 아는 사람이 있는가? … 내가 누군지 말해줄 수 있는 사람이?" 늙은 군주는 실의에 빠져서, 격렬한 폭풍이 몰아치는데도 몸을 피할 곳을 찾지 않는다. 머리 위로 세찬 비가 퍼붓고 천둥 번개가 치는 가운데, 그는 폭풍우를 조롱하면서 폭풍우의 분노를 불러낸다. "분노야, 불어라! … 참나무를 두 동강 내는 벼락의 선구자여, 내 백발을 태워라." 그러나 리어는 이 폭풍 속에 혼자 있는 것이 아니다. 바보광대가 그의 옆에 서 있다. 리어가 누구인지 알고 그것을 리어에게 말해줄 사람이 바로 바보광대이다.

　바보광대는 자살 충동에 사로잡힌 왕을 버려두지 않고, "이보시오. 빗물이 들이치지 않는 집 안에서 성수를 얻는 것이 바깥에서 이 빗물 속에 있는 것보다 낫소"라면서 집 안으로 들어가자고 설득한다. 키가 작고 신분이 변변치 않은 바보광대는, 모든 것을 박탈당한 채 새로운 입장에 처한 리어에게 자신의 어리석음을 깨닫게 할 수 있는 독특한 위치에 있다. 리어는 절망에 더 깊이 빠져들고, 바보광대가 그 곁을 지킨다.

　리어는 바보광대에게 애정을 느끼고, 아직은 어렴풋하지만 점점 확연하게 자신의 어리석음을 깨달으면서 이렇게 말한다. "곤궁에 처한 상황은 신기한 힘을 발휘하는구나/ 미천한 것도 소중한 것으로 여기게 하니 말이다. … 가련한 바보이자 악당이여, 내 마음속에 이런 부분이 있다/ 그것은 당신에 대한 안쓰러움이다." 시련을 겪은 왕과 바보광대는, 이번에는 하찮아진 처지를 공유한다.

　이런 상태에서 바보광대 같은 '미천한 것들'이 리어에게 귀중해진다. 리어는 바보광대를 새로운 방식으로 가치 있게 여긴다. 바보광대가 그를 위해서 해줄 수 있는 것 때문이 아니라 바보광대의 충직한 동지애 때문이다. 바보광대는 이렇게 노래한다. "지적 능력이 조금밖에 없는 자는 정해진 운명에 만족해야 해/ 비록 날마다 비가 내리더라도." 리어는 바보광대의 노래에 "진정 그렇군"하고 말한다. 날마다 비가 내리는 중에 리어는 지적 능력이 조금밖에 없는 사람들, 그리고 미천한 신분으로 영원한 가난 속에서 사는 사람들과 조금씩 연대감을 키우고 있다. 긍정적인 대답이 이를 보여준다.

리어도 불운한 삶에 만족하는 법을 배워야 한다. 리어왕의 바보광대는 대사도 몇 줄 되지 않고, 어쩌다 한 번씩만 등장하며, 이름도 없이 그저 바보광대라는 명칭으로만 불리고, 아리송하게 갑자기 퇴장한다. 일부 학자들은 스스로 목숨을 끊기 위해 사라진 것이라고 추측한다. 쇠퇴는 바보들의 소명을 나타내는 것 같다. 바보광대는 망가지고 비통에 빠진 왕을 받아들일 준비가 특히 잘되어 있다. 그가 "내가 온전한 정신이 아닌 것이 두렵다"라는 리어의 고백을 들은 유일한 증인이 된 것도 별로 놀랄 일이 아니다.

선택된 사람은 낮은 신분을 빼고는 세상에 아무것도 드러내지 않는다. 바보들은 다른 사람들에게 휘둘리고, 특별한 힘이나 특권이 없으며, 다른 사람들이 보잘것없는 쓰레기라고 생각하는 것에서 동지애와 의미를 찾는다. 그런 점에서 '바보'는 비방하는 용어가 아니라, 일종의 신성함을 나타내는 용어다. 이 정의에 따르면, 리어가 만난 바보광대는 상스러운 존재가 아니다.

내가 가든스에서 일할 때 만난 치매요양소의 입소자 메리도 그랬다. 그녀는 기억력 악화 증상 외에도 심한 불안 증세가 있어서 매일 아침 침대에서 일어나는 것을 엄청나게 힘들어했다. 메리는 때로는 몸이 너무 심하게 덜덜 떨려서 말을 하기 힘든 지경이 되기도 했다. 나는 종종 메리가 립스틱을 입술에 얼마나 정확히 발랐는지를 보고 그날 메리의 감정 상태가 어떤지를 파악할 수 있었다. 립스틱을 바른 선이 입술에서 많이 빗나가 있으면 그녀의 불안 증세가 그만큼 더 심하다는 뜻이었다. 메리는 일주일에 한 번씩 진행되던 영성 모임에 매번 출석했다. 가끔은 베라의 휠체어를 뒤에서 밀어주며 그녀를 함께 데려오기도 했다. 어느 날, 우리는 마태복음 산상수훈의 말씀을 현대적으로 재해석한 글을 읽으면서, 팔복Beatitudes에 대해 생각해보는 시간을 가졌다. 글의 첫 번째 줄은, "모든 것을 한꺼번에 다 가지고 있지 않을 때 복이 있다"였다. 그때 메리가 삐뚤삐뚤한 붉은 립스틱 선이 입술을 지나 거의 턱에까지 닿은 얼굴로 맞장구쳤다. "그럼 나는 복을 아주 많이 받았네!" 그 말에 우리는 배꼽을 쥐고 웃었다. 메리는 항상 그런 식으로 긴장을 누그러뜨려 주었다.

치매가 있는 사람의 종교적 욕구를 다룬 최초의 책 중 하나인 『알츠하이머병과 그 밖의 치매를 앓는 환자들을 위한 정신적 차원에 대한 안내서: 육체, 뇌, 호흡 그 이상A Guide to the Spiritual Dimension of Care for People with Alzheimer's Disease and Related Dementia: More than Body, Brain and Breath』의 저자 에일린 샤미도 어리석음의 가치에 주목한다. 감리교 성직자인 샤미는 신앙적 교우단체를 '바보들의 집단'으로 묘사했다. 샤미는 "정량화된 기준, 당면한 사안, 생산성과 유용성, 경쟁과 수익, 개인주의와 공동체의 상실에 집착하고 이해득실을 기본으로 삼는 사회에서는, 바보들을 위해서 우리가 틀림없이 모습을 드러낼 것이다"라고 말한다. 그녀가 설명하는 바보들의 공동체는 정신이 나가고, 몸은 쇠약하고, 영혼은 가난한 사람들을 신성한 지혜를 가진 사람들로 여기는, 거꾸로 된 논리가 자리 잡은 희한한 집단인 셈이다.

내면의 황야에서

자기 길을 찾은 사람들

　　　　　　　　　　목사가 되기 위한 연수를 받던
중에 앤턴 보이슨Anton Boisen 목사에 대해 알게 됐다. 그는 20세기
초에 '바보들의 집단'에 심취했다. 보이슨은 경력 초기에는 여러
곳을 옮겨 다니면서 목회자로 대체로 평범하게 보냈다. 장로회 국
내전도위원회에서 조사 업무를 맡았고, 교회 두 곳에서 짧은 기간
활동했으며, 아이오와 주립대학교에서 회중교회(각 교회가 독립적
으로 운영하는 기독교회의 한 형태—옮긴이) 목사로 있었다. 그러나
이러한 직업 경력은 그가 정신과 '환자'가 되면서 일대 전환점을
맞는다.

　보이슨은 정신병의 5가지 주요 단계를 겪었다. 그는 이 과정
을 '정신적 장애mental disturbances'라고 지칭했다. 한번은 가족이 그
를 매사추세츠 주의 웨스트버러 주립병원에 입원시켜, 그곳에서
15개월을 머무르기도 했다. 그가 진단받은 병명은 조발성 치매
dementia praecox로, 오늘날 조현병schizophrenia으로 불리는 병이다. 보
이슨의 설명에 따르면, 정신과 의사가 부탁을 받고 그와 이야기를
나눠본 적이 한번 있었다. 의사는 간단명료하게 이렇게 말했다.
"자연에는 정해진 길이 있습니다. 그 길을 가야 합니다." 보이슨은
낙담했다. 그는 의사가 자신의 정신 상태에 관한 깊이와 복잡성을
놓치고 있다고 느꼈다.

　환자들을 위해 예배를 진행하러 매주 일요일 웨스트버러를 찾
는 목사들도 도움이 안 되기는 마찬가지였다. 그들은 종교에 대해

뭔가를 알고 있을지는 모르지만, 환자들이 처한 문제에 대해서는 아무것도 몰랐다. 어떤 목사는 아프리카와 아시아에서의 선교활동 현황에 대한 설교를 늘어놓았다. 또 어떤 목사는 "만일 너의 오른쪽 눈이 너를 실족하게 하거든 빼내어 버려라"라는 성경구절을 주제로 설교했다. 보이슨은, "동료 환자들 중에 성경에 나온 권고를 실제로 이행할 것 같은 사람이 한두 명 있어 걱정이 됐다"라고 말한다. 이처럼 환자들의 종교적 갈망은 구조적인 차원에서부터 잘못 이해되거나 거부당했다.

하지만 보이슨은 그의 동료 환자들과 종교적인 갈망에 귀 기울였다. 그는 자기 영혼에 귀를 기울이다가 고통 속에서 신성한 메아리를 들었다. 1921년 정신병동에 갇힌 상태에서 글을 쓰면서, 보이슨은 단순한 육체노동에 몰두해야 회복할 수 있을 것이라는 친구의 제안에 이렇게 답했다. "정신 차려! 네가 하는 일이 환자를 미치지 않게 잘 보호하는 것뿐이라면, 절대 가치 있는 삶을 살 수 없을 거야." 보이슨이 사소한 일로 바쁘게 지내면서 안전하게 제정신을 유지하길 바랐던 그 친구를 누가 비난할 수 있겠는가? 그 충고는 보이슨이 '바보의 상태'에서 확실히 멀어져서, 그가 하찮고, 무익하고, 믿음이 없는 상태로 살아가도록 하는 데 목적이 있었다.

웨스트버러에서 회복한 후, 보이슨은 "상식으로 잘 다져진 길에서 강제로 밀려나서, 거의 알려져 있지 않은 내면의 황야를 여행한 사람들"을 더 깊이 이해하고 섬기기 위해 일하고 연구했다. 그는 자신의 새로운 직업에 대해 이렇게 썼다. "나는 두렵지 않다. 매번 내 자리를 용케 잘 찾아왔다. 나는 지금껏 별로 알려지지 않은 내면의 황야를 탐험해왔다. 나는 이제부터 이 새 영역에 대한 지도를 그려보려 한다."

그의 친구 리처드 캐봇 박사Dr. Richard Cabot는 보스턴의 신학대학에서 사회윤리를 가르친 유명한 의사다. 그의 도움으로, 보이슨은 우스터 주립병원 목사가 됐다. 그는 신학생들을 정신병원으로 데려와서, 의대생들이 받는 실습과 비슷한 방식으로 환자들을 대면해보게 했다. 그는 미래 목사들이 임상 환경에서 서로 다른 복잡성과 잠재력을 지닌 환자들을 만나기를 바랐다. 그리고 환자들의 "거의 알려져 있지 않은 내면의 황야"를 진지하게 받아들이기를 바랐다. 신학교 학생들은 성경과 신학 문헌을 연구하는 데 능숙했지만, 보이슨은 성직자들이 다른 종류의 문헌, 즉 그가 '살아 있는 인간 문서'라고 이름 붙인 자료를 읽는 법을 배워야 한다고 굳게 믿었다. 특히 신학교 학생들은 내면 삶의 주제, 은유, 움직임을 인정하는 법을 배워야 한다고 보았다.

보이슨의 실험은 차츰 기반이 잡히면서, 임상목회교육Clinical Pastoral Education, CPE이라고 불리는 국제적인 연수프로그램으로 발전했다. 내가 보이슨이라는 이름과 그가 고안해낸 '살아 있는 인간 문서Living human document'라는 용어를 처음 들은 건, 임상목회교육을 받던 여름 첫 번째 주 첫 시간이었다. 그 여름에 나는 신경과 병동에 배정받았다. 임상목회교육이나 비슷한 부류의 연수 프로그램은 이제 신학교 커리큘럼의 일부로 자리 잡았다. 대부분의 주요 병원은 임상목회교육 학생과 그들의 지도자에게 환자의 정신

127

적인 돌봄을 맡긴다. 그리고 많은 교파는 성직자를 희망하는 사람들이 임상목회교육을 어느 정도는 수료하도록 정해두었다. 현재 의료기관에 부임하는 목사들에게는 포괄적인 위원회 인증 절차를 요구하는 병원이 많은데, 그러려면 임상목회교육을 반드시 이수해야 한다. 보이슨의 프로그램은 처음에는 정신과 시설에 초점을 맞추어 시작했지만 이제는 거의 모든 임상 환경으로 확대됐다.

　신학자 로버트 다이크스트라는 2005년에 보이슨의 유산을 돌아보면서, "목회 신학은 광기에서 태어났으며, 어떻게 보면 그런 광기에서 완전히 벗어난 게 아니"라고 보았다. 보이슨이 신학교 학생들을 병원에 들여보낼 수 있게 허락해달라고 여러 병원에 처음 요청했을 때, 병원 관리자 대부분이 회의적인 반응을 보였다. 그런데 어느 병원장이 어떻게 생각하면 환자에게 도움이 될 수도 있을 것 같으니, 그럼 한번 '돌팔이 의사'들을 받아들여보겠다고 말하며 보이슨의 제안을 수락했다. 목사들은 '바보들의 집단' 안에서 환자들과 함께 기꺼이 각자의 자리를 잡았다.

　환자의 회복이 목적은 아니었을 것이다. 가톨릭 신부이자 작가였던 헨리 나우웬은 기독교의 지도자들은 "나약한 자기 자신 말고는 제공할 것도 없고, 일에 대한 관련성도 없이 아무것도 없는 채로 세상에 부름 받았다"라고 말한다. 뭔가를 하고 있지만(최소한 중요한 일을 하는 것처럼 보이지만) 약한 자기 자신 말고는 아무것도 제공할 것이 없는 동료 성직자들이 가득한 세상이라니, 터무니없는 소리처럼 들린다. 내가 왜 치매가 있는 사람들과 일하는 것을 좋아하게 됐는지, 이제는 조금 이해가 간다. 그들의 고통을 내가 기쁘게 받아들여서는 아니다. 그보다는 그들과 함께하면, 모든 가식이 사라지기 때문이다. 남들에게 숨김없이 의존하는 그들의 존재 덕분에 남들의 도움을 필요로 하는, 눈에 잘 띄지 않는 내 모습이 드러나기 때문이다. 나 자신의 한계를 인정해야 삶에 접근하는 자세가 더 정직하고 부드러워진다.

내가 광기의 자리에 선다면

광기를 어떻게 규정하든지 관계없이, 우리는 모든 시대에 걸쳐서 광기가 입을 다물고, 멍한 상태가 되고, 옷을 걸쳐 입기를 바라는 것 같다. 우리는 그 위험을 상쇄하고, 불안한 진실에 입마개를 씌우고 싶어 한다. 보이슨은 "정신장애의 진짜 악은 갈등이 아니라 고립감과 괴리감에서 나오는 것"이라고 했다. 우리에게는 치매인을 격려하고 소외시키는 성향이 있다는 사실을 떠올릴 수밖에 없다. 우리가 말 그대로 그들을 정신병원으로 보내지는 않지만, 그들은 확실히 가족, 집단, 이웃, 국가, 대중의 담론 바깥에 머무른다. 우리가 그렇게 가장자리로 보냈던 것을 다시 살펴보아야 한다.

보이슨은 교회 조사를 위해 서부로 가던 중에 노스다코다를 지나가면서 기차 창문 밖에서 "지평선 위로 눈에 확 띄는 큰 건물들"을 보았다. 옆자리에 앉은 남자는, 그 건물들이 주립 정신병원이라고 했다. 보이슨은 글에서 이렇게 설명했다. "당시에는 그 건물이 상징하는 문제에 관심을 가져야 한다는 생각은 전혀 하지 못했다." 그런데 그로부터 1년이 채 지나지 않아 보이슨은 "자신이 환자가 되어 그런 건물에 갇힌" 처지가 되고 만다.

달리는 기차에서, 창문 밖 먼 곳을 내다보는 그의 핼쑥한 얼굴을 떠올려본다. 그리고 다른 누군가의 속박, 저 멀리 있는 것, 지평선 위로 언뜻 보였던 낯선 광경 그리고 나와는 관련이 없고 결코 나와 연관될 수 없다고 생각했던 것 속에서, 내가 그저 방관자로 있었던 적은 얼마나 많았는지를 생각했다.

리어왕의 바보광대는 혼돈이 우리 가까이에 있다는 사실과 각자가 가진 것이 미약하다는 사실을 이해하는 듯하다. 바보광대는 "이 추운 밤이 우리 모두를 바보와 미치광이로 만들 것"이라고 선언한다. '이 추운 밤'은 인간이 통제할 수 없는 조건이다. 우리 힘이 미치지 않는 수많은 다양한 상황 중 하나다. 그중 어떤 것이라도 우리 모두를 바보와 미치광이로 만들 수 있다. 바보광대는 그 사실을 더욱 힘주어 말한다. 밤은 우리를 변화시킬 수도 있는 것이 아니라 변화시킬 것이며, 일부가 아니라 모든 것을 바꾸어 놓을 것이라고 말이다. 바보광대는 불편한 진실을 말한다. 우리 모두가 혼돈을 겪을 것이다. 예외는 없다. 그러니 '내가 치매에 걸렸을 때'라는 건 있어도 '만약 치매에 걸린다면'은 없다.

5장

어둠은 깊어졌지만 삶도 진해졌다

황혼녘, 볕이 잘 들고
어둠이 잘 드는 시간

　　　　　　　　센트럴 뉴저지 트렌턴 외곽에는
세계적으로 유명한 5만여 평 규모의 뉴저지 조각공원이 있다. 여
러 작품이 있지만 특히 인상파와 후기 인상파 화가들의 작품을
3차원으로 복제한 작품이 공원을 가득 메우고 있다. 그 지역에서
활동하는 예술가 스워드 존슨은 르누아르, 모네, 카유보트, 마네의
그림을 실물 크기의 조각으로 만들었다. 방문객들은 그림 속 인물
들 사이를 걸어다니고, 〈비 오는 날 파리의 거리〉에 나오는 인물이
든 우산 밑에 서보고, 〈뱃놀이 일행의 점심식사〉에 나오는 사람들
과 술잔을 부딪칠 수 있다.

　어느 가을 해질녘 즈음, 나는 이 황홀한 곳에 처음 발을 들여놓
았다. 좁다란 길을 지나 앙리 루소의 1910년 작품 〈꿈〉을 바탕으

로 스워드 존슨이 만든 〈에로티카 트로피칼리스Erotica Tropicallis〉 안으로 들어갔다. 빽빽한 대나무 수풀로 둘러싸인 광경은 잠을 청하는 황혼녘의 시간을 연상하게 한다. 작은 소파에 누워 있는 분홍빛 피부의 벌거벗은 여인 둘레에는 사자 두 마리, 주황색 뱀, 만발한 정글의 꽃, 양치식물, 윤곽만으로 표현된 코끼리, 감귤나무, 열대 새, 피리를 입에 물고 뱀을 부리는 사람이 있다. 〈꿈〉은 식민지적 관점에서 주로 해석된다는 문제가 있다. 아프리카라는 주제의 이국적인 면에 매료되었다는 점과 아프리카 소재들을 원시적인 대상으로 묘사했다는 점에서 문제가 제기되는데, 나도 지금에서야 그런 점을 발견했다. 우선 피부색이 밝은 여성이 그림의 전경前景을 독차지한 가운데, 피부색이 짙은 남성이 정글 생물들과 함께 뒤쪽 배경으로 물러나 있다는 데 주목했다. 그리고 이 그림의 작가인 남성이 발가벗은 여성을 묘사했다는 사실, 그림 속의 어떤 대상도 예술가의 물리적 실체를 반영하지는 않는다는 사실에도 주목하게 됐다. 하지만 그와 동시에 나는 존슨의 황홀한 사실주의에 도취됐다. 특히 빛과 어둠의 표현에 말이다.

늦은 오후의 옅은 빛 한 줄기만이 대나무들 틈을 비집고 들어와서 간신히 〈에로티카 트로피칼리스〉를 비추고 있었다. 방문객들은 작은 발판 위에 올라서서, 초현실적인 정경을 배경으로 자기 모습을 카메라에 담았다. 엄청나게 어둡다는 점을 빼면 이곳은 기념사진을 찍기에 최적의 장소다. 도저히 안에 들어가 보지 않을 수 없어서, 풍성한 가슴에 긴 머리카락을 늘어뜨리고 소파에 누워 있는 여자 바로 위에 있는 피리를 든 야윈 남자 옆으로 슬쩍 들어

갔다. 나는 어두운 정글과, 밝은 빛이 드리워진 여자 사이의 좁은
틈에 섰다.

조각공원에서 만든 안내서에 따르면 여자는 필경 야생 동물들
에 둘러싸인 자신이 얼마나 위험한 처지에 있는지를 인식하지 못
하고 있는 것이다. 가까이에서 그녀를 살펴보고서야 얼굴에서 풍
기는 평온함과 희미한 미소를 느낄 수 있었다. 그녀는 긴장되거나
수축된 근육 없이 부드럽게 굴곡진 몸으로, 평화롭게 어두운 밤의
꿈속에 있다. 수풀이 우거진 정글은 해거름 때문에 잘 보이지 않
지만, 그늘진 곳곳에 자리한 동물들이 그녀를 둘러싼 가운데, 그녀
는 노곤한 듯 천천히 뒤로 눕는다. 벌거벗은 몸을 완전히 드러낸
채로 평화롭게. 그녀는 전혀 두려움을 느끼지 않는 것처럼 보인
다. 그리고 이 어두운 왕국에서 탈출할 생각 없이, 그곳에서 활기
넘치는 기분을 느끼고 있는 듯하다. 아마도 그녀는 용감하지는 않
지만 그래도 주위를 잘 의식하고, 위험에 처했을 때 지극히 침착
한 편은 아니지만 그래도 멍청하지는 않을 것이다. 아니면 어두움
이 늘 위험을 의미하는 건 아니라는 사실을 알고 있을지 모른다.
어두운 정글이 위협적으로 느껴지는 건 어쩌면 유럽인들의 불안
감이 투영된 것에 불과할지도 모른다.

그 장소를 빠져나왔지만, 작품 속의 장면은 계속해서 마음에 남
았다. 그 여자처럼 나도 위협 앞에서 편히 누워서 위협적인 힘이
내게서 비켜 가게 하고 싶다. 편히 누워서 희미한 미소를 짓고, 어
둠이 깔리는 가운데 휴식을 취하는 내 모습을 상상해본다. 그늘
진 배경 속의 여러 존재들처럼, 빈틈없이 어둠으로 둘러싸인 집에

서 지내고 싶다. 최근에 나는 어둠 속에서도 마음의 평안을 얻는 자세가 치매와 노화에 따른 여러 위험에 대처하는 데 어떤 식으로 도움이 될지 관심을 갖고 있다.

은유를 다시 점검하다

우리 외할아버지의 장례식에 참석한 사람들은 위로의 말을 건넸다. 그리고 할아버지가 오래 치매를 앓으셨다는 이야기를 용기 있게 언급한 사람들은, 할아버지가 말년에 '어둑해지는dimming' 시기를 보냈다고 표현했다. 외삼촌이 추도문을 읽을 때 아버지가 정신이 어둑해지는 시기를 보냈다고 말했었는데, 그것이 장례식에 참석했던 다른 사람들에게 할아버지가 치매를 앓았던 지난 10년에 대한 적절한 어휘를 제공했던 듯싶다.

하지만 당시에 그 표현을 들으면서 나는 마음이 불편했다. "질병의 은유는 결코 결백하지 않다"라는 수전 손택의 경고가 떠올랐기 때문이다. 나는 그런 은유가 병에 수치심을 더하면서 환자들을 낙인찍는 경우가 많다는 것을 알고 있다. 그리고 치매에 대한 냉혹한 은유가 얼마나 많은지도 잘 안다. 나는 어둑해졌다는 말이 진행성 기억장애의 완곡한 표현이라고 보았다. 나름대로 세심하게 고민해 생각해낸 것이겠지만, 어둑해진다는 표현은 치매에 걸린 사람들을 둘러싼 다른 많은 해로운 은유들과 관련 있었다. 어둑해진다는 표현은, 희미하게 사라지고, 정신을 잃고, 자기를 잃어버리고, 멀쩡히 보이는데도 사라진다는 표현과 마찬가지다. 이 표현은 유명한 좀비 비유와 일맥상통하는 것 같다. 좀비 비유에서는 어떤 사람의 '진짜' 존재는 사라졌지만 그 사람의 몸은 여전히 작동한다고 상상한다. 그는 보편적인 어둠 속으로 미끄러져 들어가, 끝 간데없는 어둠 속으로 더 깊이 내려간다.

치매의 어둠이라는 은유를 듣고 곧바로 반감이 생겼지만, 그 은유는 할아버지의 장례식이 끝난 뒤로도 내 주위를 끊임없이 맴돌았다. 신문과 잡지, 텔레비전에서, 사람들과의 대화에서도, 어디서든 이 은유와 마주쳤다. 이를테면 알츠하이머는 뇌의 '전등을 끈다'. 알츠하이머는 '어둠을 확산'시킨다. 알츠하이머는 '어두운 안개'다. 알츠하이머는 빛을 차단하는 '침입성 칡덩굴'이다. 알츠하이머는 '불꽃'이 '어둑해지게' 만든다. 치매인들 눈에는 '빛이 없다'. 치료법을 찾기 위해, 연구원들은 '어둠을 해독해야' 한다. 일단 발병하면 환자들은 지속적으로 어두워진다. 사랑하는 가족과 친구들은 '불이 꺼지는 것을 지켜봐야' 한다. 2012년에 제작된 다큐멘터리 〈퍼스트 커즌 원스 리무브드First Cousin Once Removed〉는 시인 에드윈 호닉이 알츠하이머병을 앓으며 보냈던 말년 이야기를 담았는데, 어느 논평가는 이 작품에 대해 설명하면서 호닉이 처한 곤경을 "지적인 빛이 꾸준히 죽어가는" 상태로 묘사했다. 『정신을 잃다Losing My Mind』의 속편으로 나온 토머스 데바지오의 유명한 회고록의 제목은 『어두워질 때When It Gets Dark』다.

어둠. 그것은 특별한 두려움을 떠올리게 한다. 도덕적 상상 속에서는 어둠이 악이나 위협과 동일한 의미를 띠며, 사악한 행동은 어두운 사람들의 어두운 마음속에서 나온다고 본다. 어둠은 어리석음, 텅 빈 머리와 동일시된다. 메리엄-웹스터 사전에 따르면 dim(어둑한)과 witted(지혜가 있는)를 결합한 단어 'dim-witted'는 '우둔한, 멍청한'이란 뜻이다.

대중적인 기독교 바탕의 상상에서는, 어둠은 죄와 관련 있다. 믿음이 있는 사람들은 빛의 자녀들이다. 빛은 어둠 속에서도 빛나며, 어둠은 빛을 이기지 못한다. 어느 교회는 연간 캠페인 주제를 "빛이 되어 길을 밝혀라"로 자랑스럽게 내걸었다. 아무리 마음이 비뚤어진 사람이라도, "어둠이 되어라. 길을 어둡게 하라"라는 슬로건을 내놓지는 않을 것이다.

일반적으로 생각할 때 빛은 어둠을 이기거나, 이겨야 마땅하다. 빛-어둠 이원론은 사람들의 개인적 사고와 집단적 사고에 깊이 뿌리박혀 있다. 어둠에 대한 부정적인 낙인은 빛과 관련한 선량한 이미지보다 더 강력하게 반사적으로 떠오른다. 어휘 체계에도 그런 개념이 내재되어 있다. 이렇게 보면 어둠과 치매가 연관되는 것도 당연하게 느껴진다. 치매에 대한 조롱과 조소도 거의 무의식적으로 뿌리내려 있으니 말이다. 깨달음이라는 뜻의 '인라이튼먼트enlightenment'가 도덕적·지적·정신적으로 높이 발달한 것을 암시한다면, 그에 대응하는 어휘이자 어둡게 하기라는 뜻을 지닌 '인다큰먼트endarkenment'는 모든 측면에서 열등한 상태를 암시한다. 이런 틀이 존재하는 이상 치매는 마음속 어둠의 힘으로 그려질 수밖에 없고 치매를 앓는 사람들의 도덕적·지적·정신적인 입지는 축소된다.

빛과 어둠은
서로를 필요로 한다

역사학자 제시 발렝거의 저서
『현대 미국에서의 자아, 노화, 알츠하이머병Self, Senility, and Alzheimer's Disease in Modern America』은 치매에 대한 부정적 은유가 어떻게 그토록 만연하게 되었는지를 이해하는 데 큰 도움을 주었다. 1970년대 후반, 신생 연구기관이었던 미국 국립노화연구소NIA에서 국립보건원 산하의 여타 기관들과 비슷한 수준으로 자금을 지원받으려면 뭔가 특징적인 질병으로 주목을 끌 필요가 있었다. 국립노화연구소의 초대 연구소장이었던 로버트 버틀러는, 알츠하이머병에 관한 의학연구를 주력 연구과제로 추진했다. 이 결정은 여러 단체에서 내놨던 주장과는 반대되는 것이었다. 많은 단체가 노인 돌봄 문제나 다양한 뇌 손상에 관한 연구처럼 폭넓은 분야의 연구를 제안했다. 그러나 버틀러는 특정 질병에 대한 생체의학 연구들이 비극적이고 치명적인 측면에 관심을 집중시키기 때문에 기초연구보다 의회를 설득하기가 더 쉽다고 주장했다. 버틀러가 '고통의 보건 정치'라고 불렀던 주장은 어떤 질병이 끔찍할수록 치료법을 더 연구할 필요가 있다는 것으로, 연구를 위한 자금을 조달하는 데 힘을 실어주었다.

1970년대 후반부터, 이런 주장에 동조하는 사람들은 알츠하이머병이 수많은 질병들 중 하나가 아니라 "세기의 질병"이자 "가장 무서운 질병"이라며 치매 특유의 폐해를 강조했다. 그러면서, 이에 대한 자금 지원의 정당성을 알리기 위해 노력했다. 부정적 은

유들이 쏟아져 나오는 가운데, 1983년에 알츠하이머를 앓는 사람들의 인생 이야기를 담은 중대한 정부 보고서 『끝없는 밤, 끝없는 애도Endless Night, Endless Mourning』는 특히 어둠에 대한 보편적인 이미지에 호소해 불안과 긴박감을 고조했다.

이제는 주요 보건기관이 환자에게 낙인을 찍는 특정 언어를 사용하지 않도록 더 민감하게 대응하는 것으로 알고 있다. 한편으로는 치료법을 찾는 데만 치중해서 오명을 확산하기도 한다. 실제로 오바마 대통령이 추진했던 2011년의 미국 알츠하이머프로젝트법National Alzheimer's Project Act의 결과로 '알츠하이머병 해결을 위한 미국국가계획'이 수립됐는데, 그 계획은 2025년까지 알츠하이머병을 예방하고 효과적으로 치료하는 것에 첫 번째 목표를 둔다. 그런가 하면 알츠하이머 협회에서 주관한 "알츠하이머병 최초의 생존자 찾기" 캠페인은 사람들의 관심을 끌 만한 내용이기는 해도, 다른 한편으로 보면 알츠하이머병에서 완치된 사람만 생존자로 간주된다는 뜻을 내비친다. 또 치매인 중에 비교적 건강하게 장수하는 사람들이 거의 없는 것처럼 생각하게 했다. 2017년 시작된 '순수한 상상 프로젝트The Pure Imagination Project'는 알츠하이머병의 영향을 분명히 보여주기 위해 조금씩 사라지는 풍경의 이미지를 보여주면서, "알츠하이머병은 당신의 상상력을 한 조각씩 훔칠 수 있다. 하지만 당신의 도움을 통해 치매가 어떻게 끝날 수 있을지를 상상해보라"라는 설명을 달았다. 이 광고는 알츠하이머가 사람들을, 혹은 최소한 그들 자신이 누구인지에 관한 중요한 관점을 서서히 사라지게 하기 때문에, 이 도둑을 반드시 막아야(즉, 치료해야) 한다는 생각을 강화했다.

물론 치매가 정신의 쇠퇴를 부르는 것은 사실이지만 기금을 마련하기 위해 이런 식으로 광고를 제작해 내보내면 치매인들의 건강과 행복 증진을 위한 계획들의 의미가 퇴색된다. 게다가 가난과 인종차별 같은 사회적·정치적 요소의 조사를 등한시하게 한다. 두 요소는 특정 집단에서 치매 발병률이 높게 나타나는 원인이 될 수도 있다. 가령 미국에서 흑인의 알츠하이머병 발병률은 백인의 2배 정도다. 또 이 광고들은 알츠하이머병 환자와 간병인이 언제나 냉혹한 상실만을 겪는 것은 아니라는 사실을 고려하지 않는다. 치매인을 위한 노력이 '치료법'에만 불균형적으로 치우치다 보면, 아무리 그럴 의도가 없더라도 알츠하이머병의 피해자를 둘러싼 낙인과 편견이 따라오는 대가를 치러야 한다.

이런 전략이나 '마법의 약'의 등장 가능성을 경계하는 일부 치매 전문가들은 다른 방식으로 접근한다. 신경학자이자 책 『알츠하이머 신화*The Myth of Alzheimer's*』의 저자 피터 화이트하우스는 알츠하이머병을 치료법이 있는 질병이 아닌 장애의 한 영역으로 보고, 알츠하이머병이라는 진단을 삼간다. 그는 인지장애 증상을 예방하거나 최소화할 수 있는 최선의 방법은 식단 개선, 운동, 머리 부상 조심하기, 환경 독소 노출 줄이기 등의 공공보건 계획 추진에 있다고 주장한다. 그는 또한 노인이 보람 있는 일을 하고 지속적으로 학습에 참여하며 다른 세대와 관계를 맺고 유지하는 것이 중요하다고 강조한다.

최근 몇 년 사이에 이야기의 맥락이 조금 바뀌긴 했지만, 1970년대 이후로 사람들이 알츠하이머병을 생각할 때 궁극적으로는 생명공학의 발전을 통해서만 그 진전을 막고, 상태를 개선하고, 치유할 수 있다고 받아들이는 경우가 많았다. 이것은 현대 의학이 유일하거나 최선인 희망이라는 뜻에서 발렝거의 '의료 승리주의 medical triumphalism'에 입각해 있다. 의학이 특히 인지력 감퇴를 비롯한 모든 형태의 쇠락을 해결해줄 것이라는 치우친 믿음은 아직도 남아 있다. 빛과 어둠의 이분법이 의료 승리주의에도 작용한다는 사실은 굳이 찾으려고 하지 않아도 눈에 들어온다. 즉 의료 기술이라는 빛이 치매라는 어둠을 누르고 승리할 것이며, 깨어난 정신이 어두운 정신을 구할 것이라는 믿음이 의식 속에 숨어 있는 것이다.

의료 기술의 빛이 정신을 구한다고 믿으면서, 나머지 사람들은 사랑하는 사람들이 '어둠에 굴복하는' 동안 그저 지켜보기만 해야 한다. 치매 주위를 소용돌이치는 어둠의 이미지는 두려움 섞인 다른 치매 용어 사이에서 자리를 지키며, 두려움을 배가한다. 또한, 본래 가지고 있던 어둠에 대한 문화적 편견을 자극해 짙은 두려움을 드러내고 알츠하이머병의 위협을 증폭시킨다. 어둠의 이미지들은 이미 만연해 있는 '사라짐' 은유가 모습만 바꾼 것이라는 생각이 든다. 따지고 보면 어둠이란 아무도 볼 수 없게 만드는 것이니 말이다. 그에 덧붙여 어리석음, 타락, 위협이라는 혐의도 추가할 수 있다.

어둠의 은유는 치매에 대해 극도로 불안한 분위기를 강화한다. 어둠이 나쁘고, 틀렸고, 두려운 것이라는 전제에 지속해서 암묵적인 동의를 해야 형성되는 분위기다. 이런 편견은 이질적이며 반대되는 힘으로 극명하게 세계를 분리한다. 이때 어둠과 빛은 뚜렷이 구분되면서도 서로를 필요로 하는 상호의존적인 요소가 아니다. 뒤틀린 불균형은 빛이 어둠을 몰아내는 것이 정당하다는 속임수를 뒷받침한다. 빛은 그림자와는 독립된 존재이고, 또, 무한한 빛은 무한한 선이기 때문이다. 빛과 어둠의 분열은 어둠을 비방하고 '어둠의 지혜'를 공개적으로 부인한다.

어둠을 반사적으로 경멸하는 성향을 버리고 어둠의 필요성과 가능성을 되찾을 방법이 있을까? 어떻게 하면 은연중에 품고 있는 치매에 관한 혐오감과 '어두워진다'라는 생각을 새롭게 바꿀 수 있을까? 사실, 이 질문에 대한 답은 내게도 없다. 치매에 관한 인식을 균형 있게 유지하려면 문제들을 진지하게 반성하고 공감하면서 깊이 생각하는 것이 효과적이다. 이 책이 변화를 시도하는 하나의 방식이 될 것이다. 즉, 빛의 패권을 약화시키고 어둠의 가치를 확인하며, 만만한 은유와 이분법적 양극성에 의존하지 않는 방식으로 치매에 접근해갈 것이다.

우리 영혼을 밝히는 어둠

2014년에 있었던 할아버지의 장례식 이후 나는 어둠에 관한 긍정적인 은유를 찾기 위해 애썼다. 그 과정에서, 그동안 거의 잊고 지냈던 사람에 대한 기억이 떠올랐다. 신학교에 다니던 시절에 학교 교수 중 유일하게 가톨릭 신자였던 제임스 신부에 관한 기억이었다. 그는 베네딕트회 수도사였으며 동시에 사제 서품을 받은 신부였다. 제임스 신부는 매일 회색 운동복 바지와, 로고가 없고 모자가 달린 회색 운동복 상의를 입었다. 그는 수시로 앞주머니에 손을 집어넣고서 묵주를 만지작거렸다. 머리숱이 없어 휑한 부분을 덮을 수 있게 머리카락에 기름을 발라 자연스럽게 빗어 넘겼다. 그가 웃는 모습을 본 기억은 전혀 없다. 체육관에서 마주칠 때면 그는 늘 너덜너덜해진 작은 라틴어 기도서를 얼굴 앞에 가져다놓고 러닝머신 위에서 땀을 흘리며 기도하고 있었다. 내가 인사를 건네도 알아보지 못하는 듯했다. 그에게 답례 인사를 받은 적이 한 번도 없었다.

내가 기억하는 제임스 신부는 끔찍이도 음울한 사람이었지만, 나는 기도와 검소함을 삶의 중심에 두고 단순하게 살아가는 그를 존경했다. 상냥하고 다가가기 쉬웠던 교수들의 가르침은 지금 내게 하나도 남아 있지 않지만, 제임스 신부의 전근대적인 지혜는 신학교를 졸업하고 10년이 지난 시점에 다시 떠올랐다. 그는 전구의 발명이 수많은 악의 근원이라는 주장을 내놓았다. 어떤 해명도 없었고 역설적인 주장이라는 암시도 없었다. 전구가 시간의 중추적인 흐름에 변화를 일으키면서, 기도와 성서 암기, 신성하게 찾아오는 자연적인 주기로부터 등을 돌리게 했다는 것이었다. 처음 들었을 때 나는 완전히 말도 안 된다고 생각하고 묵살해 버렸다. 내게는 밤을 밝히는 능력이 자연스러울 뿐 아니라 꼭 필요하고 의심의 여지없이 좋았다. 라틴어 기도문에 얼굴을 파묻고 사는 기이한 수도승이 지금 세상 돌아가는 방식에 관해 알기나 하겠느냐는 생각이 들었다. 세월이 지나고, 빛이 항상 옳다는 주장을 불신하게 되면서, 그의 설명이 진리였다는 사실을 조금씩 느끼며 신부의 이론을 다시 찾아보게 됐다.

전 국민이 수면 부족을 앓고 있는 현재 상황이 제임스 신부의 주장을 뒷받침하고 있는지도 모른다. 충분한 수면을 취하지 못하는 사람들이 미국 전체 성인의 3분의 1 가까이 된다. 미국 질병관리본부에서는 이를 "충족되지 못한 공중보건 문제"로 지칭했다. 수면 부족은 자동차 사고, 산업재해, 만성질환 증가의 원인이다. 인공조명에 지속해서 노출되면 수면장애가 생긴다. 전자기기에서 발산되는 빛이 뇌를 활성화하고 생체 순환 리듬을 방해하기 때문에, 미국수면재단은 잠자리에 들 무렵에는 "밝은 빛을 멀리할 것"을 권한다. 질병관리본부는 "과학 기술 장비의 하루 24시간 이용"은 수면부족의 위험 요인이 된다고 보았다.

과도한 인공조명은 그 밖에도 빛 공해라는 현상을 일으켜 별이 보이지 않게 밤하늘을 씻어내고 에너지를 낭비하게 하는 데 적지 않은 영향을 끼친다. 조상들은 은하계의 장엄함을 쉽게 관찰하고, 별을 바라보며 깊은 생각에 잠길 수 있었지만 지금은 먼 거리까지 애써 이동해야만 그런 장관을 볼 수 있다. 인공조명은 직접적이고 즉각적으로 수면을 방해하고 별이 빛나는 하늘을 보기 힘들게 한다. 뿐만 아니라, 끊임없이 감각을 자극하는 문화를 형성하고 그에 따른 피해를 조장하기도 한다.

어둠이 깔리면 우리는 플러그를 꽂고, 스위치를 켜고, 작동 강도를 높인다. 충분한 전기의 힘으로 작동하는 수많은 기계가 있는 지금은 '전원 차단'을 할 필요가 없다. 자신과 다른 사람들, 이 땅을 끝없이 활용할 수 있을 것만 같다. 하늘을 쳐다볼 필요가 없다.

빛의 급증은 어둠과의 불균형 외에도, 지구에서 인간의 지배가 끝없이 확대되는 움직임을 드러낸다. 삶에서 어둠이 규칙적으로 자리하도록 두지 않고, 빛이 낮과 밤을 모두 지배하도록 내버려두면, 한쪽으로 치우친 결과를 맞이할 수도 있다. 더 많이 일하고 활동하도록 각자를 채찍질한 결과는 역설적이게도 화면에 시선을 빼앗기면서 더 수동적으로 사는 삶이다. 그 대가로 조용한 휴식, 소박한 예술적 기교, 정성 들인 농사, 집중력을 비롯한 많은 것을 잃었다. 한계가 없는 동물은 없지만 인간만큼은 예외라고 믿는다. 웬델 베리는 이 믿음이 무제한적인 소유물, 지식, 과학, 기술, 진보를 단단히 움켜쥐게 하며, 이로써 한없는 폭력, 낭비, 전쟁, 파괴를 초래한다고 경고한다.

인간은 한계가 없다는 헛된 망상에 매달려, 궁극적인 한계인 죽음을 재촉한다. 수면장애로 인해 인간이 신체적 피해를 입는 것이든, 아니면 온 생태계가 멸종하는 끔찍한 결과이든 간에, 절대 인간의 것이 될 수 없는 '무한성'을 탐하는 것은 붕괴를 자초하는 것이다. 제임스 신부는 세계가 돌아가는 방식에 관한 중요한 무언가를 알고 있었을 것이다. 우리가 어둠을 저버리고, 밤(또는 그와 관련해, 지구 내에 존재하는 모든 평형상태)을 없애버리려는 것은, 인간이 한계 없는 동물이라는 허상이 되려고 애쓰는 것이다.

기독교의 신비주의적 전통에서 어둠은 영혼의 여행을 위해 꼭 필요한 과정이다. 이때의 어둠은 몰아내고 퇴치해야 할 악의 세력이 아니라, 긍정적인 선의 영역이다. 어둠은 믿음이 있는 자들이 신을 만날 준비를 하게 한다.

16세기 스페인 신비주의자인 '십자가의 성 요한'은 영혼이 신에게 받아들여질 준비를 하는 여정을 자세히 설명한다. 신성한 합일로 가는 길에는 모든 사람이 정화와 준비의 시기, 즉 '영혼의 어두운 밤'을 반드시 거쳐야 한다. 이곳에서 영혼들은 신이 베푸는 사랑의 헤아릴 수 없는 기쁨을 맞이할 준비를 한다. 어두운 밤 동안 영혼은 마치 도가니 속의 금처럼 정화될 때까지 완전히 그 껍질을 벗겨내는 고통스러운 과정을 거치지만 여기서 경험하는 어둠이 악은 아니다. 오히려 반대로 요한은 어둠을 '이 행복한 밤'이라고 부르며, 이 밤은 '영혼에게 신이 깃들어 있음'을 보여준다. 행복하고도 어두운 밤은 신을 완전히 수용하기 위해 꼭 필요하다.

어둠은 더 눈부신 땅으로 가는 길에 잠시 머무는 계류지에 불과한 것이 아니다. 어둠은 그 사람이 거주해야 하는 곳이다. 트라피스트회(성 베네딕토의 규율을 따르는 가톨릭교회의 수도회로 기도와 침묵 등 엄격한 규율을 강조한다—옮긴이) 수도사 토머스 머튼은 "어둠은 충분하다"라는 글을 남겼다. 이 구절은 1941년 그가 겟세마니에 있는 수도원에 들어간 지 2주가 지난 후 크리스마스를 맞아서, 자정 미사를 보기 몇 시간 전에 어둠 속에서 쓴 기도문의 마지막 줄이다. 어둠은 충분할 뿐만 아니라 사람들을 자유롭게 한다. "오, 주님. 밤은 자유의 시간입니다." 머튼은 수도원에서 화재 감시자로 야간 순찰을 돌았던 일을 떠올리면서 이렇게 적었다. "밤은 결코 죄를 감추기 위해 만들어진 것이 아니라, 너그러움을 무한히 확장하고 우리 영혼을 별들 저 너머로까지 보내는 시간이다." 그는 밤을 공개적으로 지지하면서 어둠을 무지나 악과 동일시하는 서술을 무너뜨린다.

어둠과 빛의 경계에 서다

　　　　　　　　　　　　　외할아버지가 돌아가시기 4년 전인 2010년, 나는 시나이산 정상에서 어둠과 빛의 상호보완적인 관계와 관련된 아주 놀라운 경험을 했다. 사실 내가 하려는 이야기는 초자연적인 내용은 아니다. 내 얼굴에서 밝은 빛이 감돌았던 것도 아니고, 신의 계명이 담긴 서판을 받은 것도 아니다. 그러나 그 당시에 나는 엄청난 감동에 휩싸였다. 무엇 때문에 그렇게 감동을 받았는지 설명하기 힘들지만 할아버지의 장례식이 끝나고 몇 달 동안 어둠의 비유에 관해 재고하면서, 시나이산에서의 기억이 다시 뚜렷해졌다.

그날의 등산은 새벽 1시에 누군가가 찾아와 문을 슬며시 두드리면서 시작됐다. 나와 라이언 그리고 우리 부부의 친구인 맷과 하나, 이렇게 네 사람은 전날 푹푹 찌는 버스를 타고 긴 하루를 보냈던 탓에 깊은 잠에 빠져 있었다. 우리는 그날 버스로 카이로 수도권의 거리를 이리저리 통과해서 수에즈 검문소에 도착했다. 그곳을 천천히 지나, 뇌물을 건네고 시나이 반도의 군사 전초기지들을 무사히 통과해서 마침내 시나이산 기슭에 있는 성녀 카타리나 수도원에 도착했다. 문을 두드리는 소리는 계속됐고, 점점 커졌다.

"매트, 가이드가 도착한 게 아닐까?" 라이언이 물었다.

"뭐야. 이렇게 이른 시간에." 매트가 투덜거렸다. 그는 침대에서 일어나 문을 철컥 열고, 아랍어로 몇 마디 중얼거리고는 문을 닫았다.

"가이드가 지금 출발하자는데." 매트가 말했다.

가이드 유세프는 베두인족 십 대 청년이었다. 그는 우리가 계획했던 것보다 훨씬 일찍 우리를 데리러 왔다. 그는 지체하지 말고 지금 출발해야 한다고 말했다. 어째서 그렇게 터무니없는 시간에 출발하는 것이 더 좋은지는 말하지 않았다. 그렇다고만 했을 뿐이었다. 그를 믿는 편이 현명할 것 같았다. 우리는 아직 잠이 덜 깬 상태였지만 서둘러 자리에서 일어나서 야간 산행을 시작했다. 칠흑 같은 어둠을 뚫고 추위를 헤치며 나아갔다. 낙타가 숨을 몰아쉬는 소리가 들리고 낙타 똥냄새만 풍기는 가운데, 유세프가 들고 있는 아이팟의 희미한 불빛에만 의존해 좁은 길을 따라 올라갔다. 유세프는 바위로 된 지면 위를 샌들을 신은 채로 힘도 안 들이고 걸어갔다.

거칠어진 숨소리를 죽이면서 이마와 턱에 땀이 괴어 얼음 결정이 맺혀도 무시하면서 유세프가 비추는 약한 불빛을 뒤쫓았다. 다른 순례자 대다수는 낙타에 올라타 있었고, 흡사 서 있는 것처럼 느릿느릿 움직이는 사람들이 많았다. 우리는 그들을 앞질러 지나쳐 가면서, 아무런 불평도 하지 않았다. 다음날 만난 어느 젊은 미국인 관광객에게 들으니, 정상까지 오르는 데 꼬박 3시간이 걸렸다고 한다. 유세프가 우리를 정상까지 데리고 가는데 걸린 시간은 그 절반이었다.

산행의 마지막 구간에서는 베두인족 노인들이 손에 든 작은 불빛을 따라 걸었다. 노인들은 바닥 근처에 쪼그리고 앉아서 좁고 가파른 돌계단에 불을 비춰주었다. 여기까지 올라온 등산객에게 예우를 갖추는 것이거나 비상용 조명 같기도 했다. 유세프는 바위 투성이의 경사가 급한 길을 가리키면서 "이쪽으로 가세요."라고 말했다. 그러고는 유세프도, 그가 들고 있던 불빛도 사라졌다. 그가 너무나 태연하게 그 자리에서 사라지자 나는 마음이 불안해졌다. 낯선 길을 여행하는 사람에게는 가이드가 사라지고 안 보이는 순간이 영원처럼 느껴질 수도 있다. 정상에 도착했을 때(이 시점에서는 거친 호흡을 감출 수 없었다) 유세프가 다시 나타났다. 그는 마치 '뭐가 그렇게 오래 걸렸어요?'라고 핀잔을 주는 듯한 표정으로 우리를 쳐다봤다. 그는 절벽 위에 선반처럼 튀어나온 큰 바위에 앉으라고 손짓을 하고는 다시 종적을 감췄다. 베두인 몇 명이 근처에 진을 치고 앉아 있었지만 바위 주변에는 우리밖에 없었다. 우리는 덜덜 떨면서 조금이라도 온기를 더 느끼려고 다닥다닥 붙어 앉아 어둠 속에서 기다렸다. 정신을 이토록 또렷하게 느껴본 건 그때가 처음이었다.

얼마 지나지 않아 유세프가 새벽 1시에 문을 두드려서 우리를 깨운 이유와 서둘러 산을 올라야 했던 이유를 알게 됐다. 날이 어스름하게 밝아오자, 다른 순례자들도 떼를 지어 속속 정상에 도착했다. 우리가 독차지하고 있던 자리는 이내 사람들로 꽉 들어찼다. 우리가 이 산에서 가장 좋은 명당자리를 차지하고 있는 것이 분명했다. 우리와 지평선 사이에는 아무것도 없었다.

나는 고개를 돌려 다시 황야를 바라봤다. 드디어 기다리던 순간이 왔다. 불모지 장관이 우리 앞에 펼쳐졌다. 사막의 산과 계곡 그리고 굴절되어 하늘에 둥글게 비치는 빛. 점점 차오르는 빛이 짙은 어둠을 어루만지고, 척박한 봉우리와 평야가 웅장한 모습을 드러냈다. 짙은 회색빛으로 덮여 있던 산등성이들은 짙은 남색으로, 다시 미색이 섞인 진홍색으로 바뀌었다. 낮은 지대도 마찬가지로 색을 드러냈다. 밤과 낮의 경계가 서로 교차하며 푸른색과 황금색을 서서히 맞아들였다. 금빛 나는 밝은 빛줄기가 짙은 청색의 어둠에서 제자리를 찾고, 어둠을 메우고 서로 균형을 맞춰가는 우아한 색조였다. 두 색조는 단조로운 지평선의 갈라진 끝단에 있는 가장 얇은 가장자리에서 만났다.

그 과정을 보면서 나는 토머스 머튼이 '분리의 꿈'이라고 설명했던 것과 같은 상태에서 깨어났다. 눈 깜짝할 사이에, 보편적인 물질 내에서 빛과 어둠이 결합되는 과정을 통해 지구에서 그리고 나 자신에게서 분리된 것 같은 느낌에서 벗어났다. 나는 형언할 수 없는 아름다움과 진실에 사로잡혔다. 그 느낌은 순식간에 온 만큼 순식간에 사라졌다. 색조의 결합은 다시 보이지 않는 곳으로 숨고 빛이 확연하게 우위를 점하면서 퍼져나간다. 빛과 어둠은 융합된 상태에서 벗어나 서로를 다시 뚜렷이 대조되는 위치에 데려다놓았다. 지구로서는 24시간 주기로 나타나는 내생적 활동이지만, 내게는 신비하게 다가왔다. 팔레스타인의 시인 마흐무드 다르

위시는 이런 글을 남겼다. "우리는 둘로 돌아가야 한다. 계속해 서로를 감싸 안을 수 있게 말이다."

햇빛이 산꼭대기에 엄습하자 우리는 금세 몸서리치기를 멈추고 재킷을 벗었다. 이제 하늘에 떠오른 태양은 내가 지금껏 6시에 보았던 그 어떤 태양보다도 밝게 빛났다. 마치 정오의 태양 같았다. 골짜기로 내려갈 때는 눈을 가늘게 떴다. 그러자 어두운 밤이 자비롭게 나를 보호해주었던 좁은 산길과, 급커브가 이어지는 구불구불한 길이 보였다. 시나이산 정상에서 잠깐 동안의 영광스런 순간에 나는 밤과 빛의 경계에 있는 장소에 서 있었다. 어둠에 대한 패배도, 빛에 대한 승리도 바라지 않고 완벽에 가까운 평화를 있는 그대로 맞이했다. 접촉하는 순간 시간은 충분했다. 둘이 하나가 되고, 또 한 번의 재결합을 위해 다시 둘로 갈라졌다.

빛과 어둠 사이의 흐릿한 지점을 보게 된 것은 시나이산이 처음은 아니었다. 지구 반대편에서, 시나이산에서의 시간과는 반대되는 때 그런 가장자리를 익히 봐왔다. 이 가장자리는 밤으로 가는 길목에, 낮의 햇빛과 밤의 어스름한 시작 사이에 있었다. 여기에서도 빛과 어둠의 균형이 드러난다. '골든아워golden hour'를 처음 알게 된 곳은 내가 어린 시절을 보낸 시골 동네였다.

나는 1970년대에 개발되어 인구 1만 명 정도가 모여 사는 동네의 복층주택에서 어린 시절을 보냈다. 그 동네는 인구 3만5천 명의 도시 케이프지라도의 외곽에 자리했다. 원래 가족 농장들이 있었던 곳이었다. 개발업자들은 낡은 농가들을 불도저로 밀어버렸다(어릴 때는 낡았다는 이유만으로 그 농가들을 폐가라고 생각했다). 농가들의 이름을 따서 도로명을 붙였기 때문에 농장이 있었던 유일한 흔적은 도로 표지판에서만 찾을 수 있다. 우리 집은 어느 농가의 주인이었던 오토라는 사람의 이름을 딴 오토 드라이브Otto Drive에 있었다. 뒷마당은 그의 딸의 이름을 딴 샬롯 코트Charlotte Court에 맞닿아 있고, 그 길은 다시 그의 부인의 이름을 딴 도나 드라이브Donna Drive와 교차했다. 집 앞과 옆은 이웃집이 둘러싸고 있었다. 뒤쪽도 이웃집에 둘러싸여 있어서, 도나 드라이브에 있는 다른 집들이 다 보였다. 사적인 공간은 거의 없다시피 한 집이었다.

아빠는 좁은 뒷마당에 위장 텐트를 세웠다. 텐트는 아빠가 들어가서 서 있을 수 있을 만큼의 높이에, 삼각대가 들어갈 수 있을 정도의 넓이였다. PVC 파이프들이 서로 연결된 골격에 군용 방수포가 덮인 구조로, 출입문 역할을 하는 길고 좁은 틈과 공책만한 크기의 덮개 달린 창문이 있었다. 애들이 들어와 노는 장소가 아니라는 걸 아빠가 누차 강조했기 때문에 나는 좀처럼 텐트 안에 들어가지 못했다. 텐트는 뒤뜰에 늘 자리를 지키고 있었는데, 새 물통, 팬지 화분, 레진으로 제작한 성모마리아상을 포함해 마당의 다른 장식품과는 하나도 어울리지 않았다. 이웃들이 이미 아빠의 취미생활을 알고 있었다고 해서 내가 느끼는 창피함이 덜했던 것은 아니다. 아빠도 교외 주택가에 사는 다른 평범한 아빠들처럼 잔디를 가꾸거나 집을 수리하는 취미를 가졌다면 얼마나 좋았을까? 아빠는 저녁을 먹고 나면 텐트로 들어가서 새들 사진을 찍었다. 법을 집행하는 업무를 보면서 쌓인 긴장에서 벗어나기 위해서였을 것이다. 아빠는 창문 덮개 틈으로 망원렌즈를 길게 조절해 놓고서 홀로 조용히 기다렸다.

아빠는 낮 시간을 직장에서 보내기 때문에, 저녁 식사 이후에 사진을 찍을 수밖에 없었다. 한때는 그 시간에는 사진 찍기 어렵겠다고 생각했는데, 알고 보니 꼭 그렇지만은 않았다. 아빠가 아침과 저녁에 빛이 들고 질 때가 최고의 사진을 찍을 수 있는 골든아워, 즉 절호의 타이밍이라고 이야기해 주었다. 이른 아침에 찾아오는 골든아워(가령 내가 시나이 산에서 경험했던 것과 같은 시간)는 출근 준비로 시간을 맞추기가 힘들 뿐더러 아빠는 아침형 인간과 거리가 멀었다. 그에게 골든아워에 대한 이야기를 들었기 때문에 골든아워를 주로 저녁에 찾아오는 시간대라고 알고 있었다. 한낮의 햇빛은 완전한 직사광선이어서 그 절묘함을 포착하기가 힘들지만 '마법의 시간'이라고도 불리는 골든아워는 빛을 받는 대상을 따뜻하게 하고 적절한 질감을 주어서 대상물이 화려함을 한껏 발산하도록 한다.

직사광선은 빛과 어둠의 대비를 극명하게 해서 가차 없이 내리쬐는 밝은 빛에 에워싸인 짙은 그림자를 형성한다. 한낮의 빛은 침투성이 너무 강하다 보니 자기 자신을 휘감는 경우도 있다. 대상물에 타는 듯한 빛이 내리쬐면서 윤곽이 타 없어지고, 이미지의 색이 바래는 것이다. 극명한 대비를 못 이기고 대비 자체가 사라진다. 반면에 골든아워의 빛은 극명한 차이에서 벗어나서, 대상물을 포용하며 그림자를 은은하게 드리우고 부드럽게 감싸 안는다. 한낮의 태양은 위에서 내리쬐지만, 골든아워의 빛은 비스듬한 각도로 내리비친다. 골든아워의 빛은 수직보다는 수평에 더 가까운, 평등한 빛이다. 빛-어둠의 이중성은 태양빛이 강한 한낮에 가장 극명하게 드러나고, 골든아워에 약하게 나타난다. 골든아워에는 빛과 그림자가 수렴되어 복합적인 하나의 이미지를 만든다.

밝고 선명한 오색방울새, 날개 부위의 색이 다채로운 벌새, 가슴 부위가 적갈색인 파랑새 등 아빠가 찍은 새들 사진은 액자에 담겨 집 안 벽 곳곳에 걸렸다. 사진에서는 따뜻한 느낌, 경이로운 안도 감, 골든아워 덕분에 가능했던 순간의 포착, 그의 인내심 있는 관찰력이 묻어났다. 이웃들은 깜박거리는 텔레비전 화면 불빛 앞에 앉아 반복되는 뉴스가 웅얼거리듯 흘러나오는 것을 들으며 집 안에서 시간을 보냈다. 하지만 아빠는 내가 그토록 창피하게 생각하던 손수 만든 텐트에 자리를 잡았다. 그러고는 새들의 우아한 비행, 변해가는 하늘빛에 비친 생식깃nuptial plumage(번식기에만 돋아나는 아름다운 깃털—옮긴이)을 카메라에 담기 위해 조용히 황혼 속에서 기다렸다.

골든아워에 머무르다

왜 그런지는 정확히 모르겠지만, '골든아워'라는 단어는 과거의 한 기억으로 나를 이끈다. 대학 1학년을 마치고 여름방학을 맞았던 새천 년의 마지막 여름의 일이었다. 마음 한편으로는 망설였지만 나는 카리스마 있는 어느 교수님의 권유를 받고, 해외 유학을 떠나기로 결심했다. 가족 중에는 처음으로 해외 생활을 하게 된 것이었다. 혼자 비행기를 타는 것도 처음이어서 겁이 났다. 내가 선택한 "빅토리아 시대 런던"에 관한 주제가 과연 배울 가치가 있는 전공인지 걱정스럽기도 했다.

어느 날 저녁, 나는 런던의 햄스테드 히스의 언덕 위에 있는 존 키츠의 집을 찾아갔다. 당시 열아홉 살이었던 내가 키츠를 알게 된 지 얼마 안 됐을 때였다. 아파하는 마음, 아름다움과 진실로 흠뻑 젖은 펜, 결핵으로 25세의 나이에 이른 죽음을 맞은 그의 삶에 관심이 갔다. 해가 지는 가운데 나는 그의 집으로 추정되는 곳에 이르렀다.

구조는 거의 기억나지 않는다. 단지 낮 시간이 끝나갈 무렵이었으며 오래된 거리와 고목들을 보았고 절망이 가득했다는 생각만 난다. 미국 중서부의 소도시에서 자란 어린 소녀가 집을 떠나 육지와 바다 위로 4,000마일을 날아와 하루가 저물어갈 무렵에 키츠를 찾아왔다. 마음이 슬픔으로 가득 차서, 일기에 이렇게 적었다. "키츠의 인생 시간표에 따르면, 내게는 살고 사랑하고 글 쓸 시간이 6년 남았다. 그는 반드시 죽을 수밖에 없는 운명적 아름다움과 함께 살다 갔고, 나도 그럴 것이다. 나도 그래야 한다."

나는 어린 나이였던 그때를 비롯해서 평생에 걸쳐 '골든아워'와 같은 의미심장한 순간에 몰입하는 경향이 있다. 그런 순간에는 삶과 죽음의 옅은 경계가 나를 자극해서, 무감각한 상태에서 나를 깨운다. 살면서 혹은 하루를 보내면서, 그저 바라볼 수만 있을 뿐 결코 어떤 의지도 품을 수 없는 순간이 있다. 평상시에는 가까이 갈 수 없는 저 심연으로부터 세상에서 하나뿐인 내 마음이 부풀어오를 때 말이다.

키츠의 〈나이팅게일에 부치는 노래〉에서 "부드러운 밤이여 Tender is the night"라는 인상 깊은 짧은 구절은, 골든아워를 한 번 더 접했을 때 새로운 의미를 찾는 계기가 되었다. 키츠는 검은색을 일탈과 동일시하고 어둠을 폭력과 동일시하는 일반적인 사고에 맞서서, 가슴이 미어질 듯한 '부드러운'이라는 표현을 밤에 갖다 붙였다.

이런 밤은 세심하고, 은은하고, 온화하다. 대조적으로, 매서운 정오의 빛은 부드러운 밤을 이기지 못하고 자리를 내준다. 부드러운 밤은 평화를 데리고 온다. 부드러운 밤은 날카로운 모서리를 둥글게 만든다. 세상을 분열시키고 밀의 겉껍질을 경솔하게 벗겨 버리는(값어치 있는 것에서 값어치 없는 것을 성급히 제거하는) 칼날을 무디게 한다. 밤이 오면 세상을 갈라놓는 일을 잠시 중지하기 때문에, 밤은 통제에서 벗어나고 항복한 것처럼 자유로워진다.

키츠는 '향기로운 어둠'으로 표현되는 밤에, 나이팅게일 한 마리가 지저귀는 소리를 듣는다. 깨어 있는 상태와 잠든 상태의 중간 지점으로 자신을 부르는 것이었다. 그는 안락한 죽음과 반쯤 사랑에 빠진다. 잠을 자는 상태와 깨어 있는 상태가 부드럽게 겹치는 지점을 찾고, 죽음과 삶을 동등하게 사랑한다. 둘 중 어떤 것도 무시하지 않는다. 골든아워는 그렇게 해서 부드러운 밤으로 통하는 길이 된다.

골든아워golden hours 가 노년golden years 에 관한 고민에 있어 해결책을 제시할 수 있지 않을까? 노년은 사람들에게 실망을 안긴다. 병실에서 혹은 무덤 옆에서 눈물을 흘리고 이를 갈면서, "이때(노년)가 인생에서 가장 특별한 황금기가 되어야 하는 것 아닌가요?"라고 호소하는 것을 수도 없이 들었다. 그러나 실제로는 질병, 만성 통증, 경제적인 문제, 가정불화, 치매, 인생에서 일상적으로 겪는 모순적인 상황들이 삶을 가로막거나 마감하게 한다. 그리고 노년이라는 시기를 인생의 보상으로 여기는 경우가 너무 많다. 노년에 앞선 수십 년 동안 맡은 의무를 다하고 곤경을 겪어낸 데 따르는 보상이 주어지는 시기로 여기는 것이다.

노년은 우리가 주어진 순간에서 멀어지는 것이 아니라 그 안으로 더 깊이 끌려 들어가는 시기일지 모른다. 노년에는 굳이 애쓰지 않아도 저절로 골든아워에 이른다. 골든아워는 우리에게 다가와 마음을 움직이고 더 깊은 앎으로 이끈다. 덧없음을 깨우치게 한다. 순식간에 지나가는 그 아름다움을 알아챘는지의 여부와는 상관없이, 골든아워는 우리에게 다가왔다가 홀연히 떠나간다. 골든아워는 어둠과 균형을 이룬 너그러운 빛으로, 우리 자신, 다른 사람, 우리를 둘러싼 세상을 돌아보게 한다.

가든스 치매요양소 복도 끝에 있는 벽 안쪽으로 움푹 들어간 공간에, 어느 아들과 어머니가 나란히 앉아 따스한 햇볕을 쬐던 모습이 떠오른다. 아들은 사진첩을 사이에 놓고 한 장 한 장 천천히 넘겼다. 그는 가끔 손가락으로 사진을 가리키며 몇 마디 했지만, 대체로 침묵을 지키고 있었다. 그의 어머니는 만족하는 듯했다. 두 사람은 매일 오후에 이렇게 앉아 있었다. 아들은 일과에 대해 이렇게 설명했다. "오랜 시간 충분히 기다리면 항상 뭔가가 오기 마련이지요." 당시 내가 그곳 목사로 부임한 지 얼마 안 되었을 때라서, 그런 모습에서 느껴지는 엄청난 은혜는 참 생소했다. 이후 그에게서 얻은 지혜를 일종의 입문 단계로 삼고 치매인을 돕는 내 일에 관해 일종의 세례를 받은 것처럼 생각하고 있다. 오랜 시간 충분히 기다리면 항상 무언가가 온다. 기다려야 한다. 충분히 오랜 시간 말이다. 나는 헨리 데이비드 소로가 숲에서 보냈던 고요한 세월을 말할 때 "시간이 더 줄어드는 것이 아니라 평소의 허용량보다 훨씬 많아진다"라고 했던 것처럼 기다림을 이해하려고 애쓴다.

어둠이 다가오자
삶의 본질은 더 뚜렷해졌다

우리 외할아버지는 무대의 중앙에 서서 스포트라이트를 받는 것을 좋아하셨다. 교회에서 독창을 하고, 로터리클럽의 지역 회장을 지내고, 재향군인 모임을 조직하고, 모임 회보를 만들었다. 할아버지는 명성을 두려워하지 않았다. 그는 항상 중요한 프로젝트를 진행하고, 지도하고, 분주히 활동했는데, 누가 보기에도 명확히 드러나는 그런 열정은 할아버지를 빛나게 했다.

나는 그분을 존경했지만 친밀감을 느끼지는 못했다. 할아버지는 늘 저 멀리, 무대 위에 있는 것처럼 느껴졌다. 무대 조명은 본래 구조적으로 관객들이 배우를 더 잘 볼 수 있게 하지만, 배우가 관객을 보는 것은 힘들게 되어 있다. 할아버지와의 관계에서, 나는 즐겁게 관람하는 관객 같은 기분이 들었다. 할아버지를 늘 바라보기만 하고, 할아버지에게 내 모습을 보여준 적은 없었다. 반면 저 멀리 무대 위에 있는 할아버지는 남들이 지켜보는 가운데 서 있었지만, 무대 너머를 제대로 보지는 못했다. 언젠가 외할머니가 내게, 자신의 역할은 남편을 위해 '박수쳐주는 사람'이라고 말씀하신 적이 있다. 그런 것을 보면 할머니도 관중의 입장에서 할아버지에게 거리감을 느끼셨을 것 같다.

2002년에 결혼식을 올린 지 얼마 지나지 않았을 때, 나는 남편 라이언과 외할아버지와 외할머니를 뵈러 갔다. 할아버지는 3대 테너(플라시도 도밍고, 호세 카레라스, 루치아노 파바로티)의 앨범을 틀어놓고 계셨는데, 소리가 얼마나 큰지 보통 사람이 상상할 수 있는 최대 수준의 음량이었다. 귀가 터질 것만 같았다. 참고로 할아버지는 청력이 안 좋기는 했지만 그렇게까지 소리를 높여야 할 만큼 나쁘지는 않았다.

잠시 뒤 할아버지는 일어서서 오페라식 창법으로 노래를 불렀다. 머리를 위로 들고 한 손을 앞으로 내미는 동작을 취하는 할아버지의 모습은 마치 삼대 테너와 함께하는 네 번째 테너 같았다. 할아버지는 케이스에서 트롬본을 꺼내서 우리를 위해 몇 곡을 연주했다. 우리는 양 무릎을 가슴에 붙인 자세로 오토만(등받이가 없고 쿠션이 두툼한 긴 의자—옮긴이)에 앉아, 마치 초등학교 학생이 된 것처럼 할아버지를 바라봤다. 오디오 기기 작동이 서툴고, 말하면서 몇 가지 단어를 떠올리지 못해 애를 먹는 등, 할아버지에게서 치매 초기 징후일지 모를 특이점이 몇 가지 있었다. 앞에서 공연을 선보일 때는 평소보다 약간 과했을지는 몰라도 그다지 특이한 부분은 없었다. 다만 그때 새로웠던 건, 무대의 거리가 인간관계에서 얼마나 큰 중압감을 줄 수 있는가를 난생처음 느꼈다는 점이었다. 나는 엉덩이가 의자에 붙은 것처럼 꼼짝 않고 앉아 옆에 나란히 앉은 남편과 함께, 할아버지에게 정중히 박수를 보냈다.

여러 해가 지나고 할아버지의 치매가 훨씬 심각해졌을 때, 무대의 조명이 어두워지고 객석의 조명이 차츰 밝아지면서 예전에는 몰랐던 할아버지의 다정한 면모를 느끼게 됐다. 할아버지는 더 이상 무대에 올라가지 않았다. 휠체어에 앉아, 요양원에서 생활하셨다. 그곳 사람들에게는 할아버지가 퇴역 군인이라는 사실 말고는 아무것도 알려져 있지 않았다. 할아버지는 별로 말을 하지 않았지만, 이따금씩 콧노래를 흥얼거렸다. 그 무렵의 할아버지는 내 기억에 촛불과 같은 이미지로 남아 있다. 그가 뿜어내는 둥그런 빛은 작지만 따뜻했다. 고요한 분위기가 새롭게 형성되어서 젊은 시절의 부산스러운 기질을 퇴색시켰다.

처음에는 희미하게 퇴색된 할아버지를 반갑게 맞아들이기가 힘들었다. 그동안 대단히 밝은 빛을 오래 바라보았던 터라, 흐릿한 어둠에 눈이 쉽게 익숙해지지 않았다. 맨 처음에는 아무것도 볼 수가 없었다. 그러나 일단 약한 빛에 적응이 되자, 나는 뭔가가 빠져나간 듯한 안도감을 느꼈다. 나는 태어나서 처음으로 할아버지와 마주앉아 눈을 맞췄다. 무언가를 보거나, 듣거나, 박수치는 일은 이제는 없었다. 예전에 할아버지가 강렬한 빛을 내뿜던 시절에는 할아버지가 내 시선을 사로잡고 존경심을 자극했을지 모르지만 정을 느끼기는 힘들었다. 그런데 어두워지는 빛의 범위에 새로 들어선 할아버지는 매력적이고, 온화하기까지 했다.

이 글에서 할아버지 이야기가 자주 등장하는 이유는, 우리 두 사람의 관계에서 놀라운 변화 과정을 분석하려고 애써왔기 때문인지도 모른다. 얼핏 생각하면 치매가 사이를 틀어 놓으면서, 한때 가깝게 지내던 사랑하는 사람과의 관계가 소원해지게 되었을 것 같지만 실은 그렇지 않다. 내가 할아버지를 마지막으로 찾아가서 함께 시간을 보냈던 때는, 과거에 할아버지와 함께했던 그 어떤 시간보다도 기억할 가치가 있고, 의미 있고, 마음이 그에게 한 발 더 가까이 다가간 시간이었다. 처음이자 마지막으로, 우리 사이의 거리가 건널 수 있는 거리처럼 느껴졌다. 할아버지의 빛이 더 이상 그의 은은한 그늘을 밀쳐 내지도, 나를 멀리 쫓아내지도 않았기 때문이다.

드디어 강렬한 빛 때문에 아무것도 볼 수 없는 상태에서 벗어나, 할아버지라는 사람 자체를 희미하게나마 볼 수 있게 됐다. 그도 옆에 있는 나를 볼 수 있었을 것이다. 객석에 앉은 관객으로서가 아니라, 어둑해진 빛을 받으며 함께하는 벗으로서 말이다. 할아버지 생의 마지막 몇 달 동안 빛이 어둠의 위치와 동등해진 것처럼 보였다. 나도 넋을 잃고 바라보는 관객이 아니라, 후디니의 조수였던 도로시처럼 무대 보조자가 되어 그가 사라지는 과정을 옆에서 보면서 무대에서 그와 함께했을지 모른다.

할아버지가 돌아가시기 전 내가 마지막으로 찾아갔던 날 오후에, 우리 두 사람은 바깥에 마주앉았다. 할아버지는 휠체어에, 나는 벤치에 앉았다. 우리는 재향군인 보호시설의 앞뜰에서 대왕참나무를 바라보고 있었다. 할아버지와 대화를 나눠보려고 여러 번 시도했지만 전부 실패하고, 침묵이 이어졌다. 나는 원래 침묵을 몹시 당황스럽게 여기지만, 그날은 잠시 동안 그저 가만히 앉아 귀 기울여 들어보고 싶은 마음이 들었다. 진입로에 걸려 있는 깃발들이 나부끼고, 차량이 멀리서 지나다니고, 새들이 나뭇가지를 이리저리 옮겨다니는 소리가 들렸다. 그늘이 점점 더 길어지고, 해질녘이 다 되어 갔지만 아직 해가 떨어지지는 않았다. 이제는 정적을 불편하게 느꼈던 마음이 사라지고 한순간 평화가 느껴졌다. 아련하게 들리는 소리와 정적이 흐르는 시간 그리고 골든아워가 다가오면서 앞으로 맞이할 이별의 아픔을 달래주었다.

토머스 머튼은 켄터키 시골에 있는 수도원에서 신과의 교감에 관해 남긴 글에서 신과의 대화를 "오후, 정확히 말해 주님의 오후에 담긴 소박하고 명료한 실제성에 사로잡히는 것"이라고 서술한다. 고독한 상태를 유지해야 한다는 그의 소명을 특별히 되새기도록 하는 것은 빛이 저무는 시간이었다. 머튼은 그 시간을 "그림자가 점점 더 길어질 신성한 순간"이라고 명명한다. "작은 새 한 마리가 백향목에서 조용히 지저귀고, 차 한 대가 저 멀리에서 지나가고, 참나무 잎들이 바람에 움직이는 …" 소박하고 명료한 실제에 주목하고, 그는 이렇게 선언한다. "내가 그 안에 들어가 있을수록 그것을 더 사랑하게 된다. 언젠가는 그것이 나를 완전히 사로잡아서, 아무도 나를 다시 보지 못할 것이다." 길어진 오후의 그늘이 머튼의 주장을 확인하게 해준다. 낮이 어두워지면서 그는 고독해진다. 머튼은 숲의 신성성에 크게 감동한다. 새들의 지저귐, 백향목, 바람, 잎사귀, 멀리서 지나가는 차량. 그의 말로 "기도 중에 지나가는" 소박한 구성요소다. 머튼은 점점 커지는 그늘이 자신을 장악하고 완전히 소유하기를 바란다. 자신이 그늘과 융합되어, 결국 그늘 안에서 사라지길 바란다. "아무도 나를 다시 보지 못할" 때까지. 머튼은 더 이상 구별되는 별개의 개체가 아니라, 순간의 신성성, 오후의 고독, 즉 신과의 합일을 상상한다.

　다음번에 내가 할아버지를 보았을 때 그는 회색 양복을 입고 관에 누워 평화로운 휴식에 완전히 귀의했다. 할아버지는 정물화보다 더 정지된 상태처럼 보였다. 이제 그를 두 번 다시는 볼 수 없게 됐다.

행복에 겨운 밤의 시간에
자리를 내어줄 때

　　　　　　　뉴저지 조각공원에 방문했던 때를 다시 떠올려 본다. 앙리 루소의 〈꿈〉을 조각으로 만든 스워드 존슨의 작품을 관람하고 작품 밖으로 나왔을 때는, 이미 저녁이 깊어져 골든아워가 거의 끝나가는 시점이었다. 너무 어두워 하는 수 없이 플래시의 강렬한 빛을 사진에 허락해야만 겨우 사진을 찍을 수 있었다. 가까스로 풍경을 투사할 정도의 빛만 있어서, 이것과 저것을 구분하는 수천 개의 지점들을 파악할 수 없었다. 어둑해지는 세상 속 형체들이 전보다 끈끈하게 서로 결합하면서, 사물을 구분할 수 있게 하는 지점들은 지는 해와 함께 사라졌다. 지상에 올라와 있는 뿌리들은 어둠 속의 작은 파도처럼 보였다. 나뭇가지들은 휘어져서 서로 닿았다. 어떤 가지들이 언제, 어디에서 흔들리고 있는지를 알아보기가 힘들었다. 나는 바람소리를 듣고 대부분을 파악했다. 눈으로 보고 확인할 수 있는 영역은 점점 줄어들었다. 나뭇가지 끝부분과 작은 잎사귀들은 하나의 실루엣, 즉 자기 자신과 융합했다.

공원 출구를 향해 가는 길에 옆길로 살짝 우회해, 스워드 존슨이 앙리 마티스의 〈춤〉을 조각으로 만든 작품을 발견했다. 굴곡이 뚜렷한 몸매를 가진 벌거벗은 여인들이 서로 둥글게 서서 손을 잡고, 빙빙 돌고 있는 형상이었다. 벌거벗은 여인들의 조각은 각각 약 2.5미터 높이이며, 알루미늄으로 제작됐다. 이들은 한데 모여서 아주 높은 큰 원을 형성한다. 존슨은 이 작품에 〈백일몽The Daydream〉이라는 제목을 붙였다. 존슨은 이 작품을 조각으로 연출하면서 원의 한 가운데에서 비스듬히 누워 있는 남자를 추가로 만들어 넣었다. 이 남자는 양팔에 머리를 베고 누워서, 춤추는 여인들을 기분 좋게 바라보고 있다.

나는 백일몽에 잠겨 누워 있는 남자 조각상 위를 지나서 큰 원 밑에 서서, 둥글게 돌며 손을 잡고 있는 거대한 여인들을 눈을 크

게 뜨고 바라봤다. 그들이 천천히 춤을 추면서 오후의 빛을 떠나
보내고 행복에 겨운 밤의 시간에 자리를 내어줄 때, 근육이 잘 발
달한 그 여인들의 팔에 생긴 긴 그늘이 나를 에워쌌다.

6장

실제와 실제가 아닌 것 구분하기

나의 몽유병 경험

내가 잠을 자면서 해봤던 일을 몇 가지만 적어보면 다음과 같다. 우선 내 방에 있는 무거운 서랍장을 옆으로 밀어놓았다. 서랍장이 방문을 막고 있어서 부모님이 내 방에 들어오지 못한다고 생각했기 때문이다. 거실에서 잠을 자고 있는 손님들에게 담요가 필요하다며, 내 침대 위에 깔려 있던 담요를 벗겨냈던 적도 있다. 또 출근 준비를 한다고 새벽 2시에 샤워를 하기도 했다. 친구가 아기 돌보는 것을 깜박 잊어버렸다고 생각해서, 친구의 아기를 찾는다고 아파트를 미친 듯이 뒤졌다. 내 침대에 뱀이 있다고 생각해서 소파에서 잠을 잤다. 손님들이 곧 올 것이라고 생각해서 세면대를 청소했다. 또 손님이 손을 베었다고 생각해서 구급약품상자를 꺼냈다. 물론 이런 사례에서 부모님, 손님, 아기, 뱀이 실제로 있었던 건 아니다. 서랍장이 문을 막고 있지도 않았고, 출근할 시간도 아니었으며, 다친 사람이나 아기 돌보는 것을 잊고 있었던 사람도 없었다.

내가 몽유병 증세를 보일 때, 옆에서 남편 라이언이 내게 무엇을 하는지, 왜 그러는 것인지를 물어보았지만, 나는 어떤 상황인지 상대방이 이해할 수 있게 논리적인 이야기 구조로 설명하지 못했다. 모호한 말로 이렇게 대답할 뿐이었다. "그냥 이것 좀 하려고." "그 사람들이 곧 올 거야." "그거, 사라졌어?" 내가 주로 대명사(이것, 그것, 그 사람들)를 사용했기 때문에, 라이언은 그저 상황을 추측해야만 했다.

몽유병 증세를 보일 때 나는, 정확히 규정된 줄거리보다는, 어떤 '것 같은' 느낌에 따라 생각하고 행동한다. 그때는 이유가 있어서 행동하는 것이지만 자세한 내용은 명확하지 않다. 명확한 장면을 보는 게 아니라 어떤 인상을 느낀다. 예컨대 구급약품상자를 꺼냈던 경우, 아파트에 있는 누군가가 다쳐서 도와야 한다는 생각이 뚜렷했다. 집에 온 손님이(여성이고, 내 친구인 듯했다) 왜 피를 흘리고 있는지, 왜 내가 그녀와 대화를 나누지 않은 것인지는 명확하지 않았다. 꿈에서의 논리는 이랬다.

아파트에 누군가가 있는 것 같아. 내가 아는 사람. 뭔가 필요한 것 같은 사람. 오, 그래, 내 친구가 여기 있는 것 같아. 그런데 아, 안 돼, 그녀가 다친 것 같아…. 베었나봐…. 피를 흘리네! 뭔가 해야겠다. 그래, 옷장에 구급상자가 있지! 어딘가에 놓아야 하는데…. 어디다 놓아야 눈에 띌까? 아, 부엌 식탁. 내가 해야 할 일은 더 없을 것 같다. 이제 다시 자야겠어.

라이언은 수면 상태에 있는 나에게, "거기엔 아무것도 없어", "얼른 이리 와서 다시 누워", "그러지 마" 등의 이야기를 건네면서 내 행동을 바로잡으려고 애쓰곤 했다. 노력은 좀처럼 소용이 없었다. 정신을 차리게 만들려는 그의 시도에 나는 상처를 받거나 당황했고, 여전히 꿈의 세계 속 가상 현실에 반응했다. 라이언은 나를 안심시키고 달래는 편이 효과가 더 좋다는 사실을 알게 됐다. 이를테면 이렇게 대답하는 것이다. "이제는 전부 다 괜찮아졌어." "내가 아침에 가져올게." 내게 어떤 특정한 에피소드가 있을 때는 방해하지 않는 편이 낫다는 것도 배웠다.

몽유병 증세로 나 자신이나 다른 사람을 다치게 만든 경우는 전혀 없었다. 그리고 일어나서 돌아다니다가도 보통 몇 분 내에 다시 잠자리로 돌아온다. 라이언이 간섭하지 않고 내버려두면, 나중에 잠에서 깼을 때 재밌는 이야기를 전해들을 수 있었다. 가령 내가 침실 문가에 서서, 마치 변호사 같은 분위기로, "코카인은 사용해본 적이 없으니, 그건 배제해도 됩니다!"라고 말했던 때나, 침대에서 일어나 앉아서 "엄청 크네요. 한번 잡아 봐도 돼요?"라고 이야기했던 경우가 있다. 특히 두 번째 사례는 빤하고 유치한 이유로 남편이 가장 재밌어했던 에피소드였다.

한번은 친구와 하룻밤 같은 공간에서 잠을 잔 적이 있는데, 그 친구는 내게 몽유병이 있다는 사실을 알고 혹시라도 내가 무슨 짓을 할까 봐 무서워 잠을 못 이루고 마음 졸였다. 그 친구는 내가 섬뜩한 사람으로 돌변할 것이라고 생각한 것이다.

사람들은 흔히 몽유병자들을 두려워한다. 나는 라이언 외에 다른 사람과 함께 있거나, 집이 아닌 다른 장소에서 잠을 잘 때는 몽유병 증세를 보이지 않는다. 대부분의 몽유병 환자들과 마찬가지로, 시공간 감각은 흐리멍텅하거나 완전히 빗나가 있지만 나는 스스로에 대한 감각을 손상 없이 유지한다. 자제력을 잃지도 않는다. 원래 성격과 달리 과격하게 행동하는 경우도 없다. 비록 기이하거나 난해할 때도 있지만, 어떤 동기가 있다. 나의 몽유병 증세는 무모하거나 특이하거나 비이성적이라기보다는 정상과 거리가 멀고 정상에서 크게 벗어나 있거나 논리 구조가 해체되어 있다.

몽유병 증세가 있을 때 겪은 내용을 이후에도 일부 기억하기도 한다. 특히 다음날 아침에 내가 했던 말이나 행동에 대해 라이언이 질문할 때는 더 잘 기억한다. 몽유병 증상이 나타날 때 나는 완전히 잠에서 깬 것도 아니고(만일 그렇다면 행동을 멈출 것이다), 완전히 잠든 것도 아닌(만일 그렇다면 다음날 아침에 거의 아무것도 기억하지 못할 것이다) 중간지대에 있다. 감정과 행동의 동기를 부분적으로나마 느끼고 꿈의 조각들을 인식할 수 있지만, 꿈 전체를 하나의 확실한 이야기로 엮을 수는 없다. 꿈 내용이 기억에서 계속 오락가락한다. 안정적인 하나의 줄거리로 정리하지 못한다.

신기하게도 몽유병 덕분에 화가 클로드 모네를 새로운 눈으로 바라보게 됐다. 미술관에 가면 모네의 전시관을 아예 건너뛰거나 잠깐 훑어보고 지나가기만 했다. 모네의 작품은 내가 바라는 가슴 뭉클한 감흥을 불러일으키지 못한다고 여겼다. 목가적이고 부드럽고 그저 사랑스럽다는 생각만 들었다. 모네보다는 마티스 같은 야수파 화가나 마크 로스코나 빌렘 드쿠닝 같은 추상적 표현주의

화가들에게 끌렸다. 과감하고 즉흥적인 느낌이 들어서였다. 모네의 작품을 보면 화장지 박스에 있는 파스텔 무늬를 연상할 수 있었고, 인상주의에서는 중고등학교 때 배웠던 대체로 무난하고 예쁜 회화기법이 연상됐다.

최근에 뉴욕 현대미술관에 갔을 때, 패널 세 개를 이어붙인 모네의 〈수련 연작〉(1920년대 작품인 이 그림의 정식 제목은 "Reflections of Clouds on the Water-Lily Pond"이다—옮긴이) 옆을 여느 때처럼 스치듯 보고 지나가는데, 가슴이 뭉클해지는 것을 느꼈다. 아주 강렬한 느낌이었다. 그림 속 물이 흐르고, 나도 그 그림 속을 흘러가는 듯했다. 내 꿈을 인식하는 방식으로 그 수련에 대해 알 수 있었다. 엄밀한 사실성에 의해서가 아니라, 넓은 들판에 있는 그림 속 수련의 움직임을 통해서 말이다. 작품이 인상적이었던 이유는 묘사가 정밀했기 때문이 아니라 유연하다고 느껴지는 특성 때문이었다. 반짝이는 빛, 화사한 색깔, 획의 패턴은 몽유병 증상이 나타났을 때 행동의 유동적인 연관성 그리고 느슨하게 연결된 사고의 조합과 닮아 있었다. 미술관의 작품 해설에는 이렇게 적혀 있었다. "끊임없이 변화하는 자연광과 자연색의 특성을 담아내기 위해, 공간을 암시하는 단서들을 거의 소멸시켰다. 위와 아래, 가까운 곳과 먼 곳, 물과 하늘이 온통 섞여 있다." 모네의 설명에 따르면 세 폭으로 구성된 수련 그림의 목적은 '수평선이나 둑이 없이, 물이 무한한 통일체를 이루는 환상'을 전달하기 위해서였다. 이 그림에는 공간을 암시하는 단서가 거의 없지만 복합적이고 포괄적으로 그림 속 소재들을 통합하여 무질서나 혼란이 나타나지 않는다. 마찬가지로 몽유병 증세에서도 꿈의 전반적인 줄거리를 알아볼 수 있는 단서는 없지만 무질서나 혼란을 일으키지는 않는다. 꿈에 나오는 각 개념들은 모네의 수련 그림과 비슷하게 물에 떠 있는 유동적인 상태이지만 더 큰 전체의 일부이기도 하다. 나는 내면의 움직임을 따랐다. 내면의 움직임은 흐릿했지만 기이하게도 함께 연결되어 있었다. 그 안에서 감정과 충동, 욕구와 행동, 의식과 무의식이 모두 뒤섞인다. 모네의 세계와 몽유병에 빠져 있는 내 모습은 절묘하게 겹쳤다. 수평선이 없거나 둑이 없는 물처럼 덧없는 내 꿈의 경계는 분명하지 않다.

실제와 실제가 아닌 것을
구별하는 법

가든스에서 치매인들을 대상으로 목회 활동을 하면서 개인적으로는 외할아버지와 보내는 시간이 점점 늘던 무렵이었다. 그러면서 단순히 치매인의 입장이 되어 생각해보거나 연민을 느끼는 수준을 넘어서서 그들의 경험과 감정을 조금이라도 직접 느껴볼 방법이 없을지 고민했다. 물론 타인의 경험을 전부 다 알 수도 없고 반드시 그래야 한다고 생각하지도 않지만 말이다. 혹시, 몽유병에 치매인과 나 사이를 연결해주는 뭔가가 있진 않을까?

실제로 치매인들이 쓴 글을 읽으면 치매와 몽유병은 유사한 것 같다. 41세 때 바이러스 감염으로 뇌 손상을 입은 수필가 플로이드 스클루트는 이렇게 말했다. "기억 체계가 지금과 같은 상태라면 간단한 기억들은 간밤의 꿈처럼 사라질 수 있다. 꼭 필요한 기억들은 내가 기억을 되살려보려고 할 때쯤에는 이미 사라지고 없다." 스클루트는 회고록 『기억의 그늘에서*In the Shadow of Memory*』에서, 망각을 아무렇지도 않게 받아들이게 됐지만, 그 느낌은 여전히 섬뜩하다고 묘사한다. 그는 "잠에서 깼을 때 꿈을 제대로 기억하지 못하는 것은 알츠하이머 환자들이 경험하는 기억력 저하와 비슷하다"라고 했던 하버드 정신의학과 교수 앨런 홉슨의 설명을 이해한다.

스클루트와 마찬가지로 크리스틴 브라이든도 자신이 겪은 치매 증상을 가수면 상태에서 기억이 모호하게 떠오르는 경험과 비교하고, 기억력 저하에 관한 홉슨의 설명을 증거로 보탠다. 브라이든은 자서전 『치매와 춤을: 치매를 앓으며 긍정적으로 사는 나의 이야기*Dancing with Dementia: My Story of Living Positively with Dementia*』에서 잠자는 상태와 깨어 있는 상태 사이의 세상에 살고 있다고 묘사했다. 또 자신의 상태를 어두운 형체와 실감 나는 느낌이 가득한 꿈과 일상 그 사이에 머물러 있는 것으로 정의했다. 해체와 혼동을 겪는 중에도 그녀는 종종 자문한다. "무엇이 실제이고 무엇이 진실이지?"

치매인의 상황은 꿈꾸는 상태와 비슷하다. 이런 상관관계는 그리 놀랄 만한 사실이 아니다. 두 상태에서 모두 대상을 인지하는 느낌이 변하기 때문이다. 이 유사성에 관해서는 놀랄 것도 없지만, 이런 상관관계에는 깊은 함의가 있다. 아직 치매에 걸리지 않은 사람 입장에서 꿈꿀 때의 경험은 치매인의 삶을 공감하는 데 도움을 주는 흔치 않은 수단이기 때문이다. 나는 몽유병을 앓고 있는 덕분에 치매인들이 어떤 기분인지, 내가 치매에 걸린다면 어떨지 미리 알 수 있을지도 모른다. 몽유병의 영역은 명백한 이성의 명령보다는 감정, 어두운 형체와 실감 나는 느낌, 흐릿한 논리가 지배한다. 내용과 줄거리는 차츰 기억에서 사라지지만, 의미는 사라지지 않는다. 몽유병 증세가 나타나면 나는 일시적으로 변화하고, 분열하고, 정신이 몽롱해질 수도 있지만, 감정을 느끼거나 열망하거나 생각하는 것이 멈추지는 않는다. 굳이 비교하자면 치매인도 마찬가지 상태일 것이다.

나는 몽유병 때문에 괴롭기도 하지만 어떤 꿈을 꾸느냐에 따라 그렇지 않을 때도 있으며, 항상 괴로운 것은 아니다. 나의 고통은 종종 몽유병에 대한 타인의 반응에 따라 약화되거나 심해지기도 한다. 특히 남편의 반응은 내가 내면 경험을 받아들이는 방식에 큰 영향을 끼친다. 이런 변증법을 통해 치매인이 겪는 일상의 곤경을 살짝 엿볼 수 있다. 사회의 반응은 치매인의 감정에 영향을 끼친다.

지금까지 꿈과의 유사성을 활용한 비유는 주로 공포가 가미되어 있었다. 가령 정신이 나갔다든지, 정신이 몸을 떠났다든지, '슬로 모션으로 펼쳐지는 죽음', '끝이 없는 장례식' 같은 해묵은 표현을 주로 사용했다. 이제는 이런 비유적 쓰임에서 차츰 벗어나고 있는 듯하다. 우리는 꿈을 두려움보다는 삶의 일부로 받아들인다. 비록 꿈이 다소 기이한 형식으로 구성되지만 말이다. 꿈의 은유는 다정하고 정신적인 경우가 많다.

꿈의 언어는 랄프 왈도 에머슨을 묘사한 글에도 스며들어 있다. 에머슨은 삶의 마지막 10년 동안 진행성 기억장애를 앓았다. 소설가 너새니얼 호손의 아들 줄리안 호손은 온 가족의 친구이자 이웃으로 에머슨과 오랜 세월 알고 지냈는데, 에머슨의 말년을 "이 시기에 그의 얼굴은 깨어 있는 채로 꿈을 꾸는 사람처럼 고요했다"라고 묘사했다. 그는 에머슨과 이야기를 나눌 때 "베일을 사이에 두고 이야기를 나누는 것 같았다"라고 설명한다. 에머슨을 보고 있노라면 반쯤 잠든 천사 같다는 생각이 들었다고 한다. 줄리안은 에머슨의 상태를 '반영적인 칩거'로 표현했으며, "나날의 빛은 그에게 마치 신기루 같은 것이었다"라고 설명한다. 에머슨의 또 다른 친구인 찰스 노턴은 말한다. "때로는 그의 정신이 꿈에서처럼 작용했다."

에머슨의 상태를 꿈꾸는 것에 비유했던 사람들은 에머슨의 정신이 흐릿하면서도 평온하다고 보았다. 그는 무자비한 악몽 속이 아닌, 신비한 꿈속에서 살았다. 줄리안은 에머슨이 처음 겪는 이 상태를 "감동적이며, 결코 고통스러운 상황이 아니다"라고 설명했다. 기자인 윌리엄 딘 하우얼스는 기억력이 나빠지고 나서 에머슨이 사람들 앞에서 강연하는 것을 본 후, 그가 기억력과는 무관한 정체성을 조금씩 형성한다고 했다. 그의 새 정체성을 "영혼의 순수한 집합체라는 선물"이라고 평하기도 했다. 알츠하이머를 앓는 에머슨은 정신적으로 여전히 중요하고 온전한 인간이었다.

꿈과 치매 자체를 서로 비교하는 것에 한계가 있듯이(가령 꿈꾸는 사람은 잠에서 깨어나면 확실한 재량권이 있고, 몽유병은 진행성 병도 불치병도 아니다), 수사적인 비교에도 한계가 있다. 치매에 관한 은유와 마찬가지로, 꿈꾸는 것에 관한 은유에도 부정적인 측면이 있다. 치매에 걸린 사람들이 생기 없고 나른한 꿈의 세계에 산다고 가정한다면, 치매가 없는 사람들은 깨어 있는 실제 세계에서 살아가야 한다. 꿈과 치매의 상호관련성은 치매인과 비치매인의 삶의 상태를, '꿈꾸는 것/치매 상태'와 '깨어 있는 것/비치매 상태', 단 2가지 유형으로 뭉뚱그리는 결과로 이어질 수 있다. 이런 논리로 보면, 치매인은 몽유병자들과 마찬가지로 지속적이고 성실하게 자기 삶에 참여할 수 없다. 결국 그들은 홀로 환상 속에서 살고 환상에 따라 산다. 이 관점에서는 그들을 즐겁게 해주고 도와줄 수는 있지만, 완전한 인간이나 신뢰할 수 있는 사람으로 대할 필요는 전혀 없다.

깨어서도 꿈을 꾸는, 치매를 앓는 에머슨의 사례는 이와 같은 불균형을 바로잡을 강력한 통찰을 제시한다. 그는 1844년에 쓴 에세이 「경험Experience」에서 "꿈은 또다른 꿈을 가져다주며, 환상에는 끝이 없다"라고 표현했으며, 그로부터 13년 뒤에 소론 「환상 Illusions」에서 "우리는 꿈을 꾸다가 깨어도 다른 꿈을 꾸고 있다"라고 설명한다. 지각 상태의 가변성에 관한 이 글은, 인생이 모든 사람에게 수수께끼와 환상과 같다고 주장한다. 마지막 순간은 언제든지 바뀔 수 있다. 모든 것은 고정된 게 아니라 헐겁게 풀려서 떠다니고, 쉴 새 없이 흘러가고 상승한다. 우리가 지각하는 것은 영원하지 않다. 우리는 무지의 상태에서 끊임없이 이 꿈에서 저 꿈으로 이동한다. 꿈속에서는 "인생에서 가장 중요한 사실은 숨겨져서 눈에는 보이지 않는다"라고 에머슨은 설명한다. "이리저리 부는 바람은 우리가 아무리 애를 쓰더라도 어디에서 오고 어디로 가는지 결코 알아낼 수 없듯" 말이다.

에머슨과 같은 시각은 환상의 관점에서 세상을 바라보도록 한다. 따라서 실제 세계와 꿈의 세계 사이의 냉혹한 구분이 다소 누그러진다. 환상은 보편적인 인간의 영역을 모두 아우르며, 이런 전체성은 치매를 재해석하는 데 도움을 준다. 우리가 살아가면서 수많은 꿈을 꾼다고 가정하고, 각자가 지각하는 것을 인정하고 받아들인다면, 치매를 이질적인 행동이나 일탈 행동이라고 치부하지 않고 인간 경험의 연속선상에 두고 바라볼 수 있다. 인생은 지극히 현실적인 것만 있다고 주장할 수 없듯, 그들(꿈을 꾸는 사람들, 정신이상자들)이 비현실 세계에만 있다고 치부할 수도 없다. 치매인과 비치매인 모두가 층층이 쌓인 환상의 영역을 왕래한다.

어쩌면 치매인의 인지적 분열은 모든 지식이 환상에 불과하다는 본질을 드러내는 것일지도 모른다. 치매인의 지각력이 저하하는 방식은 눈에 띌 정도로 명확하다. 예컨대 친구 이름을 잊어버리고, 파인애플을 배라고 부르고, 지금이 어느 계절인지를 잘 모르는 것처럼 말이다. 평소처럼 의사소통을 주고받기가 점점 어려워지면서 그들의 '좌절한 지성'이 그대로 드러난다(여기서는 에머슨의 이런 표현이 묘하게 들어맞는다). 그들의 정신적 특성은 느슨하게 풀려 있고 이리저리 떠다니는 듯하다. 비치매인은 그들 자신의 환상은 여전히 사리 분별이 가능하고 사회규범에 부합하며, '뇌 손상'에서 비롯된 것이 아니라고 여긴다. 그래서 비치매인은 환상에 따라 살지 않는다고들 생각한다. 이것이야말로 환상이다. 불완전하거나 왜곡된 인식은 사회가 인정한다면 그 상태로 수십 년이 지나갈 수도 있지만, 지각한 내용이 완전히 틀린 오인誤認으로 드러나면 타인과 상호작용할 때 즉시 혼란에 빠진다. 비치매인은 파인애플을 보면서 파인애플이라는 단어를 떠올리지 못하고, 남편을 오빠로 착각하는 일은 없을지 모르지만, "나는 안전해. 내일은 오늘과 비슷할 거야. 너는 마땅히 받아야 할 것을 얻을 거야"처럼, 아주 흔하면서도 더 안일하고 해로운 환상을 믿을지 모른다.

보이는 것이 전부일까?

에머슨은 「환상」의 첫머리에서, 1850년에 매머드 동굴(미국 켄터키주 중부에 있는 세계 최대 규모의 석회암동굴─옮긴이)로 여행 갔던 때를 회상한다. 관광이 끝나갈 무렵, 그를 비롯한 관광객들은 안내인의 지시에 따라 전등을 모두 소등했다. 그러자 머리 위의 동굴 천장이 어두운 우주에 별이 반짝이는 것처럼 보였다. 관광객들은 깜짝 놀라고 기뻐했다. 그는 놀라운 광경이 어떻게 만들어진 것인지를 이내 알아차렸다. 반쯤 숨겨진 램프에서 나온 빛이 동굴에 장착된 크리스털 구조물에 굴절되면서 우주처럼 보인 것이다. 에머슨은 "자연과의 대화는 보이는 것이 전부가 아니다"라고 말하며, 인간의 감각적 인식은 늘 경험을 방해한다고 주장한다. '보이다seem'라는 단어는 마치 어떤 것 같아 보이고, 어떤 인상을 주고, 어떤 식으로 나타난다는 뜻이다. 환상에 따라서 산다는 것은 보이는 것, 바뀌는 기분, 느낌의 주기적인 변화에 따라 산다는 뜻이다.

　2015년 크리스마스를 이틀 앞두고, 미국 동해안에서 미주리주까지 국토 횡단 여행을 하던 중에 나는 경로를 약간 우회했다. 남부 켄터키주로 내려가서 매머드 동굴 국립공원을 방문하기 위해서였다. 에머슨이 여행했던 때로부터 165년이 지난 뒤에, 나도 매머드 동굴 안에 직접 들어가 봤다. 이제는 관람객들이 직접 손전등을 들고 다니지 않았다. 동굴 벽의 전선에 연결된 전구들이 동굴 구조물에 부드러운 빛을 드리웠기 때문이다. 석회암 퇴적물이 전체적인 지형을 부식시켜서 마치 위궤양 환자의 위처럼 구릿빛 줄무늬가 벽을 뒤덮고 있었다. 종유석과 석순에는 배면광(피사체의 주변부를 돋보이게 하려고 피사체에서 카메라 쪽을 향해 내는 역광, 백라이트와 흡사하다―편집자)이 비치면서, 물기 있는 그림자가 생겼다. 종유석과 석순은 초등학교 4학년 때 과학 시험에서 아무리 외워도 계속 헷갈렸던 개념이었다. 나는 종유석과 석순이 마치 으깬 감자를 쌓아올려 만든 대형 탑 같다는, 4학년짜리 아이 같은 생각을 해봤다. 가이드가 벽에 있는 길고 얇은 빨대 같은 바위와 작고 울퉁불퉁한 팝콘처럼 생긴 바위를 가리켰다. 그는 팝콘 바위 옆에서 자라는 녹조류에 밝은 손전등 불빛을 비추었다. 자연적으로 자라난 것이 아니라고 설명했다. 사람들이 드나들면서 신발 밑창에 묻은 포자가 동굴 안으로 들어왔고, 백열등 전구의 열 때문에 조류들이 자라난 것이었다. LED등을 설치해서 앞으로는 성장이 억제될 것이라고 했다.

이번에는 가이드가 느릿느릿 움직이는 동굴 귀뚜라미를 향해 불빛을 비췄다. 색이 전혀 없는 귀뚜라미의 위쪽 몸체는 자신의 똥이 있는 아래쪽 짙은 색 부분에 대비되어 투명해보였다. 가이드는 석회암 표면에 있는 움푹 들어간 관 모양 자국을 보여주었다. 이 자국은 작은 나무뿌리처럼 생긴 경계선들로, 각각은 손가락보다도 얇았다. "이 경계선들로 이루어진 층 하나하나가 나중에 지금 우리가 서 있는 이곳과 같은 방이 될 겁니다." 가이드가 대수롭지 않은 사실이라는 듯 이야기했다. 그 말을 들으면서, 그렇다면 지금 우리가 서 있는 이 공간은 나중에 얼마나 커질 것인지 궁금해졌다.

매머드 동굴은 세계에서 알려진 가장 큰 동굴계다. 이 글을 쓰는 시점을 기준으로, 동굴의 총 길이는 약 645킬로미터이고 층층이 쌓이고 구불구불하게 연결된 신비로운 공간들이 그물망처럼 얽혀 있다. 가이드는 미로 같은 매머드 동굴을 스파게티를 담은 접시를 거꾸로 뒤집어 놓은 것에 비유했다. 동굴의 기이함을 묘사할 어휘가 없어서, 파스타 같은 시시한 비유에 의존하는 것이 신기했다. 이처럼 음식에 비유하는 표현이 돌로 이루어진 이 거대한 배belly에 자연스럽게 어울리는지도 모른다. 이곳에서는 마치 지구의 바깥 표면 내부로 빨려들어가 어둡고 으스스한 내장에 삼켜진 듯한 기분이 느껴지기 때문이다.

우리는 지하수가 동굴 천장의 갈라진 틈으로 폭포처럼 쏟아져 내리는 신기한 장소에 도착했다. 땅속 이 지점까지 폭포가 흘러내리면서 물방울들이 내가 있는 곳까지 튀었다. 이 폭포수는 내가 방금 발 디디고 서 있던 땅을 타고 내려와 형성된 것이다. 에머슨이 환상에 대한 논의를 시작하면서 동굴 이야기를 꺼낸 이유를 이해할 수 있었다. 오래된 바다의 잔해인 매머드 동굴에서도 시간은 여전히 흐른다. 지질학적 관점에서 매머드 동굴은 팽창하고 변화하며, 협곡, 강바닥, 평원, 해저로 바뀌고 되돌아간다. 나는 물이 빠진 대양의 바닥이었다가 물이 빠져 가라앉은 곳을 걸어보기도 하고, 명왕성에 있을 법한 음침한 분화구에 내려앉기도 하고, 저승처럼 깊고 어둑한 곳으로 내려가 죽은 자들과 함께하는 기분을 느껴보기도 했다. 마치 내 시야가 뒤집히기라도 하듯이 세상이 뒤집혀보였고, 시간과 공간을 초월하여 앞, 뒤, 위, 아래를 동시에 보는 기분이었다. 고생대와 인류세Anthropocene(인류가 초래한 지구온난화와 생태계 침범을 특징으로 하는 오늘날의 지질학적 시기—옮긴이), 조류 포자가 붙은 장화 밑창, 아주 오래된 강의 세찬 흐름, 대륙의 융기, 균형을 잡기 위해 동굴 벽에 나사를 박아 만든 난간 같은 것들이 뒤섞여 뇌리를 스쳐 지나갔다. 거대한 배와 같이 생긴 매머드 동굴은 우리를 토해낼 준비를 하고 있었을까, 아니면 뱀처럼 구불구불한 내장 안으로 더 깊이 끌고 갈 준비를 하고 있었을까?

관광 일정이 끝나서 동굴 입구로 되돌아가야 할 시간이 거의 다 됐을 때, 가이드가 잠시 눈을 감고 있어달라고 사람들에게 부탁했다. "자, 제가 셋을 셀 때까지 감고 계시면 됩니다. 하나, 다들 눈 감으세요." 가이드가 말했다. "둘, 전등을 끄겠습니다. 셋. 됐습니다. 이제 눈을 뜨세요!" 눈을 뜨고, 몇 초 동안 동굴을 본래 모습 그대로 관찰했다. 잠깐이나마 인간의 발길이 닿기 전에, 빛이 전혀 없었던 동굴의 장엄함을 느꼈다. 매머드 동굴은 사람 눈에 띄지 않고 수천 년 동안 칠흑 같은 어둠 속에 있었다. 동굴은 수평선이나 경계가 없는 무한한 전체였다. 다른 관광객들은 금세 초조한 기색을 보였다. 옆에 있던 어린아이가 "무서워"라며 칭얼댔다. '보이지 않는 것이 보이는 것보다 어떤 측면에서 더 무서운 걸까?'라는 생각을 했다. 눈을 떠도 보이지 않는 그 어둠 속에 오랫동안 머무르고 싶었다. 아쉽게도 불빛이 곧 다시 들어왔고, 섬뜩한 귀뚜라미, 어둠침침한 내부, 사람들 같은 동굴 안 형체의 윤곽이 눈에 들어왔다. 그런 모습이 실제의, 진정한 매머드 동굴이었을까?

1970년대에 초등학교를 다녔던 불교 신자인 친구가 있는데, 그 친구는 학교에서 시험을 볼 때 특성을 분류하는 문제를 늘 틀렸다고 한다. 예를 들어 어떤 요소가 동물, 식물, 광물 중에 어디에 속하는지를 묻는 질문이 있다고 한다면 특정 카테고리가 주어진 요소를 포함하는지 여부를 확정할 수 없었다. 그 요소가 발달해 온 과거의 역사를 얼마나 멀리까지 돌아보는지, 혹은 얼마나 멀리까지 앞으로 내다보는지, 아니면 얼마나 내면적으로 깊이 살펴보는지에 따라 분류 결과가 달라진다고 생각했다. 이런 맥락에서 매머드는 바다일까, 협곡일까, 아니면 동굴일까?

아빠는 평소에 알아두면 좋을 만한 잡다한 지식을 가르쳐주는 것을 무척 좋아했다. 한번은 크리스마스에 지구에 사는 가장 큰 생명체가 무엇인지 퀴즈를 냈다. "지각地殼 아닐까요?" 내가 답했다. 아빠는 실망스런 표정을 지었다. "생명체라고 했잖니. 생명이 있는 유기체 중에 말이야!" 정답은 흰긴수염고래라고 한다. 그런데 남편은 이에 동의하지 않고, 오리건주의 블루산맥Blue Mountains에 사는 뽕나무버섯honey fungus이라고 주장했다. 이처럼 인식에 관한 수수께끼는 혼란스럽다. 우주에는 발광 물질보다 암흑 물질이 훨씬 더 많아서, 보이지 않는 부분이 보이는 부분보다 6배는 많다. 또, 모래 한 알에는 온 세상이 들어있다는 말을 들은 적이 있다. 그것은 보는 관점에 따라 달라지는 문제라고 들었다.

랄프 왈도 에머슨의
마지막 10년

병원 예배당 목사 연수과정 동안, 환자의 차트를 쓸 때 '~인 듯함'이라는 표현을 사용한다는 사실을 배웠다. 환자의 차트를 기록할 때는 '~이었음'라고 쓰면 안 되고, '~인 듯함'이라고 써야 했다. 이를테면 환자가 화가 나고, 불안하고, 슬프고, 두렵고, 평안하고, 정신적으로 괴로워하고, 격한 감정에 휩싸인 '것 같다'고 썼다. 또 적절한(또는 부적절한) 지원 체계와 대처 자원이 있는 '듯하다'고 적었다. 종교 활동에서 의미를 찾는 (또는 찾지 못하는) 듯하다고도 적었다.

이 모호한 단어는 환자의 경험과 나의 평가 사이에 완충제 역할을 했다. 당시에 나는 그런 관행에 대해 별다른 생각을 해보지 않았다. 그저 이 표현이 책임의 무게를 줄여준다고 여겼다. 환자 상태를 알고 있다는 인상을 주면서도 그 자체가 정확한 진단 결과는 아니었기 때문이다. 인간의 이해력은 불완전하기 마련이어서, 나중에 시간이 흐른 뒤에야 '어떠한 듯하다'라는 단어가 품위 있는 적절한 표현이라는 사실을 깨달았다. 어떤 것을 추정하는 표현은, 자신이 알 수 있는 것의 한계를 인정하는 겸손한 표현이다. 인간의 정신은 쉽게 헤아릴 수 없기 때문에, 인간의 정신을 다룰 때는 인간이 인식하는 것의 한계에 대한 존중이 꼭 필요하다. 따라서 그런 태도로 인간의 정신을 바라보는 것은 한계를 인정하기 위해 필요한 듯하다.

하지만 전체 상황을 살피고 추측할 여력이 없는 곳이 바로 세상이다. 사람들은 정보를 원하고, 그것도 신속하게 얻고 싶어 한다. 즉시 사용할 수 있는 정보 말이다. 열 단어로 쓴 트위터 메시지가 의견을 제시하는 적절한 수단으로 받아들여지며, 트럼프 대통령은 이를 즐겨 사용했다. 사람들은 확실한 것을 원한다. 연설이나 방송에 쓰이는 어구나 서류의 주요 항목에서, 상황의 복잡성을 고려하고 신중을 기하면서 시간을 끌면 답답해한다. 지루한 진실은 징고이즘jingoism(광신적이고 호전적인 애국주의─옮긴이)에 자리를 내주기 일쑤다. 사람들은 확실한 결과를 듣고 싶어 한다. 다시 말해 누군가가 아프거나 건강하고, 잠을 자거나 깨어 있고, 흐리멍텅하거나 명쾌하다는 각각의 상태를 특정해 그것으로만 보려고 한다. 어떠한 '듯하다'고 추정하는 방식은 뒤로 밀려난다.

에머슨은 불확실성을 감수하더라도 그것이 도덕적 무관심이나 절망의 표현은 아니라고 주장한다. 추정하는 태도가 진리의 추구를 외면하거나 지적 나태함을 조장하지는 않는다는 말이다. 추정하는 태도에는 오히려 일종의 도덕적 엄격함이 필요하다. 우리가 이리저리 부는 바람이 어느 곳을 향하는지 알 수 없다고 해서 우주의 질서가 존재하지 않는 것은 아니다. 에머슨의 설명을 빌리면 "모든 것은 체계와 단계적 변화"로 이루어져 있다. 환상을 간파하고 가면을 벗겨내고 더 훌륭한 방법을 찾아내려는 노력은 계속된다. 그것을 달성하기가 아무리 힘들더라도 말이다. 궁극적인 결론에 도달하기 힘들고 이해하기 어려워서 파악할 수가 없더라도 노력을 멈추지 않는다. 에머슨에 따르면, 환상에는 실재, 진실, 정의를 향한 추동력이 있다. 그는 말한다. "삶이 마치 꿈의 연속인 것처럼 느껴질지 모른다. 그런데 시적 정의poetic justice (시나 소설 속의 권선징악, 인과응보의 사상—옮긴이)는 꿈속에서도 실현된다." 우리는 현재의 환상에 안주하지 않고, 더 높은 단계에 있는 진실과 정의를 열망한다.

에머슨은 우리가 절대적인 명료성에 도달할 수는 없지만, 대기가 깨끗해지고 구름이 조금 걷히는 순간에 희망이 깃들어 있다고 본다. "빛이 번뜩이듯 그 순간의 심오한 아름다움과 조화를 갑자기 발견하면서, 삶의 새롭고 매력적인 측면"을 언뜻 경험할 수도 있다고 설명한다. 우리는 잠깐의 순간에 오래 머무르지 않고 그런 순간에 완전히 도달하지도 못한다. 대신 우리는 '위엄과 기품'이 있는 사람이 된다. 우리는 이렇게 광활하게 흐르는 정신의 힘에 다가간다.

우리는 항상 목표에 접근하는 중이다. 비록 인간의 의식은 여전히 변하기 쉬운 상태지만, 우리 안에는 모든 감정과 정신 상태보다 중요한 위치를 차지하는 변하지 않는 부분이 존재한다. 에머슨은 '좌절한 지성'이 '형언할 수 없는 이상' 앞에 고개를 숙인다고 주장한다. 말로 표현하기 힘들 정도로 신성한 이상은 우리가 심오한 아름다움과 조화를 분별하고, 발견하고, 만들어낼 수 있게 돕는다. 이분법적 사고에 저항하면서 말이다. 이상은 무한한 실체이며, 특정한 이름으로 불리기를 거부한다고 에머슨은 주장한다. 체계적인 사상가와는 거리가 먼 에머슨은 스스로 이분법적 분류를 거부하면서, 우둔한 일관성보다는 불투명성을 선택한다.

에머슨의 전기를 가장 먼저 집필했던 작가는 올리버 웬델 홈즈였다. 그가 '에머슨의 기능 저하'라고 묘사했던 증상이 나타났던 생의 마지막 10년 동안, 에머슨이 사용했던 '좌절한 지성'이라는 표현은 그야말로 현실이 됐다. 그는 "기억이 숨어버린다"라고 설명했다. 에머슨은 기억력 저하가 성가신 것이라면서 혀가 제대로 돌아가지 않는 증상으로 아끼는 친구들을 괴롭히고 싶지 않다고 이야기했다. 자신의 결함을 유머로 돌려서 넘긴 적도 있다. 교육에 관해 강연을 하기로 되어 있었는데 그는 주제가 떠오르지 않아 이렇게 말했다. "재밌는 시간이 될 겁니다. 강연자가 무엇에 관해 강연을 해야 하는지 전혀 모르는 상태이고, 청중들은 강연자의 이런 말이 실제로 어떤 의미인지 모르고 있으니 말이지요!" 1880년에 친구인 샘 브래드포드와 편지를 주고받을 때 에머슨은 이렇게 적었다. "자네가 기억력을 온전히 유지하고 있고, 완벽하게 글을 쓴다는 것을 알게 되어 기쁘네. 나는 펜이 말을 안 들어서 도무지 철자를 제대로 쓰려고 하지 않는 통에 그동안 글쓰기를 중단했다네." 그 말이 사실이었는지, 이후에 그는 친구에게 짤막한 편지 3통을 더 보냈을 뿐이다.

에머슨의 친구들은 그가 단어를 기억하지 못했을 때 돌려서 표현한 기지에 주목했다. '우산'이라는 단어가 생각나지 않았을 때, 그는 "이름은 잘 모르겠지만, 그 물건의 특징은 말할 수 있지. 낯선 사람들이 자주 이걸 가져가버리지." 또 그는 철도를 '앞뒤로 다니는 것들'이라고 표현하고, 쟁기는 '땅을 경작하는 도구'라고 설명했다. 국회의사당에 대해서 말할 때는, '미국의 상징. 변하지 않는 정부의 아름다움에 대한 미적 조망'이라고 묘사했다. 윌리엄 헨리 퍼네스는 에머슨의 실어 증상과 관련해 "그는 이름을 초월해서 그 사물을 간파했다"라고 언급했다. 에머슨은 언어를 말하는 데 지장이 있었지만 그의 딸 엘렌의 도움을 받아 강연을 계속했다. 사망하기 한 해 전인 1881년에, 그는 마지막으로 공개 강연을 했다. 학자 조셉 슬레이터는 그 장면을 다음과 같이 묘사한다.

> 그는 긴 단어를 말할 때 더듬거렸다. 그가 완전히 좌절한 것처럼 보이는 순간, 엘렌이 조용히 소리를 내면 에머슨이 그녀의 입술 모양을 따라하곤 했다. 그가 그녀의 입모양을 따라 읽으며 말하는 소리는 그 자리에 있는 모든 사람이 다 들을 수 있을 정도로 컸다. 그래도 청중들은 그를 에워싼 채로 그를 향해 더 가까이 다가갔다.

강연을 듣는 사람들이 애정 어린 결속의 표현으로 그의 주위를 둘러쌌던 것이다.

사망하기 한 달 전에, 진행성 기억손실이 심해진 상태에서 에머슨은 친구 헨리 워즈워스 롱펠로의 장례식에 참석했다. 장례식장에 놓인 관을 두 번이나 보고서, 에머슨은 딸 엘렌에게 물었다. "여기가 어디야? 누구네 집이지? 그리고 저기서 자고 있는 사람은 누구냐?" 딸이 그곳이 어디인지를 그에게 설명해주자, 그는 세 번째로 일어나서 다시 롱펠로를 보기 위해 관을 향해 걸어갔다. 마찬가지로 장례식에 참석하기 위해 왔던 몬큐어 콘웨이는 에머슨이 롱펠로를 보고 나서, "저 신사는 다정하고 아름다운 영혼이었지. 그런데 저 사람의 이름을 완전히 잊어버렸지 뭐야"라고 말했다고 밝혔다.

에머슨은 마지막 몇 달 동안 몸이 약해졌는데도 언제나 해왔던 것처럼 저녁 산책을 하겠다고 고집했다. 그는 일상적인 대화를 하거나 글을 쓸 때 단어들을 떠올리기가 점점 힘들어지면서 안절부절못했고, 예전보다 길게 산책을 했다고 한다. 사망하기 8일 전에 에머슨이 산책을 하던 도중 폭풍우가 닥쳤고, 비를 맞아서 기존에 앓던 감기가 곧 폐렴으로 악화했다. 병이 심해진 첫날에도 에머슨은 평소처럼 옷을 챙겨 입고 아래층으로 내려와 벽난로 옆에 앉아 불이 꺼지지 않게 돌보고, 늘 하던 대로 창문을 잠갔다고 한다.

폐렴은 흐릿한 기억력을 더욱 손상시켰다. 이틀 동안 에머슨은 자신이 다른 사람의 집에 온 방문객이라고 믿었고, 집으로 반드시 돌아가야 한다고 생각했다. 엘렌은 친하게 지내는 다른 가족들에게 보낸 편지에 "지금 여기가 집이라는 사실을 아버지가 잊어버리지 않을 때까지 알아듣게 충분히 설명하고, 설명하고, 또 설명하기를 거듭했어요."라고 적었다. 그런가 하면 에머슨은 가족의 재정 상황을 염려한 적도 있었다. 그가 자신이 하려는 말을 엘렌에게 전하려고 한참을 애쓴 끝에, 엘렌이 마침내 '청구서'라는 단어를 알아들었다. 엘렌은 내야 할 공과금과 각종 비용은 전부 냈고, 은행에도 그리고 집에도 돈이 충분히 있다고 말하면서 아버지를 안심시켰다.

엘렌의 기록에 따르면, 어느 날 아침 아버지가 몸이 아주 아파 보였고 제대로 서 있기조차 힘들어보였으며, 좌절해서 "죽음이 이런 식으로 오지 않기를 바랐건만. 차라리 지하실로 굴러 떨어지는 게 낫겠어!"라고 말했다고 한다. 가슴 저미는 또다른 순간이 있었다. 에머슨은 부인 리디안에게 "오, 저 아이는!"이라고 말했다. 아마도 첫째 아들 왈도를 떠올리는 듯했다. 그 아이는 다섯 살에 갑작스럽게 세상을 떠나 에머슨에게 엄청난 충격을 안겼다. 왈도가 죽고 2년이 지났을 때 에머슨이 썼던 "애도가 내게 아무것도 가르쳐주지 못한다는 사실을 애도한다"라는 글에서, 아들을 잃은 깊은 슬픔에 망연자실한 그의 모습이 엿보인다. 그는 그 상실의 슬픔을 말년에 다시 경험했던 것이다.

하지만 대체적으로, 죽음이 임박했던 시기에 그의 삶은 애정과 평안으로 가득했다. 더 이상 아래층으로 걸어 내려갈 수 없게 되자, 그는 침실에 누워서 자신을 찾아온 손님들을 맞았다. 그는 손주들의 방문을 특히 기뻐했다. 엘렌은 이렇게 전했다. "아이들 모습이 보이면 … 아버지는 늘 웃음을 지으셨어요. 아버지는 '우리

예쁜 손자!' '우리 예쁜 손녀!'라는 말 정도는 항상 할 수 있었고, 가끔은 몇 마디 더 하셨지요." 오래 알고 지낸 친구들도 그를 만나러 찾아왔다. "아버지는 그분들에게 했던 말을 작별 인사라고 생각했던 것 같아요. 평생 동안 맺었던 관계를 정리하려고 하시더라고요. 그건 확실했어요. 비록 아버지가 제대로 말할 수 있는 단어는 한 문장에 두 개밖에 안 됐지만요." 브론손 알코트는 자신의 일기에, 친구를 방문했던 씁쓸한 마지막 기억을 회상했다. "그는 손을 다정하게 잡고서, 강하지만 정확하지 않은 어투로 이렇게 말했다. '삶을 단단히 붙잡아 단호하게 이어가게.'"

임종을 앞두고 에머슨은 침대에 누워 방을 둘러보며 모든 사람들이 듣는 앞에서 "여기에 아주 많은 형상seeming들이 있다"라는 아리송하면서도 심오한 말을 했다고 한다. 그는 글도 남겼다. "우리가 서 있는 이 표면, 이 궤도는 고정된 것이 아니라 이동한다." 삶에서 죽음으로 이행하는 인생이라는 과정 속에 있는 이런 이동과, 인생 궤도의 형상은 뚜렷이 나타난다. 이 궤도들은 서로 겹친다. 이 삶과 다음 삶은, 신성한 교차점에서 미끄러져 서로를 지나친다. 우리는 두 궤도 안에 동시에 살고 있는지도 모른다. 궤도들이 교차할 때 우리도 그 안에 포함되어 있다. 여기에는 아주 많은 인생의 형상들이 있다. 작은 소용돌이와 회오리는 더 큰 궤도 속에서 순환한다. 경계선의 영역은 넓어지고 더 새롭고 커다란 궤도를 그리며, 아름다움과 조화의 넓은 영역, 끝이 없는 영역을 향해 바깥쪽으로 퍼져 나간다.

나는 죽음을 앞둔 사람들의 집을 종종 찾아간다. 죽음을 앞둔 사람들의 방은 뭔가 굉장해 보이면서도 덧없게 느껴진다. 그들에게는 시간과 공간의 경계가 무색해 보였고, 잠깐씩 오고가는 손님들의 방문이 반복되었다. 에머슨은 인간관계의 범위가 넓었고, 평생 자신의 천재성을 따랐으며 남들에게도 그렇게 하도록 격려하는 데 전념했던 사람이었다. 그런 사람이 떠나는 순간에는 얼마나 많은 삶의 증인이 그와 동행했을까. 나로서는 그저 상상만 해볼 뿐이다. 에머슨의 친구인 호아르 판사는 에머슨이 사망했을 때 그의 얼굴이 "천국의 문이 열리는 것을 흘깃 쳐다보는 듯했다"라고 말했다. 아주 많은 인생 궤도 속 형상들이 에머슨과 함께하면서, 그를 향해 더 큰 궤도가 새로이 열리는 것을 지켜봤고 그에게 더 새롭고 훌륭한 곳을 가르쳐주었다.

치매 증상을 자연스럽게
받아들일 수만 있다면

나는 에머슨의 에세이를 예전부터 아주 좋아했지만, 그의 전기에는 그다지 관심이 없었다. 이 책을 준비하면서 그가 말년에 알츠하이머로 추정되는 병을 앓았다는 사실을 떠올리고는, 미국에서 노령과 기억손실에 관한 오명이 본격적으로 널리 퍼지기 이전 시대를 살았던 에머슨의 말년을 자세히 살펴보면 무언가 배울 수 있지 않을까 하는 생각을 했다. 에머슨은 최초의 알츠하이머병 환자로 일컬어지는 아우구스테 데 테르가 정신병원에서 욕창 감염으로 사망한 때로부터 24년 전인,

193

1882년에 사망했다. 그가 죽은 시기는 치매가 의사에게 진단받을 수 있는 병이 되기 전이었고 지금처럼 두려움과 공포의 대상이 되기 전이었다.

19세기 후반 미국에서는 산업화가 빠르게 진행되면서, 예전에는 나이가 들면 자연히 생기는 증상으로 여겨지던 것들에 경멸적인 의미를 부여했다. 새로운 시장의 발달로 사회체계가 복잡해지고 관료화되었고 거기에 참여하는 데 적합한 신체적·정신적 능력을 갖춘 사람들이 필요했다. 그러면서 조건에 맞지 않는 사람들에게는 오명이 붙었다. 제시 발렝거에 따르면 20세기에 미국에서 중산층이 증가하면서, 사람들은 치매 증상을 보이는 사람들의 '인간성' 그 자체에 의문을 제기했다. 중산층으로서의 품위 있는 역할을 다하려면 안정적이고 일관된 모습을 보여주어야 하는데, 치매인에게는 그런 역할을 수행할 능력이 없다는 이유였다. 치매인이 중산층 역할을 수행하지 못한다는 생각은 성별과 인종에 관한 차별을 포함한다. 품위 있는 태도의 기준은 백인 사회의 규범이었고 합리성은 백인의 영역이라는 가정이 밑바닥에 깔려 있었다.

에머슨의 '기능 쇠퇴'는 자신과 사랑하는 사람들에게 슬픔을 안겼지만, 나는 그가 병을 앓으면서 위신이 추락했다는 증거를 거의 찾지 못했다. 자연주의자 존 뮤어는 나이가 들어 말을 하는 데 어려움을 겪는 에머슨이, "세쿼이아 나무처럼 고요하며, 그의 머리는 최고천最高天(고대 천문학에서 말하는 오천五天 중에서 가장 높은 하늘—옮긴이)에 있었다"라고 공언했다. 시인 월트 휘트먼이 친구 에머슨을 마지막으로 보러 갔을 때, 에머슨은 거의 말을 하지 못하는 상태였다. 휘트먼은 자신을 맑게 응시하는 에머슨의 모습이 전과 다름없었던 길고 은혜로운 저녁이었다고 그때를 회상한다. 에머슨의 상태는 오늘날의 치매와 노년에 관한 오명에 걸맞을 만큼 심각했지만 그는 치매를 앓으면서도 비교적 순탄하게 말년을 보내고 죽음을 겪었던 듯하다.

데이비드 셴크는 2001년 자신의 저서 『망각: 알츠하이머병이란 무엇인가』(민음사, 2003)에서, 에머슨의 말년에 대해 언급한다. 그는 에머슨을 묘사하면서 '이지러지는 초승달', '멍해진 유령' 같은 '사라짐'의 은유를 사용했다. 2004년에는 미국 공영방송 PBS에서 셴크의 책의 내용을 바탕으로 다큐멘터리를 만들었다. 다큐멘터리에 관한 인터넷 자료에는 이러한 설명이 나와 있다. "랄프 왈도 에머슨은 말년에 노화로 완전히 망가져서 유명한 사상가이자 저자인 그가 자기 이름조차 제대로 쓰지 못했다. 기이하게도 그는 사람들 대부분이 가장 큰 자산으로 여기는 '정신'을 잃는 과정을 그대로 인정하고 받아들이는 듯했다." 자료에서는 순순히 받아들였다는 사실이 '기이하다'라고 언급했지만 뒤로 가면서 에머슨의 문화적인 환경을 고려하면 그다지 기이한 일은 아니라고 설명한다. "에머슨이 기억력 저하를 순순히 받아들일 수 있었던 것은 아마도 그 시대의 사고방식과 관련 있을 것이다. 사람들은 최근까지도 나이가 들어 망령이 드는 것을 노화 과정의 일부로 생각했다."

이런 내용은 이 글을 썼던 사람이 의도했던 것보다 더 많은 사실을 보여준다. 에머슨이 기억력 저하를 쉽게 받아들일 수 있었던 이유는 그때까지는 치매를 병으로 보지 않았기 때문이었다. 따라서 치매를 병으로 여기는 지금 이 시대에는 치매 증상을 있는 그 대로 수용하기가 어렵다는 사실을 미묘하게 드러낸다. 지금이라 면 에머슨에게 치매가 있다는 진단을 내리고, 그에게 특유의 오명 을 씌우기 시작했을 것이다. 에머슨은 더 이상 고요한 세쿼이아 같은 사람이 아니라, 알츠하이머 환자가 되어 비참하게 '사라져버 릴' 것이다. 우리가 지금 알고 있는 것(자신이 끔찍한 질병을 앓고 있 다는 사실)을 그가 알았다면, 그런 상태를 있는 그대로 받아들이는 것도 힘들어했을 것이 분명하다.

　우리는 치매인의 결함으로 그들을 정의하고 질병 단계에 따라 분류한다. 나는 알츠하이머병의 초기, 중기, 말기 환자의 간병인들 을 대상으로 하는 프로그램에 자주 참석해 강연한다. 병을 단계별 로 나누는 것을 보면 마치 이런 단계들만 있으면 개인적으로 필요 한 조건과 손상되지 않고 남아 있는 능력 그리고 새로운 욕구들을 쉽게 파악할 수 있을 것만 같다. 치매인은 돌봄 서비스를 받고 약 물요법 치료 계획을 듣고, 특별 프로그램에 참여하며 특화된 병동 이나 시설에 들어간다. 물론 이런 접근법은 해결책을 구체화해서 환자와 가족의 고통을 덜어주는 것을 목표로 한다. 하지만 치매인 을 가변적이고 역동적인 존재로 보지 않고, '병을 앓는' 단일 집단 으로 보기 시작한 것은 아닌지 두려워진다. 치매인이 병들었으므 로 근본적으로 결함이 있다고 판단내리고 헤아리기 힘들 만큼 서 서히 드러나는 그들의 상태 변화에 전혀 주의를 기울이지 않는다. 그들을 보이는 그대로 보기를 그만두고 환자로 보기 시작하는 것 같아 두려운 마음이 든다.

그럼에도, 행복한 시간

에머슨의 사례를 보면 '기능 쇠퇴'라는 비극적인 현상을 강조하고 싶을지도 모른다. 특히 그가 말년에 보였던 어눌한 말과 행동을 예전의 박식함과 대비되는 아이러니로 보면서 말이다. 위의 사례에서 에머슨의 가장 위대한 자산인 정신이 쇠퇴했다고 언급한 대목에서는 그런 충동이 드러난다. 감상적인 표현을 사용하고 싶은 충동도 느낀다.

대표적인 미국 학자인 그가 우산이라는 단어를 기억해내지 못하고, 자립을 옹호하던 그가 강연을 하려면 딸의 도움에 의존해야 한다. 또 '콩코드의 현인'으로 불리던 그가 지금 자신이 누구 집에서 살고 있는지를 모른다. 가련한 희생자이자 치매의 무자비함을 보여주는 좋은 예다. "심지어 에머슨조차 정신이 망가질 수 있다면…" 이런 묘사는 모든 게 하나로 통한다는 환원주의만큼이나 극적이다. 이런 극적 충동은 거부하기가 무척 힘들지만 그럼에도 나는 필사적으로 거부하고 싶다.

나는 에머슨의 마지막 10년을 그의 철학이 파괴되거나 작품이 훼손된 시기가 아니라, 오히려 철학과 작품이 완성되어가는 자연스러운 연장선이었던 시기로 보고 싶다. 과거를 돌아보지 않고 끊임없이 목표를 추구했던 그는, 말 그대로 자신의 과거를 잊어가고 있었다. 손뼉을 치며 어린아이 같은 기쁨과 놀라움을 느꼈던 그는 손자들과 함께 놀고, 산책하고, 친구들과 시간을 보냈다. 부인 리디안은 에머슨이 이 시기에 매일 아침 기분 좋게 잠에서 깼으며 그 어느 때보다도 행복하게 지냈다고 설명했다. 노쇠한 에머슨은 시인인 친구 르배론 러셀과 함께 찬란한 붉은 장미꽃을 바라보면서, 모자를 벗어 들고 "장미님께 경의를 표합니다"라며 꽃을 향해 고개 숙여 인사했다.

수십 년 전에 책 『자기 신뢰』(현대지성, 2021)에서, 그는 장미라는 존재의 순수성에 대해, "그들에게는 시간이라는 개념이 없다. 그저 장미일 뿐이다. 장미는 존재의 모든 순간에 완벽하다"라고 평한 바 있다. 치매를 앓았던 시기에 그가 열망했던 존재의 순수성이 발현된 듯하다. 하우얼스가 설명했듯이 그에게는 "정신의 순수한 상태를 지속하는 재능"이 있었다. 문기둥에 '변덕'이라고 써 놓고 경계하겠다고 말했을 만큼 자발성을 좇는 것에 그토록 전념했던 그는, 결국에는 기억력의 변덕에 순응했다.

에머슨의 기발한 언행은 생을 마칠 때까지 이어졌던 것 같다. 늘 하던 것처럼 저녁에 산책을 나가 콩코드의 거리를 걷다가, 별이 총총한 하늘을 바라보며 딸 엘렌에게 "위쪽에 있는 저것들은 의지will 의 창조creation 가 아니냐?"라고 말했다고 한다. 그의 질문은, 우주의 의미와 신의 힘과 인간의 존재에 관한 보편적인 문제를 날카롭게 표현한 것일지도 모른다. 이를테면 "창조는 그리고 우리는, 의지에 의한 것인가 우연에 의한 것인가?"처럼 말이다.

로버트 언더우드 존슨은 1923년에 저서 『기억되는 어제들 Remembered Yesterdays』에서 이 일화를 소개하면서, 에머슨의 질문으로 미루어볼 때 "그는 우주의 가장 깊은 문제를 묵상하고 있었을지도 모른다"라고 설명했다. 그런데 사실, 에머슨의 말뜻은 해석과 전혀 달랐다. 에머슨은 머리 위의 전신주 사이에 있는 전화선들이 그 지역의 전화국장이었던 손자 윌Will의 지시로 연결된 것이었는지를 알고 싶었던 것이었다.

7장

그녀는 당신을 알아본다

너도 같은
감정을 느끼니?

가든스 치매요양소에서 지내던
에블린에 대한 인상 깊은 기억이 있다. 2012년 대통령 선거가 있
을 무렵의 일이다. 에블린은 휠체어에 앉은 채로 복도 옆 공용 거
실에서 CNN채널을 보고 있었다. 그녀는 TV 화면에 나온 버락
오바마를 가리키며, "나는 저 사람을 뽑을 거야"라고 큰소리로 말
했다. 에블린은 버락 오바마라는 이름을 직접 떠올리지는 못했지
만, 누군가가 먼저 말하면 그 이름을 알아들었다. 기억력이 점점
나빠지고 있었는데도 그녀는 기어코 투표를 하겠다고 고집했다.
예전에 수학 교사였던 그녀는 교원노조 위원장을 지냈으며, 당원
카드를 발부받은 민주당원이라고 했다. 나는 에블린의 시민의식
과 직업에 대한 자부심을 높이 샀다. 그녀가 나의 학생들이 요즘

공부를 잘하고 있느냐고 가끔 물어봐주는 것이 고마웠다.

에블린은 원래 생활지원시설이 있는 독립 주거 아파트에서 지냈는데 치매 증상이 심해지면서 가든스로 거주지를 옮겼다. 에블린은 간호사실 옆에서 휠체어에 앉아 혼자 많은 시간을 보냈다. 어떨 때는 혼자 가만히 앉아 있고, 어떨 때는 지나가는 사람에게 뭔가를 간절히 부탁하기도 했다.

어느 한겨울, 에블린에게 인사를 건네자 그녀는 집으로 갈 수 있게 자기를 요양소 밖 길가로 좀 데리고 나가달라고 내게 간절히 청했다. 그녀의 눈빛은 단호했으며 푸른 눈은 평소보다 더 컸고 다급해 보였다. 그녀는 휠체어 옆을 양손으로 꽉 잡았고 약간 위로 올라간 양어깨는 긴장해 뻣뻣했다. 그녀는 엄마를 기다리게 하고 싶지 않다고 내게 말했다. 나는 지금은 바깥이 엄청나게 추우니, 일단은 복도 저편에 있는 그녀의 방으로 갔다가 방문하러 가자고 제안했다. 도움을 받아 엄마를 만나러 가고 싶은 마음이 더 컸을 텐데도, 그녀는 내 제안을 따랐다. 에블린은 휠체어를 타고 복도를 지나 방으로 향했고, 나도 그녀와 나란히 걸었다.

에블린의 방 앞에 도착하니, 굵은 글씨로 커다랗게 "나에 대하여"라고 쓴 글귀가 적힌 종이가 보였다. 그 종이는 방문 바깥쪽 면에 달린 섀도 박스shadow box(박스에 든 내용물을 보호하거나 전시하기 위해 앞면에 유리판을 끼운 케이스—옮긴이) 안에 붙어 있었다. 종이에는 에블린이 웃고 있는 사진과 그녀의 삶을 설명하는 글이 몇 단락 있었다. 달리 무엇을 하면 좋을지 몰라서, 나는 그 종이에 적힌 글을 소리 내서 읽었다.

나는 에블린이 1919년에 태어났으며, 95세라는 것을 알게 됐다. 그녀는 지역 가톨릭 교구에서 적극적으로 활동했으며, 뉴저지 남부에 정착한 아일랜드인 가정에서 자랐는데, 대가족이었고 가족 간 유대가 돈독했다. 그녀는 평생 독신으로 지냈고, 가장 친하게 지내는 사람은 사촌인 부Boo였다. 나는 그녀의 교원노조 활동과 고등학교 재직 기간에 관해서도 더 많이 알게 됐다. 글을 모두 읽고 나서, 에블린 쪽으로 시선을 돌렸다. 에블린은 두 눈에 눈물이 그렁그렁해서 내 얼굴을 뚫어지게 바라봤다.

"고마워." 에블린이 말했다. "그걸 들으니까 기분이 좋아졌어." 그녀는 잠시 멈추었다가 다시 말을 이었다. "나를 알아주는 사람이 아무도 없으면, 참 외로워."

"그러게요. 가끔은 외로워지지요." 내가 말했다. 조금 전에 마주쳤을 때 에블린이 말했던 것을 떠올리고, 나는 덧붙였다. "엄마가 많이 보고 싶으신가 보네요."

"아, 그래." 에블린의 목소리에 힘이 들어갔다. "목사님도 엄마가 보고 싶지 않나?"

온전한 존재로 서로를 인정하고 너그러움을 베풀려는 의지에서 나온 행동이라고밖에는 설명할 수 없었다. 그 순간에, 에블린은 내 눈을 바라보며 답을 기다렸다. 이곳 치매요양소에서 지내는 노인들이 내게 질문을 던진 적은 없었다. 게다가 이토록 감정적으로 예리한 질문을 했던 사람은 더더욱 없었다. 전적으로 내가 질문을 던졌고, 내 개인적인 삶은 전적으로 좀처럼 이야기를 꺼내지 않았다. 그런 방어적인 자세가 훨씬 편했다.

그런데 에블린의 애정 어린 태도와 꾸밈없는 호기심이 나를 무장해제시켰다. 나도 엄마가 보고 싶을까? 그녀는 그걸 궁금해했다. 당시에 나는 엄마와 1,000킬로미터도 더 떨어져 살고 있었기 때문에 자주 만나지 못했다. 솔직히 나도 엄마가 보고 싶었다. 나 자신은 물론 그 누구에게도 그 사실을 드러내 놓고 인정한 적은 한 번도 없었다. 10년 넘게 가족들과 멀리 떨어져 살았기 때문에, 나는 거리감에 익숙해져 있었다.

에블린은 어른다운 격식 그리고 지리적으로나 감정적으로 독립한 성숙한 어른처럼 구는 겉치레에서 벗어날 수 있게 했다. 슬픔이 밀려와 가슴이 먹먹해지고 목이 메었다. 그녀는 그 순간까지 인식하지 못했던 내 안의 고통을 짚어냈다. 숨겨진 고통 또한 나와 관련된 부분이었다.

"네, 보고 싶어요." 내가 대답했다.

에블린은 잘 알겠다는 듯이 고개를 끄덕였다. 그녀에게서 느껴졌던 급박함과 슬픔의 근원을 뚜렷이 인식할 수 있었다. 생각해보면, 에블린은 엄마를 아주 오랫동안 보지 못했다. 사람은 나이에 관계없이 누구든 부모를 여읜 슬픔을 극복하지 못한다.

에블린과 나의 대화는 겉으로 보이는 것이 전부가 아니었다. 지금이 몇 년도인지도 모르고 오래전에 돌아가신 엄마의 행방조차 제대로 알지 못하는 사람에 대한 이야기가 아니다. 나는 그녀의 갈망에서 뭔가 깊은 것을 발견했다. 그리고 그녀는 내 안에 깊이 숨겨진 무언가를 알아봤다.

치매인이 겪는
사회적 상실

다른 질병과 다르게, 치매는 '안 다는 것', 즉 자기 자신과 다른 사람을 안다는 것이 무엇을 의미하는지에 관한 의문을 제기한다. 한 사람의 인식 능력은 보통 다른 사람의 이름과 역할을 제대로 알아보는 능력으로 규정된다. 인식 능력 저하는 치매의 가장 큰 불안 요인이다. 사랑하는 사람들이 딸 이름 대신에 자신의 엄마 이름을 부른다든지 하는 식으로 이름을 잘못 부르거나 아예 생각해내지 못하는 경우, 가족과 친구들이 심란해하는 것을 보았다. 어떤 남자가 가족사진을 꺼내놓고 부인에게 사진 속에 있는 사람들이 누구인지 말해보라고 하던 기억도 난다. 부인이 머뭇거리면 남편은 애원한다. "이 사람 누군지 알잖아. 기억 안 나?"

몇 년 전에 내가 참석했던 퍼먼 대학교 강연에서 일어났던 한 사건은, 우리가 인식한다는 것 자체에 부여하는 문화적·감정적 평가를 드러낸 사례였다. 그날 강연자는 주요 환경단체의 이사였다. 그는 강연의 주제를 마음에 들어하는 것이 분명했고, 자신의 연구에 열정을 품고 있었다.

하지만 문제가 있었다. 연단에 선 그의 옆에는 퍼먼의 로고가 담긴 보라색 대형 현수막이 걸려 있었고, 강연장에 앉은 학생들은 온갖 종류의 로고와 그림이 있는 대학교 티셔츠를 자랑스럽게 입고 있었으며, 그는 행정직원과 교직원들에게서 환영받았다. 그럼에도 강연자는 강연을 하는 내내 '엘론' 대학교 학생들과 교직원들로 꽉 찬 엘론 대학교 강의실에서 강연을 하게 되어 얼마나 기쁜지 모르겠다고 했다. 이날 강연에 앞서서 엘론 대학교의 한 수업을 들어봤는데 수업이 아주 흥미로웠고 이 아름다운 엘론 대학교에는 큰 잠재력이 있다고 말했다.

그가 그렇게 말하는 것을 들으면서 처음에는 그를 걱정하는 마음에 오히려 내가 부끄러웠다. 물론 이 상황은 분명 말실수 때문에 일어난 일이었다. 이곳저곳을 돌아다니면서 숱하게 많은 강연을 하다 보면 때로는 피곤하거나 갈피를 못 잡을 수도 있다. 그는 물론 방향을 바로 잡을 것이다. 하지만 강연을 하는 1시간 내내 그는 계속해서 사람들 앞에서 잘못된 이름을 말했다. 맨 처음에 엘론 대학교 이름을 말했을 때 강의실이 술렁였고, 킥킥 웃는 소리도 몇 군데서 들렸다. 그가 계속해서 이름을 잘못 말하자, 강의실의 분위기는 짜증으로 바뀌었고, 그다음에는 강사의 이야기를 아예 무시하고 듣지 않는 분위기가 됐다. 퍼먼 대학교 교수인 내 친구는 마음이 불편한 듯 의자에 앉은 자세를 자꾸 바꾸고, 격분한 듯 한숨을 푹푹 내쉬었다. 처음에 강연자를 걱정하며 부끄러움을 느꼈던 마음은 곧 그에 대한 분노로 바뀌었다. '이 사람이 강연료는 또 얼마를 받으려나? 아니, 자기 앞에 누가 있는지도 안 보이나? 이렇게 허술하고 무신경할 수가 있는 거야? 이렇게 무례한 게 어디 있어!'

그가 해를 끼쳤거나, 악의적으로 그런 것은 아니었다. 어쨌거나 대학교 이름을 오인한 것 때문에 직접 피해를 입은 사람은 없으니 말이다. 이 사례는 우리가 이름 부르는 능력과 관심을 갖는 정도를 밀접하게 연관지어 생각한다는 사실을 알려준다. 자존감은 남이 이름을 알고 있는 상태에서 그 이름을 불러주는 행위와 묶여 있다. 그리고 충분한 노출이 있었는데도 누군가가 자신을 알아보지 못한다면, 우리는 그 사람을 가혹하게 판단한다. 그들이 우리를 기억하지 못하므로 자기중심적이고 타인에 대한 관심이 부족하다고 생각한다. 또, 그들에게 관심을 갖거나 주의를 기울일 필요가 없다고 생각한다. 강연이 끝난 뒤의 질문과 대답 시간은 짧았고 호응도 거의 없었다. 학생들과 학교 관계자들 모두 이 강연자와 깊은 관계를 맺는 것에 관심이 없었기 때문이다.

인식의 부재나 오류는 무관심에서 비롯되기도 하지만 그렇지 않을 때도 물론 있다. 인간의 뇌의 한계로 특정 유형의 기억을 떠올리기가 힘들 수 있음을 알면서도, 강도 높은 비판과 본능에서 나오는 부정적 반응을 떨쳐내기 힘들다. 누군가가 우리를 '인식' 할 수 있더라도 우리에게 전혀 관심을 두지 않을 수 있고, 역으로 이름을 제대로 알고 있는지 여부에 관계없이 우리에게 관심을 가질 수도 있다. 의료인류학자(인류학의 방법과 이론적 성취를 참고로 인간의 질병과 건강, 의료체계 및 치유에 관해 연구하는 학자—옮긴이) 자넬 테일러는 2008년의 논문 「인식, 돌봄, 치매에 관하여On Recognition, Caring, and Dementia」에서 인식 여부에 대한 불안의 근원과 영향을 탐색한다. 테일러의 어머니는 알츠하이머병을 앓고 있다. 테일러는 딸로서 겪은 경험을 '자문화기술지autoethnography'(연구자가 중립적이고 객관적인 입장에서 벗어나 자신의 경험을 반성과 성찰을 통해 연구하는 방법—옮긴이) 방식으로 기술한다. 그녀는 친구, 동료, 지인들이 그녀의 어머니가 치매를 앓고 있다는 것을 처음 알게 되면, 한결같이 "어머니가 너는 알아보시니?"라는 질문을 한다고 설명한다.

테일러는 이 질문에 대답하기가 어렵고 갈수록 질문에 답하는 상황이 부적절해질 뿐 아니라, 어째서 모든 사람이 이런 질문을 하는지 의문이 들었다. 그녀는 이렇게 진술한다. "좁은 의미의 인지능력을 기준으로 따지면 엄마가 나를 '인식하지' 못하는 것일 수도 있다. 하지만 엄마는 나를 옆에 함께 있는 사람으로, 그리고 아마도 친숙한 사람으로 '인식한다'. 엄마가 내게 관심을 갖고 마음을 쓰기 위해 이름과 같은 모든 세부적인 내용을 정리해둘 필요는 없다."

테일러는 내가 치매에 걸린 사람들에게서 지겹도록 목격했던 메커니즘에 대해서도 지적한다. "다른 사람들은 보통 더 이상 그들을 인식하지 않고 그들에게 관심을 기울이지 않는다." 인식 능력이 인간성을 시험하는 리트머스 시험지처럼 작용하는 듯하다. 한 차례 예외를 제외하고는, 테일러의 어머니가 요양시설에 입소한 뒤로, 그 많던 어머니 친구들 중에 어머니를 만나러 간 사람은 아무도 없었다. 테일러가 어머니를 만나러 와달라고 부탁했는데도 말이다. 그 사람들 각각은 따뜻하고 다정한 사람들이지만, 집단으로서 그들은 테일러의 어머니를 버렸다. 이것이 내가 앞에서 언급했던 사회적 죽음이라는 위협이다. 치매가 있는 사람들은 신체적·정신적 상실 외에도 사회적 상실을 흔히 겪는다.

나는 테일러의 어머니, 나의 외할아버지, 가든스에서 지내는 노인들이 사회적 소멸의 위험에 처해 있다는 생각이 든다. 이들은 사회적 위력에 굴복한다. 사람들은 이 위력을 익히 알고 있고, 죽음을 맞이하는 상태와 불편한 현실(특히 정신적인 죽음)을 피하고 싶어 하면서도 우리는 그 대표 사례를 밀쳐낸다. 이런 메커니즘은 대체로 암묵적으로 발생한다.

너를 알아보지 못하면
예전의 내가 아닌가?

"엄마가 아직 엄마였을 때." 몇 년 전에 어느 글을 읽다가 우연히 발견한 구절이었다. 저자는 알츠하이머병에 걸리기 전의 어머니를 지칭하기 위해 이런 표현을 사용했다. 아직 살아 있는 사람을 과거 시제로 지칭한 점이 신기해서 이 구절을 메모장에 적어두었다. 어느 잡지에 실렸던 글이고 저자가 누구인지는 잊어버렸다. 글귀가 특별히 이례적이거나 인용할 가치가 있다는 생각이 들지는 않았기 때문이다. 이 글귀와 비슷한 표현들을 수없이 많이 접한 뒤에야, 이 구절이 치매의 대표적 표현이며, 특이하다기보다는 진부한 표현이라는 사실을 알게 됐다. 아무개가 아직 아무개였을 때라는 표현은 치매가 깊어지기 전의 특징을 말하고, 암시된 비극적인 결과로 지금 상태가 되었다고 우리의 정서에 일격을 가한다. 예를 들면 "재니는 더 이상 재니가 아니다. 엄마는 더 이상 엄마가 아니다. 사람은 더 이상 사람이 아니다"와 같이 말이다.

그 구절을 쓴 사람은 가까운 사람을 잃은 슬픔에 담긴 진정한 고통을 표현했다. 그럼에도 나는 그 바탕이 되는 가정과, 누군가에게 어떤 사람이 더 이상 그 사람이 아닐 때를 정확히 판단하는 능력이 있다는 자신감을 경계하려고 한다. 애초에 그 사람을 완전히 알고 있다거나 계속 잘 알고 있었다고 생각하는 미덥지 않은 자신감도 경계한다. 문법상으로는 올바른 이 비유는 문화적 신념을 반영한다. 진짜 그 사람은 치매가 오기 전의 그 사람이다. 어떤 사람의 정체성은 시간과 공간에 걸쳐서 비교적 안정적으로 유지될 수 있으며, 유지되어야 한다. 그래서 중요한 변화나 부조화가 일어나면, 치매를 앓는 그 사람은 한때 완전한, 진짜 인간이었지만 이제는 부족하고 잘못된 유형의 인간이 되는 것이다. 그 사람은 치매가 없었던 때의 사람과는 연속성이 없는 것으로 받아들여진다. 과거 또는 현재의 정체성을 드러낼 만한 것은 아무것도 없다. 따라서 '진짜' 엄마로는 더 이상 인식되지 않는다. 이처럼 언어는 치매가 있는 사람들을 완전히 받아들여 인정하기를 거부하는 경향이 있다.

그런데 인식은 한 방향으로만 움직이지 않는다. 스티븐 사바트가 제시한 '사회적 모습'이라는 개념은 치매인에게 접근하는 방식을 바꾸었다. 타인을 인식하는 데 있어서 내 역할의 책임감을 높였다. '사회적 모습'은 개인의 정체성의 중요한 발현인데 사회에서 남이 나를 어떻게 판단하는지를 본다. 교사는 학생들이 그 교사를 선생님으로 인정해야 한다. 부부가 부부로서 각각 역할을 하려면 배우자의 뒷받침이 필요하다. 이런 면에서 치매인은 사회적 자아의 가치가 손상되기 쉽다. 사람들이 그들의 부족한 부분에 기준을 두고 그들을 정의하기 때문이다. 치매인은 그저 병을 앓는 사람들, 뭐가 뭔지 잘 모르는 환자, 수동적인 희생자로 간주된다. 충실한 친구, 관심 있게 참여하는 부모, 책임 있는 근로자처럼 오랫동안 소중히 여겨져 왔던 역할은 더 이상 인정받지 못하고 지지받지 못한다.

치매인은 병을 앓고 있어 한계가 있음에도 그 속에서 무언가를 표현하고자 한다. 치매인을 대할 때 의사소통하면서 그들이 보이는 시도를 진지하게 받아들이고 다양한 표현을 존중해야 한다. 에블린이 이미 오래전에 돌아가신 어머니에 대한 걱정을 내비쳤을 때, 그때의 그녀는 똑같은 말이나 행동을 집요하게 반복하는 환자라기보다는 헌신적인 딸에 가까웠을지 모른다.

내 친구 낸시의 아버지는 평생 목사로 일하면서 교회와 병원 예배당에서 목회 활동을 했다. 그는 말년에 치매를 앓았으며, 생활지원시설이 갖춰진 노인주거시설에서 살았다. 그 시설에 있는 이웃 노인들 중 한 사람이 암에 걸려서, 얼마 뒤부터 말기 환자 보호 치료를 받게 됐다. 낸시의 아버지는 늦은 밤이면 보행 보조기를 끌고 복도를 지나 그 이웃의 방까지 찾아가곤 했다. 그는 침대 옆에 앉아 그에게 말을 걸고(비록 그 환자는 말을 할 수 없었지만) 다정하게 손을 잡아주었다.

낸시는 이 이야기를 아버지의 장례식 때 다른 사람에게 전해 듣고 처음 알았다. 낸시의 아버지가 밤에 죽을 날이 얼마 남지 않은 이웃을 방문했다는 것이었다. "아버지는 목사로서의 본분에 대한 기억이 전혀 없으셨는데, 그런데도 여전히 사람들을 보살피고 계셨어."

우리 외할아버지도 비슷했다. 할아버지는 의료계에서 은퇴한 지 오래됐고 치매 증상이 심했는데도 여전히 의사 역할을 했다. 할아버지는 요양원에서 지내는 다른 사람들의 건강을 예의주시하고, 때로는 휠체어를 밀어주거나 보행 보조기를 끌어주었다. 가끔은 의사로서 소견을 내놓기도 했다. 할아버지가 살던 집을 떠나 요양원에 들어간 직후에, 한번은 그곳에서 지내는 어떤 할머니가 바닥에 넘어진 것을 보고 도와주려고 했다. 그런데 요양원 직원들은 그가 할머니를 공격하는 것으로 생각하고 급히 달려와 할아버지를 밀쳐내면서 할머니를 놓아주라고 명령했다. 할아버지의 행동을 오해해서 적대적인 환자의 역할을 그에게 자동적으로 투영한 것이다. 그러다가 엄마가 할아버지는 '임상의'로 평생 일했다고 말한 뒤에야 오해가 풀렸다.

요양원 직원들은 할아버지의 도움에 감사의 인사를 전하고, 그 뒤로는 그를 닥터 잭Dr. Jack 이라고 불렀다. 만일 직원들이 낸시의 아버지가 남들을 보살피는 행동을 하지 못하게 막았거나, 우리 할아버지가 도리에 어긋난 행동을 했다고 계속 오해했다면 치매인이 소중히 여겼던 역할을 부정하고, 그들의 친절이 남들에게 전해지지 못하게 막은 셈이 되었을 것이다. 그렇게 하면 결국 치매인을 일종의 사회적 죽음으로 더 빨리 몰아가게 된다.

정신과 육체는
더 큰 통합체로 존재한다

　　　　　　　　치매는 몸에서 정신을 분리한 뒤에 정신을 이상화하고 비물질화하는 경향을 강화한다. 가령 '저 사람의 정신은 죽어가는데 몸은 아직도 팔팔해', '몸이 뇌보다 오래 산다' 같은 치매에 관한 표현은 인간의 정신이나 뇌가 몸과 분리되어 존재하는 것처럼 설명한다. 치매를 몸의 평범한 기능과 고통의 영역 밖에 두는 것이다. 치매가 소위 '손상된 정신'이고, 여기서 정신이 마음, 영혼, 자아와 동의어라면, 치매는 엄청난 도덕적 책임을 떠안는다. '너를 알아보시니?'라는 물음은 뇌의 특정 능력을 명백히 파고드는 질문으로, 그 사람의 본성이 어떤지 묻는 질문이다.

　정신-몸의 분리를 이해하는 데 도움을 얻기 위해, 낸시 메어스의 책 『육체의 행동Carnal Acts』을 들춰봤다. 정신-몸mind-body 분리 이론은 치매를 자아, 영혼, 본질적인 정체성의 약탈자로 만드는 이원론적인 견해다. 메어스는 다발성 경화증을 앓는 자신의 삶을 돌아보고 자기 경험을 이 병의 불규칙한 증상에 비유하면서, "변덕스럽고 비열한 유령에게 시달리는" 것으로 묘사했다. 그녀는 "외계 침략자가 머릿속에 침투한 게 분명해"라고 적었다가, 곧이어 "아냐. 당연히 아니지. 그건 네 몸이야. 그건 너야"라고 인정한다. 퇴행성 신경질환을 앓으며 살다 보니, 그녀는 자신의 몸에 관해 자각할 수밖에 없었다. 그녀는 자신의 몸이 행동과 의지로 병을 극복할 수 있다고 배웠고, 그렇게 믿었다. 그녀는 그런 자신의 몸에 자아를 다시 집어넣으려고 애썼다고 말한다.

　메어스는 정신과 육체를 구분하여 자아를 몸과 따로 떼어 생각하는 서양 전통에 이의를 제기한다. 전통적으로는 남성을 정신과, 여성을 몸과 연결짓는다. 이런 분류는 결코 동등하지 않는데, 육체는 여성과 같이 "도덕적 지위에서 열등하고 종속적인" 취급을 받는다. 메어스는 자기 목소리의 힘은 불구인 몸에서 나온다고 주장한다. 그녀는 몸에 대해 수치심을 느끼지 않고 침묵하지도 않는다. 메어스는 의사소통(그녀의 경우 글쓰기)을 해나가는 주체인 몸에서 소통 기능을 분리할 수 없음을 인지하고 "나는 몸이 없으면 목소리도 없고, 목소리가 없으면 몸도 없다"라고 주장한다.

　다발성 경화증과 마찬가지로 치매에도 정신과 몸의 계층적 분리에서 비롯된 문제가 있다. 치매 역시 뇌 손상을 동반하기 때문이다. 우리는 뇌와 뇌의 작용을 몸과는 별개라고 보고, 유한한 존재인 몸이 우월한 정신과 결합한 것이라고 상상한다. 정신은 몸을 '뛰어넘게' 되어 있다고 본다. 하지만 뇌의 퇴화에 정면으로 맞닥뜨리면, 그제서야 쉽게 변하는 육체에서 뇌를 분리할 수 없다는 생각을 한다. 치매는 정신을 다시 몸속으로 억지로 밀어 넣으면서, 지금껏 계속 정신이 함께해왔다는 것을 기억나게 한다. 예전에는 정신이 육체적이고 현세적인 것을 초월했으므로 거추장스러운 육체 없이 객관적으로(따라서 도덕적으로) 자유롭게 행동할 수 있다고 여겼다. 정신은 제멋대로인 욕망을 가둬두거나 몸을 통치하고 몸 위에 군림한다. 그러나 정신은 부패하기 아주 쉬운 뇌의 회백질과 떼려야 뗄 수 없는 결속 관계를 맺고 있다. 치매는 이 사실을 보여준다. 불멸의 존재인 정신은 쉽게 사멸하는 존재인 몸을 옷처럼 입고 있으며, 지금껏 늘 그랬다.

이런 입장과 그 미심쩍은 논리를 대대적으로 수정해야 한다. 넓은 관점에서, 정신은 뇌의 작용을 포함하지만 실제로는 뇌의 작용을 초월한다. 정신은 더 큰 통합체 내에, 즉 각각을 축소하는 것이 불가능하고 훨씬 복잡한 전체 유기체 내에 있다. 정신은 몸의 다른 부위와 불가분하게 연결되어 역동적이고 탄탄한 생태계에 합류한다. 정신은 멀리 떨어진 몸의 지배자, 냉혹한 규율주의자, 옹졸한 주인이 아니다. 뇌가 약해지더라도 전체적인 기능 부전을 의미하지는 않는다. 우열을 따로 가릴 수 없기 때문에, 정신과 몸의 적대관계도 없다. 우위를 나누지 않는 이유는 어떤 것도 독립적으로 기능하지 않기 때문이다.

정신이 육체와 분리되지 않을 때, 우리 몸과 정신에는 통일성이 깃든다. 치매는 더 이상 특별히 도덕적인 부담을 떠안을 필요가 없다. 기억력 저하는 정신, 영혼, 마음의 결핍을 의미하지 않는다. 손상된 뇌가 자아의 결함을 나타내지는 않는다. 뇌는 예측하기 힘든 온갖 변화 속에서도 몸의 일부로 남아 있다. 인식 기능은 몸과 별개인 뇌의 역량을 넘어선다. 치매는 자기충족이라는 개념과 좁은 의미에서의 인식의 정의를 산산이 부순다. 또, 육신과 영혼, 육체와 정신 사이의 명확한 경계와 재단된 직선과 같은 관념을 거부한다. 인식한다는 것과 인식된다는 것의 의미는 점점 넓어져서 새롭고 더 큰 영역으로 뻗어나간다. 치매가 오기 전이든 후든 우리에게 도움이 될 좋은 소식이다.

나는 내가 누군지 알까?

다큐멘터리 영화 《퍼스트 커즌 원스 리무브드》에서 감독 앨런 벌리너는 그의 사촌이자 시인 에드윈 호닉이 여전히 기억하는 것이 어떤 것인지 조사한다. 그는 영화 처음부터 끝까지 "제가 누군지 아십니까?"라는 질문을 호닉에게 줄기차게 던진다. 영화 제작자의 호기심은 이해하지만, 기억력이 나빠진 사람에게 무언가를 기억해보라고 계속 요구하는 건 어깨가 탈골된 사람에게 무언가를 들어 올려보라고 하는 것과 같은 얘기다. 영화 중간쯤에 이르면 바보 취급받는 것이 지겨워져서 그랬는지, 호닉은 질문을 약간 바꾸어서 벌리너에게 "당신은 당신이 누군지 아시오?"라고 묻는다. 잠깐 침묵이 흐른다.

영화 장면이 급전환해 벌리너의 옆얼굴이 화면에 비친다. 그는 호닉이 피아노 치는 것을 듣고 있다. 호닉은 특별히 정해지지 않은 곡을 자유롭게 연주한다. 아마도 치매인의 모호성을 드러내서 각자의 정체성을 분명하게 정의하는 것조차 어려운 일이라는 사실을 깨닫게 하려는 듯하다. 내 친구 재닛의 어머니는 치매가 심해져서, 하루는 그녀에게 "네가 나니?"라고 물었다고 한다. 재닛은 어떻게 대답해야 할지 몰라 주저하다가, 이렇게 답했다. "글쎄, 그렇진 않아. 그런데, 그래⋯ 그렇다고도 볼 수 있어." 자신과 타인에 대한 지식이 있는지의 여부는 치매인만의 딜레마는 아니다. 이런 문제는 인간이라면 모두가 겪는다.

월트 휘트먼은 〈나의 노래Song of Myself〉에서 묻는다. "그나저나 남자란 무엇인가? 나는 무엇인가? 당신은?" 자칭 육체의 시인이

자 영혼의 시인인 그는 이 화두를 던지고, 확대하고, 실험하고, 확장한다. 그는 정체성에 대해 질문하고 또 질문하지만, 확실한 결론은 얻지 못한다. 휘트먼은 자신을 모순되는 많은 요소로 구성된 존재로 상상하고, 새롭게 그려보라고 독자들에게 독려한다. "나는 조금도 길들여지지 않았으며, 무엇으로도 변환할 수 없다"라고 휘트먼이 말했듯, 불명료성은 자아의 특징이다. 걷잡을 수 없이 폭넓은 자아는 결코 육신을 이탈하지 않으며 육체의 넓은 순환계 내에서 살고 움직인다.

휘트먼보다 300여 년 전에, 프랑스의 철학자 몽테뉴는 인간 내면의 차이를 면밀히 관찰했다. "우리 각각의 전체는 조각과 작은 부분으로 구성되어 있는데, 그 조각들은 너무 다양하고 정해진 모양도 없이 함께 엮여 있어서 매 순간 각각의 방향으로 조각을 끌어당긴다." 그의 성찰은 고창鼓脹(갑자기 많아진 가스 때문에 배가 불룩해지는 병―편집자)과 발기처럼 얼핏 보기에 유치해 보이는 관찰에서부터, 깊은 사랑과 존엄한 죽음 등 놀랍도록 세심한 것까지 폭넓었다. 각자는 매끄럽고 균일한 기성복이 아니라, 불규칙한 태피스트리이며 주어진 형태가 없고 다양해서, 각각의 직물은 '조각과 부분'의 고유한 조합으로 직조된다.

선택과 환경, 생물학과 지리학, 역사, 운과 은혜가 엉켜서 별개의 직물, 나와 너라고 부르는 것들을 만들어낸다. 두 번 다시 같은 상태에 이르는 일은 없고, 고정되어 있지 않으며, 형태마저 없고, 있다면 다양하고, 제각각의 방향으로 잡아당겨진다. 확실한 형태가 아예 없다기보다는 패턴이 난해하고 산만해서, 늘 방대한 태피스트리가 만들어지는 상태에 있는 것 같다.

실제로는 인간의 일부 측면이 희미해지거나 사라지는 것처럼 보이더라도 다른 특징은 그대로 남아 있으며, 심지어 더 두드러지게 나타나거나 발전할 수도 있다. 치매에서 표면상 드러나는 부정적인 특징은 널리 알려져 있다. 이를테면 순했던 사람이 폭력적으로 변하고, 얌전했던 남자가 외설적인 말을 내뱉는 사례를 들 수 있다. 자넬 테일러는 그녀의 엄마를 '명랑하고 다정한 사람'으로 알았다. 테일러는 다른 가족들의 그녀의 엄마에 대한 경험은 훨씬 부정적이었다고 인정한다. "어머니의 치매는 '끔찍한 경험담'이 아니며, 이 일은 충분히 일어날 수 있는 범위 안에 있다"고 그녀는 단언한다. 외할아버지의 말년에 내가 그분과 나눴던 경험 역시 끔찍하지는 않다. 우리 사이의 잔잔한 관계가 어딘지 모르게 깊어졌기 때문이다.

최근에 "치매에 관한 못다한 이야기"를 주제로 〈세이프 스페이스 라디오Safe Space Radio〉의 팟캐스트를 들었다. 사연에서 어느 여성이 아버지와 통화를 하고, 뒤에서 어머니가 "내 딸이라고? 오, 사랑하는 내 딸"이라며 말하는 소리가 들렸다. 사연을 보냈던 여성은 이렇게 말했다. "엄마는 그런 식의 이야기를 꺼낼 사람이 절대 아니었어요. 냉혹한 삶을 사셨거든요. … 병이 들면서 사람이 다정하고 따뜻해졌어요. 놀라우면서도 기분이 아주 좋았지요." 그녀의 경우 냉혹한 성격이 사라지는 대신, 부드러운 면이 나타났던 것이다.

치매 운동가이자 작가인 케이트 스와퍼는 치매가 그녀의 삶을 명료하게 했다고 이야기한다. 호주에 사는 스와퍼와 화상 채팅 프로그램으로 직접 이야기를 나눴다. 그녀는 젊은 나이에 치매에 걸렸다는 진단을 받고, 상실과 소멸의 관점에서 자신의 삶을 그려봤다. 치매가 생기기 전의 삶은 그때 이후로 사라졌지만, 인생은 끝나지 않았고 지금도 계속되고 있다. "저는 더 좋거나 나쁜 케이트가 아니라, 전과는 다른 케이트가 됐어요." 그녀는 처음에는 몹시 비통해했지만, 그 단계를 넘기고 "예전의 케이트는 완전히 사라졌다"라는 사실을 수용하면서, 새로운 세상에 눈떴다. 그녀는 이제 치매가 '다름otherness'을 이해하고, 차별받는 사람들을 더 공감할 수 있도록 이끌어준 선물이라고 생각한다. 치매 덕분에 그녀는 진정한 친구가 누구인지 알았고, 치매에 대한 부정적인 비유와 정책을 바꾸는 데 헌신하겠다는 새로운 목표를 세웠다. "치매는 역설로 가득해요. 저만 해도, 아는 것이 예전보다 훨씬 많아졌거든요."

플로이드 스클루트는 저서 『기억의 그늘에서In the Shadow of Memory』에서 지적이고 감정적인 경험의 변화가 상호작용하는 복잡한 방식을 설명한다. 새로운 경험을 하고 사람과 만날 때 감화를 받는 것에 관해서였다. 스클루트는 지적 능력이 감퇴하는 고통을 인내하지만 한편으로는 자기 감정을 표현할 자유를 새로이 발견한다. 그는 "사랑과 열정이 수십 년 만에 처음으로 내 인생에 들어왔다"라고 말한다. 딸과의 관계가 깊어졌으며, 불치병을 앓는 형과의 관계를 회복했다. 이런 사례는 치매를 무척 끔찍하게 묘사하는 이야기의 악영향을 제한해서 치매에 관한 이미지의 균형을 잡아준다. 실제로 애정, 따뜻함, 평온함이 한데 섞인 경험을 할 수 도 있다.

스클루트는 치매가 그의 삶을 어떻게 재구성했는지를 반추하면서, "나의 삶이 새로 만들어졌다"라고 선언한다. 그의 삶의 조각과 부분들이 예전과는 다른 방향으로 끌어당겨지고, 새로운 형태가 만들어진다. 나는 그런 근본적인 개작改作을 직접 겪어본 적도 없고, 스와퍼가 설명했던 것처럼 한 세계가 사라지고 다른 세계가 나타나는 경험을 해보지도 못했다. 그렇기는 해도 자신의 변형, 협상과 재검토, 나의 조각과 부분들, 모양을 없애고 각각의 방향으로 잡아당기는 과정에 관해 진지하게 생각해본다. 치매가 생기기 전인데도, 나는 이미 이질적인 자신과 싸움을 벌이며 살고 있다. 때로는 나 자신이 무엇을 원하는지 혹은 내 자아 중 어떤 자아가 무엇을 원하는지 갈피를 못 잡을 때도 있다. 사람들은 자신의 태피스트리를 각자의 방향으로 잡아당긴다. 운이 따라준다면, 내가 입고 있는 누더기는 더 큰 사랑과 열정 그리고 뜻밖의 기쁨 한두 가지를 만들어내도록 다시 직조될 것이다.

감각으로 기억하다

내 생각에 기억은 육체 속 내장에 머문다. 아마도 에머슨이 "애정이 깃든 기억만이 남는다"라고 말한 것은 이런 뜻에서였을 것이다. 지금 애정과 사랑에 세심하게 관심을 기울이고 그 관심을 더 크게 키운다면, 인식에 관한 감각을 더 넓게 키우고, 기억력이 더 뛰어난 몸을 계발할 수 있을지도 모른다.

엘리베이터가 없는 아파트에 살던 시절에, 남편 라이언은 내가 아파트에 들어설 때 들리는 소음과 고유한 발걸음을 인식할 수 있다고 이야기했다. 복도 건너편 집에 사는 나와 체중이 비슷한 주민인지 아니면 나인지를 항상 구별한다고 했다. 그 차이를 어떻게 알아차렸는지, 남편에게 물었다. 남편은 딱히 설명을 하지 못했다. 나는 사실 물어보기도 전에 이미 알고 있었다. 나도 남편이 들어오는 소리를 듣고 멀리서도 알아챌 수 있었지만, 설명할 수 없었기 때문이다. 남편이 문을 열거나, 차문을 닫거나, 부엌 찬장을 닫는 리듬. 잠을 잘 때의 숨소리. 그에게서 나오는 열기. 그가 거리를 잴 때의 몸짓. 슬플 때 나타나는 피부색. 체취. 나는 이런 것들을 인식했다.

이 세상의 덧없음은 참으로 대단하다. 숨을 들이쉬면 내쉬게 되어 있고, 기억하면 잊게 되어 있다. 아마도 남는 것은 이름 없는 것, 하려고 했지만 하지 않았던 말이 아닐까. 다시 말해 속 깊숙이 숨겨진 애정의 기억 말이다.

외할머니가 돌아가시고 5년이 지난 뒤에야, 마침내 그녀가 내게 남긴 그릇 상자를 열었다. 할머니가 쓰시던 헝겊 냅킨, 실크 스카프, 손수건, 자투리 천 등에 그릇들은 싸여 있었다. 할머니 서랍에 있던 물건들에 싸여서 깨지지 않게 보호되어 엄마 집 지하실 구석에서 5년 동안 나를 기다리고 있었던 것이다.

열린 상자에서는 할머니 집 냄새가 틀림없는, 형언하기 어려운 냄새가 풍겨왔다. 창턱에 놓여 있던 허브, 오래된 카펫, 두꺼운 커튼, 원목 가구, 우물의 경수硬水, 팜올리브골드 비누, 빛이 스며든 공기 중에 떠다니는 먼지. 서늘하고 어둑한 집 서재에서 할머니가 나직한 목소리로 사촌과 나에게 동화책을 읽어주던 한가로운 여름날의 온화한 풍경이 손에 잡힐 듯했다. 바로 그런 여름날의 냄새였다. 할머니가 물건을 보관할 때 즐겨 쓰던 방충제 냄새도 뚜렷이 느껴졌다. 희미하지만 익숙한 이 악취는 뭐든지 보관하기를 좋아하던 할머니의 성격을 고스란히 드러냈다. 할머니는 가치가 있는 물건인지의 여부에 관계없이, 자질구레한 물건들까지 모두 꽁꽁 싸서 보관해두었다.

상자를 열고 숨을 들이마시는 것과 같은 평범한 순간이 정신 작용을 더 활발하게 하기도 한다. 이런 순간은 우리가 이 혹독한 행성에서 숨을 쉬고 감정을 느끼는 한, 기억을 모두 잊고서 살아갈 수는 없다는 사실을 일깨워준다.

성聖주간(부활절 전의 1주일—옮긴이) 동안, 가든스 요양소에서 함께 일했던 도나 수녀는 요양소 입소자들에게 연례행사인 성聖목요일 세족식 미사를 거행했다. 도나 수녀와 나는 종교가 달랐지만 요양원에서 같은 일을 했는데, 그녀가 초대해서 나도 매년 성주간 미사에 참여했다. 미사는 가든스에서 가장 넓은 장소인 다기능실에서 진행했다. 다기능실에는 일반 사무실에 흔히 쓰이는 회색 카펫이 깔려 있었고, 뒤쪽 구석에 작은 부엌이 딸려 있었다. 한쪽 벽이 창문이라 정원을 내다볼 수 있는 구조였다. 창문에 계절에 맞는 스티커(가령 봄에는 나비와 수선화)가 붙어 있어서, 바깥이 잘 내다보이지는 않았다. 미사에 참석한 노인 60여 명 대부분 나란히 줄을 맞춰 휠체어에 앉아 있었다.

도나 수녀는 작은 강대상 옆에 서서 요한복음 구절을 읽었다. 예수는 죽기 전날 밤에 제자들의 발을 씻긴 뒤 제자들에게 새 계명을 준다. 세족식maundy은 그 일을 기리는데 이 단어는 '명령', '계시'를 뜻하는 라틴어에서 유래했다. 도나 수녀는 말하는 속도를 늦춰서, 듣는 사람들이 명령에 담긴 무게를 확실히 느끼게 했다. "새 계명을 너희에게 주노니 서로 사랑하라. 내가 너희를 사랑한 것 같이 너희도 서로 사랑하라." 이 구절을 읽은 뒤에 도나 수녀는 바퀴 달린 나무상자에 흰 천을 덮어 만든 휴대용 제단 앞으로 가서 에칭으로 무늬를 새긴 유리 물주전자를 집어 들었다. 그녀는 모인 사람들 사이를 걸어다니면서, 각자의 손바닥 위에 차례로 물을 조심스럽게 부었다. 원래의 세족식을 적절히 변형해서 만들어낸 방식이었다. 나는 우묵한 작은 그릇을 들고 도나 수녀 옆에 구부정한 자세로 서서, 그녀가 사람들 손바닥에 물을 부을 때 손 틈새로 떨어져 흐르는 물을 받았다.

가든스에서 마지막으로 성주간 미사에 참여했을 때, 늘 대단하다고 생각했던 이 행사는 빅토리아 덕분에 더욱 값진 자리가 됐다. 빅토리아는 시설에 입소한 지 얼마 되지 않은 할머니였다. 그녀는 키가 크고 건장했으며, 잘 웃고, 재잘거리는 높은 톤의 목소리로 말했다. 빅토리아는 생활지원시설 층에서 내가 진행했던 성경공부 모임에 정기적으로 참석했다. 그녀는 토론에 자주 끼어들어 반쯤 만들다 만 문장들을 뒤섞은 것 같은 말을 내뱉었다. 온화한 감정과 어조가 느껴질 때는 찬성한다는 의미와 우호적인 감정 표현으로 해석할 수 있었다. 비록 그녀가 정확히 어떤 이야기를 하는 것인지 좀처럼 알아들을 수는 없었지만 말이다. 빅토리아가 워낙 밝고 상냥해서 모임 분위기를 띄워주는 것은 고마웠지만, 나는 그녀가 말을 하면 조금 당황스러웠다. 이런 상황에서 성경 공부 모임에서만 그녀를 알고 지냈기 때문에 내게는 그녀가 뭐가 뭔지 잘 모르면서도 즐겁게 지내는 것처럼 보였다. 빅토리아에게 특별히 무례하게 굴 의도는 전혀 없었지만, 내가 그녀에 대해 반사적으로 내린 평가는 상상력이 부족하고, 경박하고, 부주의하고, 시설에 적응을 잘한 사람 같아 보인다는 것이었다.

이런 부류는 시설 운영자 입장에서 볼 때는 모범적이었다. 이들은 순응적이고, 마음을 바꾸도록 설득하기 쉬웠으며 다정하고 고분고분하다. 규모가 큰 요양시설은 운영의 편의성과 효율성을 추구하기 때문에, 뭐가 뭔지 잘 모르면서도 즐겁게 지내는 사람들이 시설에 잘 적응한다. 즐겁게 지내는 사람들은 계속 즐겁게 지내게 하고, 요구와 불만으로 흥분한 사람들 마음도 잘 다독여서 마찰 없는 환경을 만드는 것은 시설의 이상적인 목표다. 이 목표 때문에 각 개인의 다양한 상황과 요구를 지원하는 일을 소홀히 여기는 경우가 많다.

즐거운 삶이 반드시 의미 있는 삶은 아니다. 시설의 지배적인 방식은 질서 잡힌 교실과 같은 환경을 장려한다. 직원들이 각자 노력하고 혁신적인 프로그램을 도입해서 발상을 전환하려고 애쓰더라도 말이다. 결산의 압박을 받고, 노인차별 사회로부터 집단생활을 하도록 강요하는 시설은 비인간적이고도 엄청난 임무를 띠고 있다. 내가 일하는 곳에서 돌봤던 입소자 180명 중에 즐겁게 지내는 사람을 단 한 사람 보았을 뿐, 나머지는 명백히 고통스러워했다. 어찌됐든 밝고 즐겁게 시간을 보내는 사람을 찾아서 기뻤다. 그렇다고는 해도 내게는 모두를 돌봐야 하는 더 중요한 임무가 있었다. 세족식이 있었던 성목요일 덕분에 나는 다시 그런 사람을 찾아볼 기회를 얻었다.

도나 수녀는 빅토리아에게 가서 손바닥을 쭉 뻗어 보이면서 어떻게 해야 하는지를 알려주었다. 빅토리아는 도나 수녀를 따라서 손을 우묵하게 오므렸다. 도나 수녀가 손바닥에 물을 부어주면서 축복하는 동안 나는 그릇을 들고 자세를 낮춰서 떨어지는 물을 받을 준비를 했다. "주님의 영이 여러분을 새롭게 하기를. 여러분이 예수의 무조건적인 사랑을 알고, 만나는 모든 이들과 이 사랑을 나누기를."

물이 빅토리아의 손에 가득 찼을 때, 그녀의 얼굴이 유순하면서도 멍한 상태에서 완전히 열중한 상태로 바뀌는 것을 보았다. 이목구비가 느슨하게 풀렸다. 눈가에 있던 팽팽한 주름들이 누그러졌다. 전에는 전혀 신경 쓰지 못했던 그 주름들이 서서히 사라졌다. 뺨이 붉어지고, 그녀가 작은 소리로 흐느껴 울기 시작하면서 그녀의 튼튼한 몸집이 조금 흔들렸다. 그녀의 흐느낌은 부드럽고, 견고하고, 확실한 그녀의 중심에서 흘러나왔다.

한때 나는 그녀를 대충 어림짐작해서, 알 수 없는 이유로 같은 자리를 빙빙 도는 동작을 반복하는 사람으로 생각했다. 그러나 빅토리아라는 사람의 중심부에는 아름다운 궤도가 있었다. 그녀는 그 궤도 안으로 나를 끌고 들어가 나를 변화시킨 후 밖으로 데리고 나왔다. 나는 겉으로 보이는 것 너머를 봤다. 공기가 맑아지고, 구름이 조금 걷히면서 새롭고 훌륭한 구역이 보였다. 나는 그녀의 몸에서 흘러내리는 시냇물을 들고 있던 작은 그릇에 받았다. "그녀는 자기가 누구인지를 모두 기억했어요." 행사가 끝난 뒤에, 도나 수녀가 평소의 예리한 통찰력으로 내게 말했다.

치매에 관한 새롭고 더 강력한 묘사를 찾는 과정에서, 아우구스티누스의 『고백록』 10권을 다시 읽었다. 아우구스티누스는 신을 찾으면서, 기억을 세심하게 탐색한다. "그런데 주님, 제 기억의 어디쯤 계시는지요? 제 기억의 어느 부위에 깃들어 있습니까?" 그는 애타게 청한다. 아우구스티누스는 답을 구하려고 애쓰고 기억의 창고를 샅샅이 조사한다. 신과 진리의 행방을 찾겠다는 일념으로 생각을 분류하고 수집한다. 그는 기억을 할 때 감정을 직접적으로 느끼지 않고 떠올릴 수 있는 방법에서부터 잊어버린 기억을 어떻게 되살릴 수 있는지, 신이 그의 기억에 이미 심어져 있지 않다면 그가 어떻게 신을 기억할 수 있는지에 이르기까지, 모든 것을 파헤친다.

그는 내면의 산란하고 무질서한 기억들이 "먼 곳에 있는 동굴에서 끌어당겨져 떼를 지어 이동하는" 과정에서 생각이 태어난다고 보았다. 그에 따르면 흩어진 기억들은 그런 식으로 다시 수집된다. '숙고한다'는 뜻인 영어 단어 '코지테이트'cogitate는 '모은다'는 뜻의 '코고'cogo에서 그 어원이 출발한다.

10권 끝부분에서, 아우구스티누스는 결심한다. "당신의 안내를 받으며 내가 조사했던 이 모든 것 중에, 당신 안을 제외하고는 그 어디에서도 내 영혼의 안식처를 찾을 수 없다. 오로지 내가 수집한 흩어진 요소만 있어서, 나의 어떤 부분도 당신에게서 빠져나갈 수 없다."

아우구스티누스의 기억이 아무리 대단하더라도 궁극적으로 기억하고, 숙고하고, 인식하는 주체는 아우구스티누스의 기억 능력이 아니라 신이라는 사실이 드러난다. 신성한 기억의 도피처에는 흩어져 있는 것, 잃어버린 것만 있다. 기억의 조각, 파편, 부스러기는 신의 보호 아래 있다. 그는 신성한 기억의 엄청난 수수께끼 안에서 어느 정도 안식을 찾은 듯하다. 나도 조금은 안심이 된다. 어떤 성스러운 존재가 흩어지고 소실된 기억들을 모두 모은다면, 굳이 내가 모든 것을 보관해둘 필요는 없을 테니 말이다.

"이제는 내가 누군지 모르겠어요." 앤시아 집에 처음 찾아갔을 때 그녀가 내게 털어놓았다. 그녀를 돌봐주는 남편 프레드와 함께 앤시아가 가든스의 생활보조주거 아파트로 이사 온 직후의 일이었다. 프레드가 대화를 우연히 듣고 곧바로 아내의 주장은 사실이 아니라고 지적했다. "당신, 또 그런다!" 프레드는 앤시아에게 손주들 이름을 대보라고 다그쳤다. 나는 앤시아의 말을 믿었다. 그녀는 무너져 내리는 기분이 들었고, 더 이상 자기를 온전한 존재로 느낄 수 없었을 것이다. 이때의 방문 이후 얼마 지나지 않아서 프레드 혼자서는 아내를 돌볼 수 없게 되면서, 앤시아는 치매요양소로 옮겨 갔다.

　독실한 루터교 신자였던 앤시아는 그 층에 거주하는 여성으로 구성된 소규모 기도 모임에 참석하기 시작했다. 모임 첫날에 그녀는 슬픈 표정으로 자기 이야기를 아주 천천히, 조심스럽게 사람들에게 털어놓았다. "의사가 말했어요. … 내가 기억을 아주 많이 잊어버린다고." 그 말을 메리가 맞받아쳤다. "괜찮아요. 여기 있는 사람 모두 기억이 깜박깜박해요. 아마도 바로 앞에서 얼굴을 맞대고 이야기하는 사람이 누군지도 잊어버릴걸." 메리는 그 모임에서 주춧돌 역할을 하는 멤버다. 등받이를 뒤로 젖히는 특별한 기능이 있는 휠체어를 타고, 평소에 말이 거의 없는 로즈가 거들었다. "맞아요! 기억을 조금 잊어버리는 건 좋다고 생각해요. 뭐든지 전부 기억할 필요는 없잖우. 기억을 잊는 건 아무것도 안 적힌 석판을 가지고 있는 것과 마찬가지지!" 학대받는 결혼생활을 견뎠던 로즈에게는 '아무것도 안 적힌 석판'이 그 누구에게보다 큰 위안이었을지도 모른다. 버니스도 동의의 뜻으로 고개를 끄덕였다. 나도 로즈의 빈 석판에 대해 생각했다. 그녀는 임신에 대한 편집증적 망상에 시달렸다. 하지만 치매를 앓기 시작하면서 오랫동안 앓았던 정신질환의 고통은 가라앉은 듯했다. 그녀는 훨씬 밝아 보였고, 예전보다 더 빨리 웃고, 현실 상황과 단절된 상태에 빠지는 경향이 훨씬 덜한 듯했다.

　그 모임 사람들은 앤시아를 받아들였다. 모임 구성원들은 그녀가 겪고 있는 힘든 투쟁을 자신의 투쟁으로 수용했다. 때로는 의외의 사람들이 기억의 조각을 끌어올리고, 기억을 엮는 실 가닥은

베틀로 되돌아가 다시 엮이기도 한다. 이 여인들과 함께 있을 때, 특이하면서도 희망적인 생각이 가끔 떠올랐다. 가령, 이런 식이다. '치매로 뇌가 변할 때, 나는 신에게 더 가까이 갈 수 있지 않을까?' 신의 방식은 우리의 원래 방식과 다르고, 신의 생각은 우리 생각과는 다르니 말이다.

때때로 나는 내가 아니다

"날 보러왔구나!"

캐롤의 방에 들어서서 침대 옆 의자에 앉으려는데, 캐롤이 원기왕성하게 인사를 건네는 바람에 깜짝 놀랐다. 그녀는 일어나 앉아서 미소를 지었다. 캐롤의 상황에서 그토록 활기차게 반응하는 것이 놀라웠다. 캐롤은 말기 암 환자를 위한 호스피스 서비스를 받고 있었으며, 모든 징후를 종합했을 때 죽음이 임박해 있었다. 최근에는 유동식 몇 모금으로 버티고 있어서 무척 수척해졌고, 피부는 창백했다. 그리고 하루의 대부분을 잠을 자며 보냈다.

"아, 테리, 만나서 정말 반가워! 정말 오랜만이야!" 캐롤이 큰소리로 말했다. 그녀는 반가운 표정으로 두 눈을 크게 뜨고 나를 쳐다봤다. "난 네가 절대 안 올 거라고 생각했어."

그녀는 내가 마치 길고 경이로운 역사를 공유했던 사람이라도 되듯이, 내 얼굴을 부드럽게 응시했다. 캐롤은 아마 나를 죽은 지 오래된 친척이나 친구로 추정되는, 테리라는 사람으로 생각했던 듯하다. 그래서 아주 오랜만이라고 말했을 터였다. 나는 몹시 당황했다. 당시 나는 일을 시작한 지 얼마 되는 신참이어서, 내가 테리가 아니라는 사실을 깨닫고 캐롤이 슬퍼하거나 화를 내는 건 아닐까 걱정했다. 굳이 따지자면 죽음이 임박해 있지 않은 사람들이 흔히 가지고 있는 끔찍이 사실주의적인 사고방식이었다.

우리는 존재의 다양한 의미와 존재가 가져오는 수많은 현상을 알지 못한다. 우리는 자신이 만들지 않은 이 들판에 나타나서, 그저 자유로이 떠다닌다. 때로는 누군가가 우리를 알아보기도 하지만, 그는 우리가 생각하는 대로 인식하지 않는다. 이런 '오인'을 근거 없는 추정이라고 거부할 수도 있고, 이해하기 힘들더라도 자신의 또다른 측면으로 포용할 수도 있다.

테리는 내게 낯선 이였지만 캐롤에게는 그렇지 않았다. 내 존재가 그녀에게 반가운 마음을 불러일으켰다. 나는 남들의 슬픔, 분노, 두려움을 유발한 적도 있다. 어느 말기 암 환자를 방문했는데, 그가 "넌 아니야! 안 돼! 넌 싫어!"라고 내게 외쳤다. 나는 환영이든 거부든 아픈 사람들의 반응을 개인적으로(또는 비인격적으로) 받아들이지 않으려고 한다.

"안녕, 캐롤. 나도 만나서 반가워"라고 나는 말했다.

우리는 손을 잡고 아무 말도 하지 않았다. 캐롤은 테리의 얼굴, 곧 내 얼굴을 보는 것만으로도 만족하는 듯했다. 이윽고 캐롤은 잠에 빠졌고, 며칠 뒤에 세상을 떠났다.

8장

내가 치매에 걸렸을 때

받을까, 말까

"내가 치매에 걸렸을 때도, 당신이 지금처럼 웃어줬으면 좋겠다." 서른네 번째 생일이 지난 지 얼마 되지 않았을 무렵, 어느 날 저녁 산책 중에 나는 남편에게 말했다. 이제부터는 "만일 내가 치매에 걸리면"이라는 표현 대신 "내가 치매에 걸렸을 때"라는 표현을 쓰겠다는 새 각오를 처음으로 실천한 날이었다. 별로 내키지 않아서인지 목구멍에 뭔가가 걸린 기분이었지만, 이제는 굳은 결심이 서 있었다.

사실 이 표현은 50대의 어느 요양원 관리자에게서 듣고 배운 것이었다. 그녀는 자신이 치매에 걸릴 확률이 높다는 사실을 알고 나서 "내가 치매에 걸렸을 때"라는 표현을 쓴다고 했다. 그녀에게 치매 가족력이 있다는 점과 나이가 들면서 정신적인 기능이 쇠퇴할 가능성이 크다는 점을 감안해서 정한 표현이었다. 나는 자신의 치매 발병 가능성을 인정하고 드러내는 그녀의 용기를 높이 평가했다. 또, 나도 이런 방법을 써봐야겠다고 마음먹었다.

그즈음에 우리 외할아버지는 재향군인을 위한 요양 시설에서 지냈다. 돌이켜보면, 생의 마지막 몇 달을 남긴 시점이었다. 나는 그 무렵, 외할아버지의 아버지인 외증조할아버지도 치매와 비슷한 종류의 진행성 기억력 저하 증상을 겪었다는 사실을 알게 됐다. 친할아버지의 경우는 70세에 암으로 돌아가셨고, 그의 형제 중 한 명은 2차 세계대전 때 목숨을 잃었다고 들었다. 나머지 형제들의 운명은 어땠는지 궁금해졌다. 계보학자인 사촌이 만든, 스프링 제본된 얇은 족보 『카스틸족 일가Casteel Cousins』를 한 권 받아뒀던 기억이 나서 집 안을 뒤져 그 책을 찾았다.

모든 것을 능숙하게 정리하고 관리했던 에스더는 정신이 점점 쇠퇴하고 있다.

바비는 지난 몇 년 동안 알츠하이머병이 점차 심해졌다. 처음에는 집에 머물면서 보살핌을 받다가 나중에는 전문 돌봄 시설에서 남의 도움을 받으며 살 수밖에 없게 됐다.

다른 가족 구성원을 괴롭혔던 알츠하이머병이 필시 그에게도 있었을 것이다. 건장했던 리처드는 여러 해를 더 살았지만 결국 이 병으로 죽음을 맞이했다.

나는 그 책자를 수납함에 도로 집어넣었다. 어떤 느낌이었는지는 기억이 나지 않는다. 어렴풋이 체념했던 건지도 모르겠다. 새로얻은 이 정보로 내가 할 수 있는 일은 별로 없었다.

3년 뒤인 2017년, 이 책의 초고가 거의 완성되어 갈 무렵 『뉴욕타임스』에 「만일 알츠하이머가 당신에게 오고 있다는 걸 알았다면?」이라는 제목의 기사가 실렸다. 내가 치매에 관한 책을 쓰고 있다는 것을 아는 친구가 이 기사 링크를 내게 보내주었다. 이 기사는 알츠하이머 발병 위험을 높이는 아포지단백4형ApoE4 유전자를 논한다. 이 유전자는 아포지단백EApoE 유전자의 변이형이다. 신문 기사는 덧붙여 이 유전자 변이를 가진 사람들을 위해 결성된 온라인 지원 단체를 소개했다.

나는 노년기에 발병하는 치매와 관련 있는 알츠하이머 유전자에 대해 들어보기는 했지만 깊이 생각해본 적은 없었다. 치매에 관한 담론을 순전히 임상적이고 결정론적인 용어로 축소하는 세태에 반대하고 있었기 때문이다. 기사 제목은 알츠하이머가 먹잇감을 노리고 다가오는 듯한 무시무시한 인상을 주었는데 나는 이런 은유를 사용하고 싶지 않았다. 하지만 공포를 유발하는 정리된 데이터의 힘을 거부할 수는 없었던 모양이다. 그 기사는 나의 호기심을 자극했다. '내게도 알츠하이머가 오고 있는 걸까?'

그해 초에, 우리 부모님은 종합적인 유전자 검사를 받았고, 엄마가 검사 결과를 이메일로 보내주었다. 내가 편두통을 오래 앓고 있어서, 혹시라도 혈전을 만드는 유전자 변형을 물려받은 것은 아닌지 염려하는 마음에서였을 것이다. 『뉴욕타임스』 기사를 읽고 나니, 부모님이 받은 유전자 검사 결과에 아포지단백E 유전자도 나와 있을까 하는 궁금증이 생겼다. 메일 수신함을 한참 뒤지고 나서야 엄마가 보낸 이메일을 찾을 수 있었다. 제목란에 '3페이지'라는 모호한 제목이 적혀 있고, 본문 내용은 아예 없는 이메일이었다.

총 3개인 첨부파일은 스캔한 실험보고서로, 모두 초점이 맞지 않았고 그마저도 밑부분은 잘려 있었다. 그럼에도 부모님 두 분의 자료에서 아포지단백4형 유전자가 각각 하나씩 보이는 것 같았다. 이메일을 보내서 물어보니, 내가 본 것이 맞다고 엄마가 바로 확인해주었다. 엄마는 처음 답장한 후 거의 5시간 가까이 지나고 자정이 조금 넘은 시각에 추가 메시지를 보내왔다. 내가 부모님의 유전자 정보를 내 책에 '광고'할까 봐 걱정된다는 내용이었다. 엄마는 나에게 검사를 받아보라고 권했다. 아니면 "최소한 엄마아빠에게 치매 증상이 나타날 때까지 기다려 달라"라고 했다. 물론 농담이었다. 엄마는 잠을 청하기 힘들 정도로 특별한 일이 있지 않은 한 평소 밤 10시를 넘어서까지 깨어 있는 법이 없었다. 그런 엄마가 내 궁금증 때문에 마음이 쓰여 잠도 제때 못 주무신 것 같아서, 조금은 죄책감이 들었다. 나는 이렇게 답장을 보냈다. "유전자 검사, 해봐도 좋겠네요. 좋은 생각인 것 같아요."

들자하니, 검사 비용은 199달러였으며, 검사용 튜브에 침을 뱉어 제출하면, 분석절차를 거쳐 6~8주 뒤에 유전자형 분석 결과를 얻을 수 있었다. 무척 쉽고 간단했다. 만일 내가 유전자 정보를 공개한다면, 부분적으로는 부모님의 유전자를 '광고'하는 셈이 될 것이다. 물론 그렇지 않더라도 이미 나는 걸어 다니는 광고판이 된 것이나 마찬가지지만 말이다. 엄마가 염려하는 부분도 이해했고, 그래서 이후에 부모님의 허락도 받았다. 실제로 『뉴욕타임스』 기사에 따르면 아포지단백4형 유전자 지원 단체 회원 중 다수가 (이들 중에는 그 유전자를 1개만 가지고 있는 사람도 꽤 있었다) 보험 가입을 거절당하거나 사회적 오명을 쓰게 될지 모른다고 두려워하며 자신의 신분이 노출되는 것을 꺼렸다.

나는 유전자 검사를 받을지 말지 결정하지 못한 채 몇 주 동안 미적댔다. '이게 정말로 … 좋은 생각일까?' 때로는 의심을 해소하는 것은 용감한 행동이며 아는 것이 힘이 될 수 있다는 생각에서 검사를 받아야겠다는 확신이 들었다. 그러다가도 어떤 순간에는 불확실성을 그대로 두는 것이 겸손한 처신이며, 모르는 것이 약일 수도 있다는 생각에 회피하려는 마음도 들었다.

변변찮은 욕심이 날 때도 있었다. 아포지단백4형 유전자를 1개 혹은 2개 가지고 있음이 판명되어 내 위험지표가 극적으로 높아진다면, 이 책은 독자에게 큰 흥밋거리가 될 게 틀림없었다. 반대로 이 유전자형을 가지고 있지 않은 것으로 판명 나서 안도하는 상황을 떠올려보기도 했다.

결국, 나는 검사를 받지 않고, 적어도 당분간은 그 가능성만 인지한 상태로 살아가기로 했다. 지금껏 발병 위험도나 검사 결과 여부를 따져가며 치매에 관한 관심 수준을 흥정하지 않았기 때문이다. 모든 것이 임상, 진단, 예후로 돌아가는 치매 특유의 절차를 어떻게든 피하고 싶었다. 아니면 너무 겁이 나서 알고 싶지 않았는지도 모른다.

어떤 경우든, 대처하고 예방하는 방법이 삶의 다른 영역에서는 도움이 많이 됐을지 모른다. 하지만 치매 대비 방법으로는 한계가 있다는 확신이 들었다. 치매에 대비하려면 즉흥성과 모호성을 받아들이고, 불편함을 감수하고 인간관계에서 우정을 키우는 능력 등을 연마해야 한다. 이런 능력은 어떤 유전자를 가지고 있는지에 관계없이 모두에게 중요한 일이다. 그리고 개연성 있는 극적인 요소를 책에 집어넣으려고 개인적 특성을 조사하는 것은 내 사생활을 배려하지 않는 처사일 뿐만 아니라 내가 이야기하려는 큰 주제에 집중하는 데 방해가 되는 듯했다. 이 책의 주제는 피할 수 없는 죽음이며, 유전자 검사 같은 간단한 검사만으로는 운명의 행로를 전적으로 예측할 수도 없고, 고통받는 사람들에게 죽음을 준비시킬 수도 없으니 말이다.

하지만 알고 싶은 유혹이 완전히 사라진 건 아니었다. 비할 데 없이 영민했던 할아버지가 게임 점수를 제대로 계산하지 못했던 기억이 떠올랐다. 또 치매요양소에서 지내던 할머니들이 기도하던 모습도 떠올랐다. 성질이 불같던 고모할머니들이 자기 순서를 다들 잊어버렸던 일도 생각했다. 나의 뇌가 유전적 위험에 처한 상황이 안타까웠다. 물론 유전적인 위험 요인이 사람의 운명을 결정 짓지 않는다는 것은 나도 안다. 하지만 내가 예외적이라거나 운이 좋을 것이라고 믿을 만한 이유도 없다. 나는 이 병의 치료법이 나올 것이라고 믿지 않는다. 내가 이 병에 대한 위험을 용케 모면할 것이라고 믿지도 않는다.

거리를 좁히다

나는 치매를 지칭하는 표현 구문을 '만일if'에서 '~일 때when'로 바꾸었다. 개인적인 상황을 넘어서, 지금 치매를 앓는 치매인(그들)과 아직은 비치매인인 사람들(우리) 간의 심리적 거리를 좁히고 싶었기 때문이다. 부모님의 유전자형에 대한 정보와 그에 따른 통계적인 가능성을 알게 되기 전부터 그러기 시작했다. 물론 새로 알게 된 정보가 표현방식의 변화를 더 부추겼을지도 모른다. 내가 표현 방식을 바꾸게 된 밑바탕에는 큰 인생 프로젝트가 있다. 즉, 치매가 있는 사람들을 포용하고, 뇌 질환을 부정적으로 바라보는 시선과 오명을 씌우는 경향을 없애는 것이다. 그리고 치매의 덫을 통과할 더 좋은 방법을 만들어나가려고 한다.

근처에 있는 교회에서 열린 워크숍에서, 나는 '만일'에서 '~일 때'로의 전환에 대해 설명하고, 참가자들에게 자신과 치매인 사이의 거리를 좁히겠다는 의사의 일환으로 표현법 변화를 시도해보라고 권했다.

어떤 여성 참가자는 새로운 표현법이 치매에 대한 두려움을 줄이는 데 도움이 됐다고 말했다. 그런가 하면 다른 여성 참가자는 휴식 시간에 화가 난 기색으로 나를 찾아왔다. "저는 그렇게 말하지 않겠어요. 전 치매가 제 삶의 피치 못할 운명이라고 받아들이진 않을 겁니다." 내가 이런 표현법을 쓰는 이유는 실제로 이 병이 생기기를 바란다기보다(나도 치매 가능성을 기쁘게 받아들이지는 않는다), 심리적 장벽을 낮추고 연민의 감정을 키우기 위해서였다.

내가 이 일화를 친구에게 이야기했을 때, 친구가 말했다. "그 사람은 꼭 조엘 오스틴처럼 말하는군!" 그랬다. 그녀의 주장은 번영복음prosperity gospel의 일종이었다. 개인적인 믿음이 충분히 강하면, 온갖 종류의 인간적인 결점을 극복할 수 있다는 주장이었다. 모든 부정성, 즉 인간의 유한성이나 한계는 믿음이 부족한 데서 나온다고 보는 것이다. 달리 말해 긍정적인 사고의 힘은 어떤 곤경에서도 우리를 구할 수 있다고 여긴다.

번영복음 신앙은 '믿음의 말씀Word of Faith' 운동을 포함한다. 그 운동에서는 말의 힘을 강조한다. 믿음이 강한 사람은 자신의 말을 통해서 건강과 부 같은 개인적인 복을 실현할 수 있다는 것이다. 이런 믿음은 한 가지 중요한 사실을 고려하지 않는다. 바로 수많은 형태로 나타나는 인간의 죽음에 관한 문제다. 우리가 아무리 삶의 의지를 강력하게 선언하더라도, 우리는 결국 모두 죽게 되니 말이다.

만약 말을 통해 치매가 생기거나 없어지는 일이 가능하다면 훨씬 안심하고 생활할 수 있을 것이다. 치매를 통제할 수 있다는 믿음이 생기기 때문이다. 미국인들을 대상으로 집계한 대부분의 통계에서 알츠하이머병은 암 다음으로 가장 두려워하는 질병이었다. 2012년 매리스트 여론조사Marist Poll에서는 미국에서 사람들이 가장 두려워하는 병으로 꼽히기도 했다.

그런 소식을 들어도 나는 놀라지 않는다. 여기저기서 불안과 두려움의 징후를 쉽게 보기 때문이다. 나에게 와서 치매에 관한 이야기를 나누고 싶어 하는 사람에게서, 그리고 치매 이야기가 싫어서 바로 화제를 다른 데로 돌리는 사람에게서도 두려움이 느껴진다. 두려움의 흔적은 우리 엄마 화장대 끝에 놓여있던 작고 노란 알약에도 있다. 그 알약은 강황이었다. 엄마는 강황이 염증을 가라앉혀서 치매를 예방해준다고 했다. 신학대학 동기에게서도 두려움의 흔적이 보인다. 그는 매 시간 수업을 들을 때 같은 자리에는 절대 앉지 않았는데, 알츠하이머병을 예방하기 위한 습관이라고 설명했다. 코코넛오일, 비타민B, 인삼, 엽산, 중국 석송 등, 치매를 예방해준다는 소위 마법의 재료들이 넘쳐나는 세태에서도 두려움의 흔적이 눈에 띈다. 또 신문 기사 제목("알츠하이머, 치매에 정신을 빼앗기지 않으려면"), 책 제목("알츠하이머 방지법")에서도, 기억력 저하를 방지한다는 약(세브리아Cebria, 프로세라Procera, 프리바겐Prevagen 등)에 관한 광고에서도 그런 두려움이 보인다. 치매에 뒤따르는 종말론적인 언어에서도 두려움의 흔적이 있다. 치매의 위협은 '쓰나미'에 버금가고, 치매의 확산세는 '전국적인, 혹은 전세계적인 유행병'에 비유된다. 그리고 알츠하이머병에 붙는 '세기의 질병'이라는 암울한 명칭을 들을 때마다 그런 두려움을 포착한다.

나는 치매에 대한 두려움을 멀리서 목격했을 뿐 아니라 내 안에서도 느낀다. 『카스틸족 일가』를 다시 읽어보거나, 외할아버지가 기억력을 잃었던 때를 생생하게 떠올려보면 금방 안다. 언젠가 사촌 결혼식 연회에서, 할아버지가 어릴 때 에베레스트 산 기슭에서 살았다고 말하는 것을 듣고 위가 꼬이는 것 같았다. "레이니어 산이에요." 삼촌이 옆에서 정정했다. 웃는 사람은 아무도 없었다. 농담으로 던진 말이 아니었기 때문이다.

나는 내 유전자 정보를 담은 암울한 퍼넷 스퀘어(자손의 유전자 및 표현형의 수와 형태를 알아보는 도표―옮긴이)를 빤히 들여다보기도 했다. 4칸 중 3칸에 아포지단백4형 유전자가 들어 있고, 그 3칸 중 1칸에는 2개가(1쌍이) 들어있다. 전체 알츠하이머병 환자들 중에 여성이 3분의 2를 차지하는데, 여성이 아무리 남성보다 기대수명이 길다고 하더라도, 그것만으로는 이런 차이를 충분히 해명할 수 없다. 이와 관련해 아포지단백4형 유전자가 여성에게 더 큰 영향을 끼친다는 연구도 있다. 2014년 스탠퍼드 의대 연구팀은 아포지단백4형 유전자를 1개 가지고 있는 것이 여성들의 경우에는 알츠하이머병 발병 위험을 높였지만 남자들에게는 그렇지 않았다고 밝혔다.

그대는 우리를 잃고
우리는 그대를 잃는다

나는 두려움이 있더라도, 아니면 두려움과 그 두려움에 맞서겠다는 의지에서, 치매에 대해 말하고 치매를 내 방식대로 주장하기로 결심했다.

치매는 내 가족과 직업을 가로지르며 나를 뒤쫓았다. 내가 가든스의 목사로 있는 동안 치매요양소에서 지내던 환자들은 지속적으로 나의 관심을 끌고, 나를 변화시키고, 나를 탐색하고, 나라는 사람을 알아주었다. 그들의 솔직함과 애정 그리고 또 말로 표현하기 어려운 상황에서 서로 관계를 맺으려는 열정은 나를 매혹했다.

자신의 현실을 섬세한 언어로 정확히 말하는 능력을 박탈당한 그들은 다른 방법으로 나를 사로잡았다. 헤아리기 어려운 그들의 마음을 놀라운 방법을 통해 전달했던 것이다.

치매인의 고통과 치매인이 흔히 감내해야 하는 상황에 대해 더 많이 알아갈수록, 치매에 대한 사회의 반응이 치매 그 자체만큼 그들에게 큰 고통을 안긴다는 점을 더 깊이 확신하게 됐다. 예를 들어 상대방이 커다란 목소리로 이야기하고, 어린애 취급을 하고, 앞질러서 휙 지나가버리는 등, 인격이 있는 한 사람으로 대접받는 것이 아니라 알츠하이머병의 '환자' 취급을 받는 상황이 있다. 치매인과 가족들은 대개 보살핌이 가장 많이 필요한 시기에 자기 존재가 잊혔음을 알게 된다.

나는 그런 경우를 수도 없이 많이 봤다. 가족과 친구들에게서 더 이상 전화가 오지 않고, 종교 공동체는 서서히 거리를 두고, 의사들은 처방을 내리는 것 외에는 거의 도움을 주지 않는다. 공공 정책은 돌봄 서비스에 필요한 부분들을 무시하고, 전혀 가망 없어 보이는 치료법 개발 같은 더 그럴싸한 곳에 예산을 지출한다. 장애와 치매 문제를 연구했던 신학자 존 스윈튼은 사람들이 잊는 것이 문제라기보다는 사람들에게서 잊히는 것이 문제라고 말한다. 문제의 원인은 단순히 치매인의 결함 때문이 아니라 비치매인이 거리를 두기 때문이라는 것이다. 그렇게 되면 치매인이 비치매인의 존재라는 소중함을 놓칠 뿐 아니라 비치매인도 치매인의 소중함을 놓친다.

하지만 치매인의 소중함을 발견하기는 쉽지 않다. 이들의 소중함과 관련해서 가든스 치매요양소 구역을 정기적으로 돌아볼 때마다 마주쳤던 클라라가 특별히 떠오른다. 클라라는 몸이 쇠약해져서 더 이상은 걷거나, 말을 하거나, 음식물을 삼킬 수 없었다. 한때 모국 이탈리아에서 직업 가수로 활동했던 그녀는, 〈아베 마리아Ave Maria〉나 〈자비로운 예수Pie Jesu〉 같은 노래가 나오면 멜로디를 흥얼거렸다. 그녀는 복부에 인공관을 삽입해서, 그곳으로 영양분을 공급받았다(내가 알기로는 아들의 요구에 따라 처치를 받았다). 가끔은 입안에 침이 고여 질식할 지경에 이르기도 했다. 그럴 때면 얼굴이 새빨개져서 격렬하게 기침을 했다. 직원들은 영양 공급관이 손상되지 않게 보호하려고 최선을 다했지만, 클라라가 자꾸만 삽입관을 뽑아버려서, 몇 번이나 구급차를 타고 병원에 가서 재삽입 수술을 받아야 했다. 클라라는 이미 전체적으로 쇠약해져 있었던 데다가, 병원에 입원하면서 온갖 세균에 노출되어 나중에는 결국 복부의 구멍을 통해 세균에 감염됐다.

가든스에서 생활할 때, 클라라는 등판이 뒤로 젖혀지는 휠체어에 앉아 있다가 사람들이 곁을 지나갈 때마다 손을 뻗었다. 항상 가슴에 붙어 있는 오그라든 손이 아니라, 온전한 손을 뻗었다. 다른 이유가 있어서라기보다 그저 사람들과 맞닿고, 다른 사람의 손길을 느끼고 싶었던 듯했다. 내가 오랫동안 가만히 서 있으면 내 얼굴을 만졌다. 뺨을 쓰다듬고, 턱 주위로 손가락을 부드럽게 쓸어내렸다. 때로는 나도 손을 뻗어 그녀 얼굴을 어루만졌다. 뺨은 보드랍고 매끄러웠으며, 반으로 갈라놓은 석류의 과육처럼 불그레했다. 그녀는 나와 눈을 맞추었다. 그녀는 종종 탐색하듯 나를 쳐다보기도 하고, 깜짝 놀란 것처럼 눈을 연신 크게 뜨기도 했다. 나는 그녀를 벨라bella라고 불렀는데, 부끄럽지만 그것은 내가 아는 유일한 이탈리아어였다. 내가 그 이름을 부르면 그녀는 미소를 지었다.

그녀의 연약한 손가락 끝이 내 얼굴에 닿을 때면, 가혹한 세상이 그녀의 온화한 손길에 굴복한 듯했다. 나는 그녀가 다른 직원들을 이런 식으로 어루만질 때, 직원들의 경직된 이마가 부드럽게 누그러지는 것을 보았다. 아마 내가 그랬듯이 그들의 심장도 부글부글 끓다가 순식간에 잠잠해졌을지 모른다. 그녀는 자신의 열악한 조건 속에서도 우리를 불러들여서 축복했다.

두려움의 자리를
대신할 수 있는 것

재닛 애드킨스는 클라라와 같은 상태가 되는 것을 가장 두려워했을 것이다. 1989년 6월 12일, 정신과 의사인 케네스 에릭슨 박사는 재닛이 알츠하이머병에 걸렸다고 진단했다. 재닛의 남편 론은 재닛이 세상을 뜬 지 얼마 안 되었을 때『피플』지와 인터뷰했다. 그는 "에릭슨 박사님은, 결국에는 남편인 제가 재닛에게 옷을 입혀주고 화장실에 데려가야 할 거라고 말씀하셨어요. 그런데 그런 말은 굳이 할 필요가 없지 않았나 싶어요. 의사 선생님의 이야기를 듣고 나서, 재닛은 '끝내고 싶어'라고 말하더라고요." 그녀는 병이 진행되도록 내버려두기보다는 삶을 마감하고 싶다는 소망을 글로 적었다. 뿐만 아니라, 사망하고 6일 뒤에 치러질 자신의 추도식을 세심히 준비했다. 그녀는 추도식에서 낭독할 글 중 하나로 시어도어 로스케의 시 〈각성The Waking〉을 골랐다. 이 시의 첫 연은 이렇게 시작한다.

> 나는 자기 위해 깨고, 깨어 있는 시간은 천천히 보낸다
> 두려워할 수 없는 것에서 운명을 느끼면서
> 내가 가야 하는 곳으로 가면서 배운다.

재닛의 사진은 '공포'를 느끼는 얼굴이 아니었다. 그녀는 초조해하지 않고 집중하고 있는 것 같았으며, 긴장하지 않고 침착했다. 나는 재닛과 같은 길을 가려던, 치매에 걸린 다른 여성들의 이야기를 읽은 적이 있다. 그들은 결코 약해 보이지 않는다. 젠더 연구를 선도하는 심리학자 샌디 벰은 알츠하이머병 진단을 받은 지 4년 만인 2014년 5월에 치사량의 수면제를 복용하여 스스로 목숨을 끊었다. 은퇴한 대학교수 게르다 손더스는 2010년에 61번째 생일을 5일 앞두고 혈관성 치매 진단을 받았다. 그녀는 2017년 회고록 『기억의 마지막 숨결Memory's Last Breath』에서 '좀비 상태'로 여러 해 동안 가족들의 보살핌을 받아야 하는 상황을 면하기 위해, 치매인이 안락사를 선택하기가 비교적 수월한 유럽으로 '죽음의 여행'을 떠나겠다고 선언한다. 미국에서는 2019년 기준으로 오리건, 캘리포니아, 버몬트, 컬럼비아 특별구, 워싱턴, 몬태나, 하와이주에서 안락사가 허용되지만 남은 생이 6개월 이하이며 '건강한

정신상태'인 환자로 국한한다는 조항이 있기 때문에, 치매인 대다수는 허용 범위에 들지 못한다. 일부 활동가들은 제한적인 법을 수정해야 한다고 요구한다.

나는 이 여성들의 결정에서 겉으로 드러나는 광적인 두려움이 아니라 잠재된 절망적인 두려움을 본다. 환자들은 무시당하고 어린애 취급당하는 것에 대해 큰 위협을 느낀다. 잠재된 절망은 이런 문화적 지형에서 비롯된 두려움과 같다. 손더스가 치매 말기에 이른 자신의 모습을 '좀비 상태'로 상상하는 데서, 마음속 깊숙이 내재된 병에 대한 오명의 증거가 나타난다. 통제 가능한 세계를 내려놓고 자신에게 불리한, 이미 죽음이 정해져 있는 세계로 가야 할 때, 거부하는 마음이 드는 것도 이해가 간다. 나는 그들이 느끼는 경계심을 이해한다. 나는 그들과는 다른 길을 가지만, 그들의 결정을 이해한다.

금방이라도 닥칠 것 같은 치매 위협은 내면을 위축되게 한다. 이런 때면, 미주리주 남동부 공립학교를 다니던 어린 시절에 웅크리고 앉아서 태풍 재난대응훈련을 하던 시간이 떠오른다. 높고 날카로운 경보음이 짧게 반복적으로 울리면, 우리는 하던 일을 일제히 멈추고 교실에서 벗어났다. 우리는 복도에 줄을 서서 무릎을 꿇은 뒤 가슴을 무릎에 대고, 머리는 양 무릎 사이에 넣고, 양손을 머리 위에 올려뒀다. 몸을 작고 동그랗게 만들어서(몸을 바싹 붙여서 더 동그랗게 만들수록 좋은 자세였다) 머리를 최우선으로 보호하기 위해서였다. 무슨 일이 있어도 머리를 들지 말아야 했다. 웅크린 아이들 사이에서는 긴장 섞인 키득거리는 소리가 새어나오기도 했다. 대피훈련인데도 섬뜩하고 무서웠다.

　나는 치매에 직면했을 때 느껴지는 두려움을 대체할 만한 무언가를, 자기 기만도 자기 배제도 아닌 대안을 찾고 있다. 공포를 거쳐 지나가는 지금과는 다른 어떤 길, 퇴비 더미에 내던져졌다가 나중에 더 비옥한 무언가로 탈바꿈하는 길이 있었으면 좋겠다는 생각이 든다. 치매와의 관계에서 "두려움 이상의 감정을 느끼는 법을 배울 수 있다"라고 했던 노인학자 앤 데이비스의 말을 믿고 싶다. 우리가 치매에 맞닥뜨렸을 때 선택할 수 있는 태도가 순진무구하게 부정하거나, 암울하게 체념하거나, 삶을 마감하기로 결정하는 것밖에 없다고 믿고 싶지는 않다.

나의 생전유서

　　　　　　　최근에 나 자신을 위한 사전의료지시서advance directive (환자의 의식이 맑고 이성적인 판단이 가능한 시기에 의료처치에 대한 뜻을 미리 밝혀두는 것―옮긴이)나 생전유서living will (불치의 상태가 됐을 때 존엄사를 희망한다는 사실을 미리 밝혀두는 유언장―옮긴이)를 쓰는 것이 두려움을 넘어서는 것에 조금이라도 더 가까운 방법이라고 생각했다.

　병원에서 목사 연수과정을 밟을 때, 환자들이 생전유서를 작성하는 것을 종종 도와주고, 증인으로 서명을 하곤 했다. 보통 수술을 앞두고 있는 사람들이었으며, 그런 환자들은 주로 사전의료지시서 작성과 관련해 내게 도움을 요청했다. 그 환자들은 영양 및

수분공급, 항생제, 인공호흡기, 심폐소생술 등과 관련된 항목에 대한 각자의 의사를 표시했다. 수술이 임박해 수술 대기실에서 기다리는 긴장된 순간에 바퀴 달린 병상에 누운 상태로 그 일을 했다. 죽음을 눈앞에 둔 그 환자들은, 위축된 모습이라고는 전혀 보이지 않고 본인이 원하는 것과 원하지 않는 것을 명확히 이야기했다. 나는 그런 모습을 보면서 늘 경탄했다.

언젠가는 목회자인 한 친구에게, 지금껏 수많은 생전유언에 증인 서명을 했지만 정작 나 자신의 생전유언은 아직 작성하지 못했다고 털어놨다. 그녀는 "대체 왜 지금껏 안 쓴 거야?"라며 잔소리했다. 체크 항목에 일일이 답할 만큼 삶과 죽음에 대한 생각을 뚜렷이 정리해본 적이 없었기 때문이었을 것이다. 그런 고통스러운 상황은 피하고 싶지만 다른 것들에 관해서는 명확한 판단 기준을 갖고 있다. 가령 노쇠함의 수준을 넘어 무의미한 상태에 이를 때, 어떤 종류의 삶을 받아들일지와 같은 것들 말이다. 그런 생각을 정형화된 문서 서식에 기입하는 것은 어렵사리 결정한 정보를 전달하기에는 서툴고 무신경한 수단이라는 느낌이 든다. 삶과 죽음의 문제인데, 정성들여 몇 줄의 글로 작성할 정도의 가치는 있지 않을까? 물론 자신의 뜻을 표현하겠다는 이런 주장은 두려움에 직면하는 것을 피하는, 또 다른 형태의 회피가 될 가능성도 있다. 가령 '혼자 힘으로 음식물을 섭취할 수 없는 상태라면, 인공적으로 영양을 공급받는 것은 원하지 않는다'처럼 간단한 표현을 통해서 말이다.

그럼에도 나는 어떤 말을 할지 상상해본다. 내가 자유롭게 의사를 표현할 수 있고, 치매의 강력한 두려움과 막연한 수치심에서 자유로우며, 나의 생전유언이 체크리스트보다는 미래에 대한 이상적인 진술에 더 가깝다는 가정하에 상상해보겠다.

> 이 기억의 세계에서 풀려나면서, 나는 이렇게 선택한다. 아니, 나는 치매에 걸린 나 자신을 노래한다. 나는 치매가 아무리 반항적이라고 해도 어찌 됐든 나를 찾아온 손님이라고 선언한다. 그리고 치매는 당신과 내가 정화되도록 명하여, 마침내 우리를 진정한 인간으로 만든다고 선언한다. 나는 지금 생생히 살아있음을 선언한다. 치매가 있는 인생 후반기에 나는 시들지 않는다. 나는 움츠러들지 않는다. 내가 희미해질지 모르지만, 어둠은 적이 아니다. 나는 타오르지만 전소되지 않는다. 나는 전환의 과정을 거치고 있다. 나는 자신을 넘어선 광범위하고 종잡을 수 없는 생애의 증거인 생전유서와 내 몸을 이렇게 내놓는다.

이런 식으로 생전유서를 작성하면 나의 법적인 대리인(현재는 내 남편)이 실질적으로 치료를 어떻게 해야 할지 알아보기 힘들 수도 있다. 아마도 내 남편은 이마에 깊은 주름이 잡힌 의사들에게 의견을 구할 것이다. 그들은 내가 감상에 가득 차서 지껄여놓은 글을 가지고 현실적인 중대한 결정을 내려야 한다. 이 유언장을 생각할 때 머릿속에서 떠나지 않는 이미지가 하나 있다. 바로 1963년에 사이공(1976년에 주변의 위성도시를 병합하여 호치민시로 이름이 바뀌었다—편집자)의 한 교차로에서, 베트남 승려가 완전한 부당성에 대한 전면적인 항의의 뜻으로 자기 몸을 불태우는 소신공양을 시행했던 장면이다. 그 순간을 포착한 섬뜩한 동영상에는 정좌한 채로 화염에 휩싸여 다 타서 넘어지는, 숯이 된 연꽃 같은 그의 모습이 담겼다. 법복을 입은 승려들은 불타는 그의 옆에서 엎드려 기도했다. 나는 그가 행한 이 시위의 완전성, 명백한 열정, 헌신적이면서도 사심 없는 자아에 마음이 끌린다.

애니 딜러드는 저서 『홀리 더 펌 *Holy the Firm* 』에서 촛불에 날아든 나방을 묘사한다. 나방의 흉부와 복부는 "심지와 같은 역할을 했다." 나방의 머리가 있던 들쭉날쭉한 구멍은 화염을 분출했다. 딜러드는 "나방의 머리는 불이었다"라고 말한다. 나방은 그렇게 2시간 동안 탔다.

딜러드는 그녀의 학생들에게로 글의 초점을 돌린다. "여러분 중에 목숨을 내놓고서라도 작가가 되고 싶은 사람이 있나요? … 그런 사람이 몇이나 될까요?" 그러자 모든 학생이 손을 들었다. "나는 학생들에게 그 선택이 어떤 의미여야 하는지를 말해주고자 했다. 그것 외에는 다른 어떤 것도 원하지 않는 마음에서 나온 선택이어야 한다는 것 말이다." 딜러드는 온기 어린 한숨을 내쉬었다. "그들은 내가 하는 말의 의미를 전혀 알아듣지 못했다." 그녀가 비유한 나방은 자신을 희생물로 바친 수도승, 공허한 성자였다. 그리고 작가가 되는 것도 그와 똑같다. 몸과 영혼의 메시지를 발하는 불꽃의 전달자인 작가는 무명으로 삶을 마치고, 잿더미가 된다.

나는 이와 같은 자기희생적인 길을 추구하는 열망 같은 것을 전달하고 싶다. 명확한 병적인 증상이 없는 상태에서 말이다. 그래서 생전유서의 본문을 다음과 같이 이어서 작성해본다.

> 나는 나 자신을 세상에 남겨둔다. 그 밖의 다른 명령도, 유증도 없다. 내가 치매에 걸렸을 때, 나는 머리와 몸통을 포함한 전신을 어둠의 광휘에 바친다. 나는 불붙은 나방의 몸에서 굽은 호 모양을 한 불꽃을 가져다가 몸 전체를 그 불 속에 던져 넣어, 강렬하게 타오를 것이다. 위로 쳐든 머리가 떨어져나가고, 폭삭 무너져서 재가 되어, 흩어진 회색 가루 더미가 된다. 머리가 떨어져 나간 들쭉날쭉한 구멍을 통해 화염이 더 커지기를. 몸통이 강렬한 어둠과 협력해서 심지가 남아 있는 불꽃이 되기를. 나의 목적이 충족되어 모두 다 타고서야, 불어오는 바람에 혹은 누군가의 의지에 의해 불이 꺼지기를. 모두 퍼져나간 뒤에, 나는 어두워지고 고독이 나를 완전히 지배한다. 그렇게 되어 텅 빈, 당신과 나는 신성한 존재가 된다. 최후의 비행이 마지막 불꽃을 만나면, 지금껏 늘 그랬고 늘 바라왔던 대로 이 삶을 신에게 헌납하게 되기를.

본문의 끝을 이렇게 작성하면 서두와 마찬가지로 해석하는 데 분명히 어려움이 있을 것 같다. 그래서 나는 표준 사전의료지시서 양식을 인쇄해 멍하니 체크란에 표시하고, 폴더에 넣어 여권과 사회보장카드 옆에 끼워뒀다. 그래도 여전히 나는 생전유서의 지침으로 사용할 이야기에 자꾸만 관심이 간다.

나는 일기장을 펼쳐서, 지침이 될 만한 내용을 찾았다. 그중에서 H.G. 웰스의 소설『투명인간』에서 읽었던 구절을 찾아냈다. 또박또박 쓴 글씨체로, 무일푼인 젊은 화자와 그에게 숙식을 제공한 노파가 주고받은 대화를 적어뒀던 부분이었다.

> "아무에게도 폐를 끼치고 싶지 않습니다." 내가 말했다.
> "모든 사람은 누군가에게는 폐를 끼쳐야 하지요."

그와 관련해서 도로시 데이와 그녀 주변의 가톨릭 사역자들의 이야기도 떠올랐다. 그들은 사회활동가이자 신학자였던 피터 모린을, 그의 삶의 마지막 5년 동안 옆에서 보살펴 주었다. "나는 더 이상 생각을 할 수가 없다"라고 토로했던 모린은, '뇌동맥경화'를 진단받았다. 뇌동맥경화는 한때 노인성 치매의 흔한 원인으로 일컬어졌던 병이다. 모린을 옆에서 돌봤던 도로시 데이는, 모린의 말년을 유산의 파산으로 본 것이 아니라 그가 평생 헌신했던 검소한 생활의 완성으로 보았다. 데이는 말년의 모린에게 성프란시스라는 이름을 붙여주기도 했다. 그녀는 이렇게 주장한다. "그는 가난의 극치를 달성했다. … 그는 모든 것을 내주었다. 심지어 자신의 정신까지도."

데이는 모린의 특별한 상황과 종교적 헌신에 대해서도 언급한다. 그녀는 치매를 우리에게 내려진 저주로 받아들이거나 영혼을 강탈해가는 존재로 받아들일 필요가 없다고 보았다. 데이는 모린의 병세에 대해 애통해한 것이 아니라, 사람들이 그를 대하는 방식에 가슴 아파했다. 특히 그녀는 사람들이 가끔씩 "어린애에게 말을 걸 듯 거들먹거리는 태도로 모린에게 말하는 것이 안타까웠다"라고 말한다. 데이는 공동체 내에서 모린의 존재가 짐이 되지는 않았다고 주장한다. 데이는 "모든 사람이 그를 보살펴 주었던 것을 생각하면 행복하다"라면서, "그렇게 할 수 있어서 영광이었다"라고 말한다. 그녀에게는 그를 돌보는 일이 부담이 아니라 영광이었던 것이다.

이쯤에서 내가 하고 싶은 말을 정리해보면, 다음과 같은 문장이 되지 않을까 싶다.

> 나는 자기 존재가 폐를 끼치지 않기를 바라는 현재의 지배적인 문화에 대한 저항의 표시로써, 치매를 가지고 살아나가겠다는 의사를 밝힌다. 나는 심각한 치매를 앓게 될 내 몸을, 치매가 있는 노인들을 짐으로 생각하는 사회에 대한 저항의 증표로 삼는다.

궁금해진다. 내가 치매에 걸렸을 때, 나는 어떤 모습일까? 클라라처럼 늘 따뜻한 피부를 찾아 손을 뻗어 축복할까? 아니면 헬렌처럼 상대방에게 어디에 사는지, 이곳 주민인지를 계속해서 물을까? 리타같이 잘 웃고 끊임없이 기도할까? 아니면 릴리처럼 흔들림 없는 자기 확신을 가질까? 릴리는 몇 년 동안 휠체어 신세를 졌지만 다시 걸을 수 있다고 확신하고 있었으며, 폴과 로맨틱한 관계를 꿈꿨었지만 이제는 그가 접근해오면 퇴짜 놓기로 마음먹었다고 이야기하고 다녔다(폴은 다른 입소자의 가족으로, 동성애자였다). 아니면 제임스처럼 시를 쓸까? 혹은 레이첼처럼 내 손에 얼굴을 묻고 흐느껴 울면서, 너무 많고 너무 혼란스러워서 일일이 댈 수 없을 정도로 많은 사람을 떠나보냈다고 슬퍼할까? 조와 같이, 셔츠 속에 머리를 집어넣고, 더 이상 나를 알아봐주지 않는 세상에서 멀찍이 떨어져 나오려고 할까? 눈물을 흘릴 때 옆사람의 손을 잡는 수잔처럼 남들에게 동정을 구할까? 레지나처럼, 아무도 내게 손을 대서는 안 된다고 화를 내며 난폭해져서 땅바닥에 넘어지고 또 넘어지기를 반복할까? 혹은 조앤처럼 하루 종일 잠만 잘까? 에일린처럼 이를 갈까? 프레디처럼 술을 잔뜩 마시고, 남들은 모두 내 밑에 있다고 생각할까? 가끔은 자신이 암사자라고 생각하는 버지니아처럼 기이한 망상에 확신을 가질까?

모든 사람은 그들에게 부여된 기표記標로 축소되지 않으며, 그 이상이라는 것을 안다. 아마 나도 어떤 측면에서는 그들과 같고, 앞으로도 그들과 같아질 것이다. 치매에 걸렸을 때 내게 어떤 독특한 흔적이 나타날지 궁금하다. 그리고 누가 흔적을 눈치 챌지, 누가 흔적을 중요하게 생각할지도 궁금하다. 누가 나와 이야기를 나누어줄까? 남편에게는 내 의도를 알려서 미리 대비시키고 있다. 그런 시도는 수용력 있는 청중이 있어야만 실현될 수 있다.

내가 어떤 식으로 완전히 논리에 어긋난 말을 하게 될지 궁금하다. 그리고 놀라울 정도로 옳지만 듣기에는 매우 거북할 수도 있는 솔직한 말을 어떤 식으로 하게 될지도 궁금하다. 대체 어떤 단어가 신경 전달망에 꼼짝 못하고 머물러 있을까? 감정을 인식하는 능력이 높지 않아서 내 감정을 제대로 말하지 못하게 되면 어떻게 될까? 상대방의 감식력이 너무 낮아서 내 고통과 침묵의 다양한 의미를 이해하지 못하면 어떻게 될 것인가?

잃어버린 동전을 찾아서

치매에 걸린 나 자신의 미래를 그릴 때, 예수가 하나님의 왕국을 동전을 잃은 여인에 비유하는 이야기에서 일말의 위안을 찾았다. 여인은 램프에 불을 밝히고 동전을 찾을 때까지 집 전체를 빗자루로 샅샅이 쓴다. 치매인에게는 이런 종류의 헌신적인 수색이 필요한 것 같다. 우리가 스스로 "잃어버린" 존재가 되어 생각이 흐려지고 말이 사라지면, 우리들을 찾아주고, 망각에 빠지지 않게 도와줄 사람들이 필요하다. 우리는 클라라와 마찬가지로 끊임없이 다른 사람을 찾고, 남들이 우리를 찾아주기를 바란다. 요구해야만 받을 수 있고, 구해야만 얻을 수 있고, 문을 두드려야만 열릴 것이다. 어찌된 일인지 이런 생각은 치매에 비추어 볼 때 새로운 의미를 가진다. 어쩌면 나만 그런 것일지도 모르지만, 이 생각은 위안이 되고 희망을 준다.

치매에 걸렸을 때 내 자아의 어떤 부분이 소실될지는 알 수 없다. 어떤 것은 기억해낼 수 있을지도 모른다. 그러니 나의 행방을 찾아줄 다른 사람들이 필요할 것이다. 램프에 불을 밝히고 빗자루

질을 하면서, 작은 틈새와 어두운 구석도 빠짐없이 살펴보고, 잊고
있던 공간을 뒤지고, 온 집을 뒤집어 놓고, 나를 발견할 때까지 지
칠 줄 모르고 찾아 헤맬 사람들 말이다. 내가 할 수 있을 때까지는
동전 찾는 여자의 역할을 할 것이다. 그리고 머지않아 내가 바로
그 동전이 될 것이다.

9장

떠날 때를 알게 되는 기분

소멸에 저항하기

2018년 봄에, 〈바니타스 정물〉을 보기 위해 뉴욕 메트로폴리탄 미술관을 다시 찾았다. 시작했던 곳으로 돌아가는 것이 가장 보기 좋은 마무리라는 생각에서였다. 내가 뉴저지 교외에 있는 가든스의 일을 그만두고 이 책을 본격적으로 쓰기 시작한 지 4년이 지났다. 일하는 환경도 바뀌어서, 지금은 할렘 지역 끝에 있는 대형 교회에서 노인들을 대상으로 목회 활동을 하고 있다.

하지만 내가 몰두해온 주제에 대한 열정은 전혀 식지 않았다. 센트럴파크를 가로질러 가는 길에는 왕벚나무 꽃이 가득 피어 있었다. 한 유럽인 관광객이 해골 사진을 재빨리 한 장 찍고서 나와 그림 사이를 지나갔던 것 외에는, 이번에도 내가 그림을 독차지했다. 나는 해골 머리의 네거티브 스페이스negative space(물체에 둘러싸여서 생긴 뚫린 공간—옮긴이)를 유심히 쳐다보면서, 그 세심한 대칭성에 감탄했다. 이 그림에 깃든 아이러니를 놓치지 않으려 했다. 이 그림은 삶의 덧없음을 알리기 위해 제작됐지만, 수백 년이 흐른 지금 세계에서 가장 유명한 박물관 중 하나인 이곳에 걸려 있다. 즉, 이 그림은 소멸되지 않고 지금까지 남아 있다. 그리고 작가는 죽은 뒤에도 후대에 기억되고 있다. 그림을 관람하면서 왼쪽에서 오른쪽으로, 위에서 아래로 몇 번이나 훑어보면서, 그림 속의 모든 사물을 속속들이 다 찾았다고 생각했다. 그런데 마지막으로 그림을 들여다볼 때, 두 철학자의 발치에, 제목을 알 수 없는 책이 각각 한 권씩 놓여 있는 것을 발견했다. 입가에 미소가 지어졌다. 우리가 가장 소중하게 여기는 책도 '사라짐'에서 벗어날 수는 없다. 그것들도 언젠가는 사라지게 되어 있다는 메시지를 읽을 수 있었다.

예술 작품의 상당수는 인생의 덧없음에 맞서려는 의지를 표현한 것 같다. 시인이자 비평가인 앨런 그로스먼의 사망 소식을 전한 신문 부고는, 그가 "알츠하이머병 합병증"으로 사망했다고 전했다. 기사에는 그가 시를 "인간의 소멸에 맞서 우리 모두가 인정한 힘의 원리"로 정의했다는 내용도 있었다. 시는, 혹은 더 넓게 적용해서 창작의 충동은, 한정된 삶이 끝나고 나서까지 계속 보전되는 흔적을 남기려는 욕구의 발현인 듯하다. 궁극적으로 예술은 소멸에 반대하는 호소다. 내 친구 알은 나이 지긋한 시인인데, 그는 "존속하는 무언가를 만드는 것이 자신이 매달린 일의 전부"라고 고맙게도 솔직히 이야기해주었다.

지상에서의 삶을 초월하려는, 즉 소멸에 저항하려는 욕구는 긍정적인 방향으로 작용할 수도 있다. 그런 욕구는 역사의 특정 순간에 성행하는 편견을 넘어 '장기적인 안목'을 갖도록 우리를 채찍질한다. 또 빠른 시일 내 결실을 얻기 힘든 상황에서도 정의에 힘쓸 수 있게 우리를 이끈다. 자기 일생에 완성되는 것을 보기 어려운 공익 프로젝트에 기여할 마음이 생기도록 자극할 수도 있다. 즉각적으로 만족감을 추구하는 데서 벗어나 나무를 심고 책을 쓰는 등의 활동으로 우리를 이끌기도 한다. 〈바니타스 정물〉은 거품처럼 금세 스러져버릴 수도 있는 삶의 덧없음을 넌지시 알려주고, 무언가를 헛되이 추구해서는 안 된다고 우리에게 경고한다.

그렇지만 우리는 삶에 집착한다. 특히 몸과 마음이 각각 어떠해야 하고 무엇을 해야 하는지에 대한 고정관념에 사로잡힐 때가 많다. 결국 소멸에 맞서는 총력전을 벌이고, 필연적인 변화에 대항하며 살아간다. 삶에 대한 이런 집착과 욕심은 해로운 자만심을 품고, 인간의 한계를 부정한다. 하지만 일생의 업적이 사후에도 이어지는 사람을 보면(예를 들면 마하트마 간디, 마틴 루터 킹 박사, 시몬 베유 등) 자신의 삶을 꽉 움켜쥐지도 않았고 개인적인 유산을 지키는 데 집착하지도 않았다. 자기 생명을 지키려고 노력하지만 오히려 목숨을 잃어버리거나, 반대로 의연하게 생명을 내놓은 사람들은 그에 준하는 무언가를 얻게 되는 것 같다. 내려놓기가 반드시 순교를 의미하는 것은 아니다. 자기 존재와 현재 능력에 목매지 않고, 더 나아가서 죽음에 크게 얽매이지 않는 관계를 만들어가는 것을 의미한다.

토머스 머튼은 어느 날 아침, 태국 방콕에서 다양한 종파의 수도자들이 모이는 회의에서 강연을 했다. 그는 아침 강연에 대한 질문은 저녁에 패널로 참석할 때 답하겠다고 한 뒤에, "그럼 저는 사라지겠습니다"라는 말로 이야기를 마쳤다. 이것이 그가 사람들 앞에서 했던 마지막 말이었다. 머튼은 그날 오후 그의 방에서 죽은 채 발견됐다. 화장실에 있는 금속 선풍기에 감전됐던 것이다. 고독과 "주님의 오후"에 관한 글을 쓰면서, 언젠가는 고독이 자신을 완전히 지배해서 "아무도 나를 다시 보지 못할 것이다"라고 말했던 머튼은, 그야말로 눈 깜짝할 사이에 홀연히 사라져버렸다. 그가 사망한 지 50여 년이 지난 지금까지도 머튼의 책은 한 순간도 변함없이 내 손길이 닿는 곳에 있다.

떠날 것을 알게 되는 기분

치매 진단을 받은 사람들의 시민 단체 치매국제연맹Dementia Alliance International의 대표 케이트 스와퍼는 치매에 대한 교육을 활성화하고 경각심을 높이기 위해 전 세계를 오간다. 그녀에게서 전해 들은 일화다. 목회자 대상 강연에서 자신이 겪은 치매 이야기를 하고 난 후였는데, 어떤 참석자가 호기심 가득한 얼굴로 손을 번쩍 들고서, "죽을 것을 알면서 지낸다는 것이 어떤 기분인가요?"라고 질문했다. 스와퍼는 의외의 질문에 이렇게 답했다고 한다. "질문하신 분은, 본인이 죽게 될 것이라는 사실을 알고 계실 텐데, 어떤 기분이 드시나요?" 질문자는 물음에 아무런 답을 하지 못했다. 현재 아프지 않더라도 자신이 언젠가는 죽게 될 것이라는 사실에 어떻게 접근하는지에 지속적인 관심이 필요한 이유가 여기에 있다. 그래야 아픈 사람들에게 자신의 죽음에 관한 짐을 지우지 않을 테니 말이다.

가든스에서 마지막으로 근무하는 날, 오후 시간을 4층 영성 모임 사람들과 함께 보냈다. 며칠 전에, 메리와 간호사실 바깥에 앉아 이야기를 나누다가, 모임 사람들과의 파티 계획을 세우게 됐다. 그 즈음 메리는 건강 상태가 고만고만한 날들을 보내고 있었다. 그녀는 그날도 용케 침대에서 일어나서 아침 단체 활동을 하러 가는 다른 사람들을 도와주는 일을 했다. 하지만 불안 증세가 심해 파티에는 참석하지 않고, 간호사들 근처에 머물러 있고 싶어 했다. "버터 쿠키를 준비해야 해." 메리가 내게 알려주었다. "위에다가 색깔이 있는 가루를 뿌려서 장식하고." 음료로는 레모네이드나 탄산음료가 좋겠다고 제안했다. 조촐하지만 밝은 분위기의 파티를 열고 싶었다. 나는 메리의 지시에 따라, 탄산이 든 레모네이드와 분홍색·보라색·하얀색 설탕을 뿌린 나비 모양 버터 쿠키를 준비했다. 쿠키는 해바라기 그림이 있는 냅킨 위에 올려놓았다.

그날 찍은 사진을 보면, 창으로 스며든 오후의 빛으로 밝게 물든 방에 여덟 명이 둥그렇게 둘러 앉아 있다. 앤시아는 두 손을 허벅지 위에 올려놓고 살며시 웃고 있다. 버니스는 쿠키 부스러기가 잔뜩 묻은 해바라기 냅킨을 들고 함박웃음을 짓고 있다. 메리는 단추 달린 선홍색 셔츠를 입고 금색 비즈장식이 달린 목걸이를 목에 걸고서, 음료수 잔을 들어 건배하는 포즈를 취하고 있다.

파티가 끝난 뒤, 나는 작은 가방에 짐을 싸서 이른 저녁 골든아 워의 어스름한 빛이 감도는 바깥으로 나와, 차를 타고 집으로 향 했다. 며칠 뒤에 남편의 새 직장이 있는 다른 주로 이사를 할 예정 이었다. 그 마지막 근무일 오후에 치매요양소에서 어딘가로 떠나 는 사람은 나 말고는 아무도 없었다. 그날 사진 속 나는 사람들 틈 에 끼어 웅크리고 앉아서 사람들과 어깨를 마주한 채, 행복에 젖 어 있다.

이후에는 나이 든 신도들을 대상으로 목회활동을 하게 되어, 치 매와 관련한 활동 영역이 조금 분산되었다. 예전처럼 치매인에게 만 집중된 활동을 하는 건 아니지만, 현재 나의 위치에서는 치매 인이 공동체와 사회에서 얼마나 쉽게 사라져 가는지를 더 명확히 볼 수 있다.

예를 들어 교회의 노인부 프로그램에 적극 참여했던 타마라는 인지기능 저하로 더 이상 운전을 하지 못하게 되면서 교회에 가기 힘들어졌다. 그러자 그녀와 교회 공동체 사이에는 곧바로 큰 틈이 생겼다. 그녀가 사는 지역은 대중교통이 제한적이었고, 두 딸은 온 종일 일하다 보니 어머니를 교회에 모셔오기 힘들었으며, 교회는 노쇠한 장년층 신도들을 위해 정기적으로 차량을 제공할 수 없는 상황이 동시에 작용했다. 결국 그녀와 교회 공동체와의 거리는 멀 어졌다. 그녀의 빈자리로 노인부 프로그램이 위축된 것도 안타까 웠다.

우리 교회에서는 치매인과 그들을 돌보는 가족을 위해 정기적인 사회적 모임을 시작했다. 그 이름은 메모리 카페Memory Café로, 1990년대 중반에 네덜란드에서 시작되어 최근 몇 년 사이에 미국에서 확산하고 있다. 대단하지는 않지만 차별 없는 포용적 환경을 만들어가기 위한 첫걸음이다. 물론 타마라나 그녀와 비슷한 상황에 있는 사람들과의 관계를 계속 이어갈 방법도 모색해 나가려고 한다.

하지만 그런 노력과는 별개로 문제의 본질은 그대로 남아 있다. 우리 교회는 대부분의 다른 기관과 마찬가지로, 대체로 독립적인 활동이 가능하며 물리적으로나 사회적으로 복잡한 공간에서 적응할 수 있는 사람들에게 적합하다. 기관은 대부분 타성적이다. 사회의 여러 기관이 은연중에 문화적 편견을 고수하기 때문에, 인지장애를 대하는 태도와 인지장애를 받아들이기 위한 사회적 구조를 바꿀 의지나 여유가 거의 없다는 의미다. 나부터도 높은 수준의 인지능력이 있는 사람들을 염두에 두고 대부분의 프로그램을 계획한다. 인지능력이 뒤처지는 이들은 처음부터 공동체의 주요 활동 대상으로 고려하지 않기 때문에 그들을 고정적으로 만나기가 힘들다. 그리고 그런 사람들에게 무엇이 필요한지 떠올리는 것은 쉽지 않다. 구조적인 변화가 필요하지만 현재 우리가 공간, 프로그램, 정책, 태도, 이미지를 바꾸고 개혁해가는 과정은 느리고, 단편적이며, 만족스럽지 못하다. 그럼에도 나는 그런 변화와 개혁을 꾸준히 추구할 가치가 있다고 확신한다. 치매에 우호적인 공동체로 가는 길은, 결과적으로 인간을 우호적으로 대하는 공동체가 되어가는 길이기 때문이다.

사라짐과 사라짐 사이에서

친구들에게 '사라짐'이라는 단어에 대한 느낌을 물었더니, 다양한 답이 나왔다. 니키는 사라짐에 대한 생각을 하면서 특별하고 신비로운 영향을 받았다고 한다. 그녀는 그런 생각 덕분에 죽음이 덜 두려워졌다고 말했다. 하나는 사라짐이라는 말에서 진지한 무대 공연이 떠오른다고 했다. 마이클은 시야에 들어왔다가 어느새 시야 밖으로 날아가 버린 새를 떠올렸다. 사미라는 "아름다우며 변화한다"는 점에서 창문에 내려앉은 서리 같다고 말했다. 알은 자신이 지도했던 젊은 시인들이 연락을 끊거나 무시했던 경험을 떠올리며, 사라짐이라는 말은 눈에 안 보이는 사람이 되는 소멸의 아픔을 자극한다고 말했다. 부모님도 자신이 사람들 사이에서 서서히 잊히는 것을 느끼는 나이가 되었다고 말하면서, 사라짐이라는 단어에서 '말소'를 떠올렸다(물론 이런 경험은 노인 차별과 관련 있다. 노인 차별은 모든 생명이 겪는 죽음과는 다르며, 어쩔 수 없는 현상이 아니다).

기독교 달력에서는 떠남과 도착 사이, 즉 떠났지만 사라지지는 않은 시기 사이에 명확한 유예기간을 둔다. 초기 복음서들에는 예수의 죽음 이후 한 세대의 내용이 담겨 있는데, 복음서의 저자들은 죽었다가 다시 살아 돌아온 사람이 어째서 이 세상에 계속 머물지 않는지를 설명하는 데 어려움을 겪는다. 독자들에게 이런 공백을 설명할 방법을 찾으려고 노력한 끝에, 그들은 부재와 존재 사이의 절묘하고도 독특한 균형을 찾아낸다. 누가가 "구름이 그를 보이지 않는 곳으로 데려갔다"라고 썼듯이 예수는 떠났다. 하지만 동시에 예수는 떠난 것이 아니다. 그는 제자들에게 "높은 곳으로부터 오는 힘"을 입게 했으며, 그렇게 그분은 온 천지에 널리 퍼져서 만물에 임했다.

비록 아직은 사라짐을 정확히 이해하지는 못하지만, 나는 존재와 부재 사이의 이런 긴장 상태를 중심 개념으로 받아들이려고 한다. 이런 역설 덕분에 나는 나 자신과 타인에게 고정된 입장을 취하는 태도와 모든 것을 아주 냉정히 잘라 나누는 태도에서 벗어날 수 있다. 아름답지만 때로는 고통스러운 이 세상의 가변성에 주목하고, 세상의 대대적인 변화와 변혁적인 운동까지도 환영할 수 있게 되었다.

어느 물방울의 순환,
사라짐의 노래

예수의 죽음과 부활을 둘러싼 이야기들은 결국 "흔적도 없이 사라지는 것은 세상에 없다"라는 진실을 우리에게 제시한다. 깊이 생각해보지 않으면 이 진실은 다소 평범하게 느껴진다. 물리학의 기본법칙에 따르면 물질과 에너지의 총량은 그대로 보존된다. 따라서 삶과 죽음의 생태학적 과정을 고려하면, 소멸이 아니라 전이가 일어난 것을 알 수 있다. 가령, 물의 순환은 다른 상태로 전환하고자 하는 자연의 성향을 드러낸다. 환경운동가였던 존 뮤어는 어느 날 오후에 폭풍우가 휘몰아치는 요세미티에서, "비 한 방울의 역사를 추적해보는 것은 정말 흥미

롭다!"라고 기록했다. 폭풍우가 잦아든 후, 뮤어는 빗방울이 다른 형태로 전환되는 다양한 경로를 도표로 정리한다. 수증기는 재빨리 상승하여 하늘로 급히 되돌아가거나 식물에 의해 합성되거나 얼음 결정으로 굳어지거나 강과 바다로 흘러간다. 뮤어는 그 유기적 과정을 살펴보면서 경이로워하며 묘사한다. "어떤 형태에서 다른 형태로, 아름다움에서 아름다움으로, 계속해서 쉬지 않고 변화한다. 별들과 함께 우주 만물의 영원한 노래를 부르면서, 모두가 사랑의 열정을 품고 빠르게 이동한다." 빗방울 하나의 자연적인 경로가 이 정도의 경외심을 불러일으킬 수 있다면, 몸속과 내 주위의 다른 변화들은 물론이고 심지어 쉽게 관찰할 수 없는 것들도 놀랄 만한 가치가 있을지 모른다.

뮤어는 특히 요세미티의 구름에서 물방울이 형성되는 과정에 감탄하며 이렇게 설명한다. "구름은 유실된 흔적을 전혀 남기지 않고 소멸하는데, 결정이나 증기 입자들은 단 하나도 … 사라지지 않는다. 그것들은 가라앉아 잠깐 사라진 것 같다가도 어느새 더 높고 고고한 아름다움 속에서 또다시 올라간다." 정신 안에 있는 작게 나뉘어 흩어진 부분들도(생각, 애정, 열망, 능력) 그 결정이나 입자는 사라진 것이 아니다.

삶에서 가라앉고 사라지는 많은 현상들도 아름다움이 상승하는 중인지도 모른다. 확실하지는 않지만 그럴 가능성은 있는 것 같다. 나는 외할아버지의 사라짐이 부분적으로는 이 책을 탄생시킨 힘이라고 본다. 할아버지가 내게 같은 운명을 겪게 할 유전자를 물려준 것이 사실이라면, 할아버지의 일부가 나의 '사라짐'을 통해 다시 드러날 것이다.

전도서의 후렴구 "모든 것이 헛되니"에서 '헛됨vanity'이라는 단어는 우연하게도 증기라는 뜻을 가진 히브리어 단어에서 왔다. 모든 것이 증기라면, 액체와 기체 사이의 상태의 입자라는 말과 같다. 물질이 기화氣化하면 작은 입자 상태로 흩어져, 육안으로는 보이지 않는다. 잠깐 동안 증기는 보이지 않는 상태의 공기로 바뀌고 한데 모여서, "잠깐 동안 나타났다 사라지는 하늘의 산"이라고 뮤어가 표현했던 구름을 형성한다. 식물과 동물은 증기였던 공기를 들이마시고 내뱉는다. 그런 호흡이 세상 생물들의 순환 체계를 지탱한다. 어떻게 하면 이런 신비로운 섭리를 절망적인 한숨이 아니라 기쁨과 안도감으로 받아들일 수 있을까. 삶을 끝내면서, 매여 있던 곳에서 풀려나는 느낌에서 오는 기쁨과 안도감 말이다. 모든 것은 사라지고, 모든 것은 전체의 일부가 되고, 모든 것은 소멸하고, 모든 것은 지나간다. 우리는 죽음과 삶을 순환하는 움직임의 영향을 받게 되어 있다.

상실을 겪고도 슬퍼해서는 안 된다거나, 고통은 머릿속 생각에 불과하다거나, 삶의 변화를 쉽게 이해할 수 있다고 말하려는 건 아니다. 그렇지만 치매에는 복합적인 특성이 있음을 기억해야 한다. 치매라는 떠남과 사라짐 사이, 출발과 도착 사이에 살면서 어떻게든 양쪽 상태 모두를 수용해야 하는 어려움 말이다. 나는 이런 관점에서 치매를 바라보는 것이 치매에 대한 오명과 공포를 어느 정도 완화할 수 있다고 확신한다. 그러면 죽음으로 가는 삶을 살아내는 과정에서, 사라짐도 삶의 일부임을 알게 될 것이다.

지은이의 말

　　이 책을 준비하면서 치매, 정신성, 노화, 은유에 관해 더 깊이 생각하고 느낄 수 있었다. 책, 기사, 팟캐스트, 강연, 웹사이트 저작자 들의 훌륭한 글 덕분이다. 이 책에서 언급했던 사례 외에도, 중요하게 기여했던 사람들이 몇 사람 더 있다. 리처드 타일러, 수전 맥페이든, 존 맥페이든, 레베카 미드, 제인 티보, 리처드 모건, 장 바니에, 낸시 이슬런드, 에이모스 용, 피터 케번, 기젤라 웹, 매리그레이스 베커와 그녀가 소속된 단체 '모멘티아Momentia', 납 채굴지역인 '올드 레드 벨트Old Lead Belt'에 관한 연구를 한 벤자민 호스트, 말콤 골드스미스, 샘 파지오, 앤드류 워커-콜네타, 재니스 힉스, 캐서린 러스낵, 율라 비스, 아툴 가완디가 이 책을 쓰는 데 많은 영감을 주었다.

감사의 글

처음부터 이 프로젝트를 굳게 믿고 추진했던 편집자 조너선 리가 없었다면 이 책이 세상에 나오지 못했을 것이다. 조너선 리 그리고 에이전트 크리스 클레먼스와 함께 일할 수 있었던 것은 내게 큰 영광이었다.

이 책의 각 장으로 구성된 글의 일부는 『캐니언 리뷰』 온라인판, 『노스아메리칸 리뷰』, 『캐터펄트Catapult』, 『기도문집The Orison Anthology』 등의 출판물에 다양한 형태로 출판되었다. 관련 편집자들께 감사드린다.

바버라 디밍 기념재단Barbara Deming Memorial Fund에서 보조금을 지급하며 도움을 주신 데 대해서도 깊이 감사한다.

또 여러 친구들과 멘토들이 이 책을 집필하는 데 구체적인 지원과 격려로 큰 도움을 주었다. 매튜 엘리스, 베스 허니컷, 하나 셰퍼드, 마이클 램, 데니즈 링컨, 알리샤 블레클 퀘이트, 킬리 브루너,

사미라 메타, 베스 루이스 말치뱅크스, 존 마일드, 베스 푸바싱갈, 크리스 브리트, 젠 사볼, 하비 스타크, 낸시 데이비스와 침례교 성도들, 다이앤 립셋에게 감사드린다. 그리고 시브룩과 가든스의 동료들, 특히 데이비드 보먼, 도나 가글리오티 경에게도 감사의 인사를 전한다. 뉴욕의 리버사이드 교회 공동체와 타워리그Tower League도 아주 값진 도움을 주었다.

존 스윈튼의 『치매: 하나님의 기억 속에서 사는 것*Dementia: Living in the Memories of God*』을 비롯해 신학과 장애에 관한 여러 자료를 소개해준 빌 가벤타에게도 감사드린다. 또 직업 활동을 통해 치매를 앓는 사람들이 보다 공정한 세상을 살 수 있게 기여하는 사람들에게 감사의 마음을 전한다. 특히 케이트 스와퍼, 의학박사 알 파워는 내가 치매의 의미를 다시 규정하고 치매국제연맹 같은 단체에 대해 알 수 있게 도와주었다.

개인적인 삶의 이야기를 내게 보여주고 들려주었던 여러 치매인에게도 겸허한 마음으로 깊은 감사의 인사를 전한다. 이 책에 소개한 사람들 대부분은 사생활 보호를 위해 이름을 가명 처리했다. 이들 모두는 여전히 내 마음 깊이 자리한다.

내 가족들 모두에게 감사드린다. 특히 부모님은 변함없는 보살핌과 격려로 힘을 주셨다. 그리고 내 동반자이자 시인 라이언의 한없는 사랑과 지원에 고마움을 전한다.

여전히 같은 사람입니다

1판 1쇄 발행 2021년 5월 6일

발행인 박명곤
사업총괄 박지성
기획편집 채대광, 김준원, 박일귀, 이은빈, 백지선, 김수연
디자인 구경표, 한승주
마케팅 박연주, 유진선, 이호, 김수연
재무 김영은
펴낸곳 (주)현대지성
출판등록 제406-2014-000124호
전화 070-7791-2136 **팩스** 031-944-9820
주소 경기도 파주시 회동길 37-20
홈페이지 www.hdjisung.com **이메일** main@hdjisung.com
제작처 영신사 월드페이퍼

> "지성과 감성을 채워주는 책"
> 현대지성은 여러분의 의견 하나하나를 소중히 받고 있습니다.
> 원고 투고, 오탈자 제보, 제휴 제안은 main@hdjisung.com으로 보내 주세요.

현대지성 홈페이지